# Loriots Dramatische Werke

# Loriots Dramatische Werke

Diogenes

500/81/10/1
ISBN 3 257 01004 4

# *Inhalt*

KULTUR UND FERNSEHEN



ANHANG

# *Vorwort*

Dramatische Werke soll es seit etwa zweitausendfünfhundert Jahren geben. Das kann stimmen, es gab in Berlin schon Theateraufführungen, als ich noch ein Kind war. Man spielte damals Stücke von Shakespeare, Molière, Lessing, Goethe, Schiller, Kleist, Ibsen, Strindberg, Hauptmann und ähnliches. Heute sind die genannten Autoren unbekannt und ihre Werke in Vergessenheit geraten. Das Publikum ist anspruchsvoller geworden. Es erwartet die dramatische Verarbeitung von Problemen aus dem eigenen Lebensbereich.
Infolge mannigfaltiger Belastungen durch Beruf, Familie und Freizeit ist der moderne Mensch jedoch kaum noch imstande, sich auf ein mehrstündiges Bühnenwerk zu konzentrieren. Aus diesem Grunde überschreitet so gut wie keines meiner Dramen die Länge von fünf Minuten. Ein Zeitmaß, das im Bereich von Bühne und Film dem biologischen Rhythmus von Menschen und weißen Mäusen angepaßt ist. Nur dem Bildschirmzuschauer sind längere Handlungsabläufe zuzumuten, ohne daß seine Konzentration merklich nachließe. Er hat die Möglichkeit, während der Vorstellung flüssige und feste Nahrung zu sich zu nehmen, zu telefonieren oder sich auf andere Weise frisch zu halten. Das Fernsehen bietet somit den geeignetsten Rahmen zur Begegnung mit zeitgenössischem Bildungsgut. Das hat mich bewogen, fast ausschließlich für dieses Medium zu arbeiten.
Als Gesamtwerk eines Dramatikers, der sich bedenklich der Spätreife nähert, wirkt der vorliegende Band vielleicht etwas schlank. Das ist kein Nachteil. Der Käufer kommt durch den Erwerb von mehr als fünfzig Dramen in den Besitz eines Kolossalwerkes, dessen Bedeutung nicht zuletzt in seiner überraschenden Handlichkeit liegt. Im Hinblick auf die ständige Gefahr einer ernsten militärischen Auseinandersetzung sind meine dramatischen Werke ein durchaus tragbarer Bestandteil des kultivierten Fluchtgepäcks.

# DER MITMENSCH

# *Spaghetti*

*In einem gutbürgerlichen italienischen Restaurant sitzen sich ein Herr und eine Dame gegenüber. Sie essen die letzten Spaghetti von ihren Tellern.*

ER Wissen Sie, Hildegard, daß wir uns jetzt fast ein Jahr kennen? *(betupft seinen Mund mit der Serviette)*

SIE Ja . . .

ER *(legt die Serviette zurück, ein Rest Spaghetti im Mundwinkel wird sichtbar)* . . . und daß wir heute schon zum zweiten Mal zusammen essen?

SIE Ich weiß . . .

ER Hildegard, ich möchte Ihnen heute etwas sagen . . . ich möchte Ihnen sagen, daß ich . . .

SIE *(sieht ihn starr an)*

ER . . . daß ich mehr als bloße Sympathie für Sie empfinde . . . mehr als Freundschaft . . . und ich . . .

SIE Sie haben . . .

ER Nein, sagen Sie noch nichts . . . Hildegard, es gibt Augenblicke, wo die Sprache versagt, wo ein Blick mehr bedeutet als viele Worte . . .

SIE Sie haben . . .

ER . . . vielleicht fühlen Sie, was ich meine . . . Hildegard . . .

SIE Sie haben da was am Mund . . .

ER *(tastet mit der Serviette zum Mund)*

SIE Nein, auf der anderen Seite. . .

ER *(entfernt den Spaghettirest mit der Serviette)* Ist es weg?

SIE Ja . . .

ER *(Pause. Trinkt. Tupft mit der Serviette an den Mund. Der Spaghetti sitzt nun auf der Oberlippe)* . . . Hildegard . . .

SIE . . . Ja . . .

ER Sehen Sie mich an . . .

SIE *(starrt auf den Spaghetti)*

ER Ich wollte schon so lange zu Ihnen sprechen . . . ich habe nur auf den richtigen Augenblick gewartet . . . jetzt ist er da! . . . Hildegard . . . warum sagen Sie denn nichts? . . . geben Sie mir Ihre Hand . . .

SIE *(gibt ihm die Hand. Beide Hände liegen ineinander auf dem Tisch)*

ER Wir sollten miteinander verreisen . . . irgendwohin . . . nur Sie und ich . . . *(zieht ihre Hand an sein Gesicht)* . . . und da möchte ich Sie immer nur anschauen . . . stundenlang . . . tagelang . . .

OBER Darf ich abräumen?

SIE Ja bitte . . .

OBER *(im Abräumen)* . . . Möchten Sie noch einen Nachtisch?

ER Einen Espresso, bitte . . .

OBER *(sieht starr auf den Spaghetti)*

ER *(ungeduldig)* Einen Espresso, bitte . . .

OBER Einen Espresso . . . und die Dame?

SIE Nein danke . . .

OBER *(mit Geschirr ab)*

ER Sie sollen jetzt noch gar nichts sagen, Hildegard . . . aber Sie fühlen es doch auch . . . dieses . . . gewisse . . .

SIE Ja . . .

ER Es ist vielleicht noch sehr zart . . . aber es kann größer werden, es kann wachsen . . .
*(legt nachdenklich die Hand an den Mund)*

SIE *(sieht ihn starr an)*

ER Oft bedarf es nur einer Kleinigkeit, und alles sieht anders aus . . . mein Gott, Hildegard, warum sagen Sie denn nichts?

SIE *(sieht ihn starr an)* . . . Wie?

ER Haben Sie doch Vertrauen zu mir . . . *(bedeckt sein Gesicht mit der Hand)* . . . das Leben ist zu kurz, Hildegard . . . die Jahre gehen dahin, und Glück . . . Glück gibt es doch nur zu zweit . . . *(nimmt die Hand herunter, der Spaghetti klebt an der Nasenwurzel)* . . . gewiß, ich habe auch meine Fehler . . . *(greift sich an die Nase)* . . .

SIE *(tonlos)* . . . Ja . . .

ER *(erhebt den Zeigefinger, an dem der Spaghetti nun klebt)* . . . aber ich bin zuverlässig . . . ich mache keine halben Sachen . . .

menschlich und beruflich . . . *(streift mit dem Zeigefinger kurz die Nasenspitze)*

SIE *(starrt ihn an)*

ER *(der Spaghetti hängt an der Nasenspitze)* . . . Warum übernehme ich denn in zwei Wochen die Einkaufsabteilung? . . . Weil ich eine saubere Weste habe. . .weil ich politisch in Ordnung bin . . . weil ich alle Tricks kenne . . . weil mir keiner was vormacht . . . Hildegard . . . !

SIE Ja . . .

ER Bitte, sagen Sie jetzt nichts . . . ich liebe Sie!

SIE *(starrt auf den Spaghetti)*

ER Habe ich Sie verletzt?

SIE Neinnein . . .

ER . . . Ja, aber dann sagen Sie doch was! Sagen Sie mir ruhig, daß Ihnen meine Nase nicht paßt . . . aber sagen Sie irgendwas!

OBER *(setzt eine Tasse vor ihn auf den Tisch)* . . . Ein Espresso . . .

ER Danke!

OBER *(ab)*

ER *(sieht auf den Tassenrand)* . . . Herr Ober!

OBER Mein Herr?

ER An der Tasse ist Lippenstift!

OBER Oh . . . *(verschwindet mit der Tasse)*

ER *(ruft hinterher)* . . . Das können Sie Ihren Gästen in Neapel bieten . . . hier kommen Sie damit nicht durch!

SIE Das kann doch mal vorkommen!

ER Das *kann* vorkommen, Hildegard, aber es *darf* nicht vorkommen!

OBER *(bringt neuen Espresso)* . . . Bitte sehr . . .

ER *(trinkt, sieht in die Tasse, hält ihr die Tasse hin)* Nun, sehn Sie sich das an!

SIE *(sieht in die Tasse. Der Spaghetti schwimmt darin)*

ER Herr Ober!!

# *Feuergeben*

*Straße in einer Einkaufsgegend. Ein eiliger Herr bleibt stehen, wühlt eine Zigarettenschachtel aus der Tasche, nimmt die letzte Zigarette heraus. Sieht sich suchend um, geht auf einen älteren Herrn zu.*

EILIGER HERR Ach entschuldigen Sie, könnten Sie mir wohl Feuer geben? . . . *(steckt sich die Zigarette in den Mund)*

RENTNER *(setzt Aktentasche und gefüllte Plastiktüte ab. Greift erst in eine, dann in die andere Hosentasche)* . . . Ich hatte eine Schachtel Streichhölzer . . . die funktionieren wenigstens . . . bei Feuerzeugen ist das immer so eine Sache . . . da ist immer entweder kein Benzin . . . oder kein Gas drin . . . *(greift in eine Jackettasche)* . . . Oder der Stein ist abgenutzt . . . meine Frau hat mir mal so'n Ding geschenkt . . . hat nie funktioniert . . . *(greift in die andere Jackettasche)* Sind Sie verheiratet?

EILIGER HERR Nein . . .

RENTNER Dreiundzwanzig Jahre . . . *(nickt bedeutungsvoll. Tastet seine Brusttaschen von außen ab)* . . . Da weiß man, was los ist . . . wohnen Sie hier in der Gegend?

EILIGER HERR Nein . . .

RENTNER Sonst geht meine Frau ja einkaufen . . . aber sie fühlt sich heute nicht so ganz . . . *(greift in die eine Brusttasche)* . . . Nichts Ernstes . . . mehr so allgemein . . . das Wetter macht ihr auch ziemlich zu schaffen . . . *(greift in die andere Brusttasche)* . . . Und dann letztes Jahr diese Gallengeschichte . . . ich weiß genau, ich hatte eine ganz frische Schachtel Streichhölzer . . . *(greift in eine Westentasche)* . . . Gott, man wird eben nicht jünger . . . bei mir geht es jetzt in der Schulter los . . . *(greift in die andere Westentasche)* Hier . . . *(greift sich an die Schulter)* . . . Warten Sie . . . *(nimmt die Plastiktüte auf)* . . . Ich habe doch eine Großpackung Streichhölzer gekauft . . . halten Sie mal? . . . *(gibt dem eiligen Herrn den einen Griff der Plastiktüte in die Hand und sucht in der Tüte herum)*

EILIGER HERR Ach, lassen Sie nur . . . wenn es Umstände macht . . .

RENTNER Neinnein . . . ich hab sie gleich . . . das ist übrigens eine sehr gute Einkaufsgegend hier . . . in der Lebensmittelabteilung von dem Einkaufscenter drüben kriegt man eigentlich alles . . . kennen Sie diese Reformflocken? *(holt eine Packung heraus)*

EILIGER HERR Nein . . .

RENTNER Ich hatte mir vor zwei Jahren in Spanien eine üble Magengeschichte geholt . . . Waren Sie mal in Spanien?

EILIGER HERR Nein . . .

RENTNER Da haben die mir sehr geholfen . . . ah! . . . Die Streichhölzer! *(holt eine Packung heraus und öffnet sie)* . . . Nein, das sind die Reißnägel aus dem Sonderangebot . . . aber hier in der Aktentasche müßten sie eigentlich . . . *(setzt die Plastiktüte ab, nimmt die Aktentasche auf und greift hinein)* . . . Wir gehen übrigens dieses Jahr nach Mallorca . . . in eine sehr nette Pension mit deutscher Küche . . .

EILIGER HERR *(spielt ungeduldig mit seiner Zigarette im Mundwinkel)*

RENTNER Man will doch im Urlaub nicht ständig an die Verdauung denken . . . *(greift wieder zur Brusttasche)* Ich hatte noch so ein Streichholzheftchen . . . *(stößt in seiner Brieftasche auf einige Farbfotos)* . . . Hier . . . das ist meine Frau . . . mit meiner Schwägerin . . .

EILIGER HERR *(betrachtet das Bild verdrossen)*

RENTNER . . . Vor zwei Jahren aufgenommen . . . in Remscheid . . . vor dem Haus meines Schwagers . . . also mehr vor der Garage . . . der Garten ist nach hinten raus . . . Meine Frau hatte damals noch eine etwas unvorteilhafte Frisur . . . Aber warten Sie . . . Ich weiß genau, daß ich noch so ein Streichholzheftchen hatte . . .

EILIGER HERR *(wendet sich zum Gehen)* . . . Naja . . . dann . . .

RENTNER Hier . . . *(zeigt ein weiteres Farbfoto)* . . . Das ist unser Struppi . . . ich sage Ihnen, der versteht jedes Wort. Wenn meine Frau mit ihm spricht, hält er immer den Kopf schief . . . Haben Sie einen Hund?

EILIGER HERR Nein . . .

RENTNER *(steckt die Brieftasche ein)* . . . Wir haben unsern seit . . . warten Sie mal . . . 11 Jahre wohnen wir jetzt in der Sinkelstraße . . . das ist gleich hier um die Ecke . . . in der zweiten Etage . . . *(findet etwas in der anderen Brusttasche)* . . . Jetzt hab ich's . . . ich wußte es doch! . . . *(holt ein Streichholzheftchen hervor)*

EILIGER HERR *(kommt mit Zigarette im Mund nah heran)*

RENTNER *(öffnet das Heftchen. Es ist leer)* . . . Ach . . . da ist keins mehr drin . . . *(steckt es wieder ein)* . . . Aber ich habe doch noch eins . . . *(greift in eine Hosentasche)*

EILIGER HERR *(bemüht sich, seine halb aufgelöste Zigarette durch Anlecken wieder in Form zu bringen)*

RENTNER Streichhölzer können ja nicht spurlos verschwinden . . . am besten, man sucht einfach ganz systematisch . . . *(beginnt seine Hosentaschen auszuräumen)* . . . Man soll es ja auch nicht übertreiben mit dem Rauchen . . . Ist das Ihre letzte Zigarette?

EILIGER HERR *(spuckt seine ruinierte Zigarette aus)* . . . Ja . . .

# *Schmeckt's?*

*An einem Restauranttisch sitzen sich zwei Herren gegenüber, die sich nicht kennen. Vor Gast I liegen Besteck und Serviette. Gast II trinkt eine Tasse Kaffee. Im Hintergrund befinden sich mehrere besetzte Tische. Gast III sitzt an einem Nebentisch, Rücken an Rücken zu Gast I. Ober kommt mit beladenem Tablett. Er setzt einen gefüllten Teller vor Gast I.*

OBER Einmal Kalbshaxe Florida . . . Wohl zu speisen . . . *(eilt davon)*

GAST I *(legt Zeitung beiseite)* Danke sehr . . . *(wischt Besteck mit Serviette ab, führt mit der Gabel eine Kartoffel zum Mund)*

GAST II Guten Appetit!

GAST I *(setzt Gabel mit Kartoffel ab)* Vielen Dank! *(führt die Kartoffel wieder zum Mund)*

GAST III *(zu Gast I)* Ach, dürfte ich Sie wohl um die Speisekarte bitten?

GAST I *(setzt erneut ab)* Oh, bitte sehr . . . *(reicht die Speisekarte)*

GAST III Vielen Dank . . . *(nimmt die Karte und wendet sich ab)*

GAST I *(steckt die Kartoffel in den Mund, sie ist zu heiß, er läßt sie aus dem Mund auf den Teller fallen)*

OBER *(geht mit vollem Tablett vorbei)* Schmeckt's?

GAST I *(nickt, murmelt unverständlich mit an den Mund gepreßter Serviette, pustet aufs Essen. Will Gabel mit Kartoffel in den Mund schieben)*

GAST II Das sieht gut aus . . . *(erhebt sich und geht)*

GAST I *(schiebt die Kartoffel in den Mund)*

OBER *(wedelt mit dem Tuch einige Krümel vom Tisch)* Alles recht so, der Herr?

GAST I Hm?

OBER Ich meine, ob's schmeckt . . .

GAST I *(nickt)* Oh ja . . . ausgezeichnet! *(will auf die Kartoffel beißen)*

GAST II *(kommt zurück, setzt sich, nimmt die Zeitung, nickt Gast I freundlich zu)* Schmeckt's nicht?

GAST I Doch . . . sehr gut . . . vielen Dank . . .

GAST II *(winkt, Ober bleibt im Vorbeigehen stehen)* Bitte noch einen Kaffee!

OBER *(nimmt die leere Tasse weg)* Einen Kaffee . . . *(zu Gast I)* Es schmeckt, gell? *(ab)*

GAST I Mm . . . ja . . . jawohl . . .

| | |
|---|---|
| GAST III | *(sieht Gast I auf den Teller)* Entschuldigen Sie ... ist das der Lammsattel mit Püree? |
| GAST I | *(nickt)* ... Ja ... äh ... nein ... *(schüttelt den Kopf)* ... Kalbshaxe ... Kalbshaxe Florida ... |
| GAST III | Ah-ja ... *(wendet sich ab)* |
| OBER | *(setzt Kaffee vor Gast II)* Ein Kaffee, der Herr ... |
| GAST II | ... und die Rechnung bitte ... |
| EINE DAME | *(zu Gast I)* Entschuldigen Sie, sind Sie Professor Dollinger? |
| GAST I | Nein ... *(beißt auf die Kartoffel)* |
| OBER | *(zu Gast II)* 19 Mark 85 ... |
| GAST II | *(legt 20 Mark auf den Teller)* Stimmt so ... |
| OBER | ... Danke sehr ... *(zu Gast I)* Ist das Fleisch so recht? |
| GAST I | Doch ... |
| OBER | *(im Gehen, halb zurück)* ... Die Bohnen sind ganz frisch ... |
| GAST I | Ach ... *(will die Kartoffel herunterschlucken)* |
| EINE DAME | *(zu Gast I)* Sind Sie wirklich nicht Professor Dollinger? |
| GAST I | Nein ... wirklich nicht ... |

GAST III *(zu Gast I)* Ist die Kalbshaxe zu empfehlen?

GAST I Vorzüglich . . .

GAST III . . . Und die Prinzeßböhnchen?

GAST I *(gereizt)* Frisch . . . ganz frisch!

GAST III *(wendet sich irritiert ab)*

GAST II *(undeutlich, mit Zahnstocher im Mund)* Man ißt hier ganz ordentlich . . .

GAST I Bitte? *(er kommt nicht dazu, die Kartoffel zu schlucken)*

GAST II *(nimmt Zahnstocher aus dem Mund)* Man ißt hier sehr gut!

GAST I *(scharf)* . . . Hervorragend . . .

OBER *(auf dem Weg in die Küche)* . . . Wenn Sie statt Kartoffeln lieber Reis gehabt hätten . . .

GAST I Nein . . .

OBER Nicht?

GAST I Nein . . .

OBER Wäre auch kein Reis mehr dagewesen . . . warten Sie, ich frag mal . . . *(ab)*

GAST I *(hinterherrufend)* Nein – nein!

GAST II . . . ist auch eine *sehr* gute Bedienung hier . . . *(Ober entfernt sich)*

GESCHÄFTSFÜHRER *(der sich bereits an mehreren Tischen verbeugt hat, zu Gast 1)* . . . Der Herr ist zufrieden?

GAST I *(nickt)* . . . Mm . . .

GESCHÄFTSFÜHRER Wohl zu speisen . . . *(ab)*

GAST I *(zwingt sich zur Ruhe)* . . . Sehr freundlich . . .

OBER *(eilig zurück)* Nein, Reis ist aus . . . aber Nudeln sind noch da, Krausbandnudeln . . .

GAST I Nein, vielen Dank . . .

OBER Aber es schmeckt auch so, gell?

GAST I Jawohl . . .

OBER Wirklich?

GAST I *(schreit)* Ja!!!!!! *(Alle schrecken auf und sehen auf Gast 1)*

OBER Mein Gott, warum schreien Sie denn so?

GAST II Der Herr ist nervös . . .

GAST I Nervös?! . . . ich hätte nur gern eine Kleinigkeit gegessen!

OBER Na dann essen Sie doch!

GAST I Aber Sie lassen mich ja nicht!

OBER *(setzt sein Tablett ab, sprachlos)* . . . Ich lasse Sie nicht . . .

GAST II Wie können Sie denn so was sagen?

OBER . . . Ich lasse Sie . . .

GAST II Der Ober hat Sie völlig korrekt bedient!

GAST *(von weitem)* Herr Ober!

OBER *(nach hinten)* Moment! . . . *(zu Gast I)* . . . Ich lasse Sie nicht essen?! Ich habe dem Herrn eine Kalbshaxe Florida serviert mit jungen Kartoffeln . . .

GAST I *(akzentuiert)* . . . Und Prin-zeß-böhn-chen!

GAST II Sie hätten ja essen können, statt zu diskutieren!

GAST III Sie haben mir doch die Kalbshaxe empfohlen!

GAST I Ich habe überhaupt nichts empfohlen!

GAST II Der Herr ist nervös . . .

GAST *(von weitem)* Herr Ober . . .

OBER *(nach hinten)* Moment! . . . und ich habe noch gefragt, ob's dem Herrn schmeckt . . .

GAST II Der Herr ist nervös . . .

GAST III Ich habe nur ganz höflich die Kalbshaxe *erwähnt* . . . und da waren Sie gleich *ziemlich! . . . ziemlich!*

GAST II . . . daß es gut aussieht, habe ich noch gesagt . . .

GAST I Sie haben mir ins Essen gequatscht!!

GAST II Das ist ja unerhört! . . . ins Essen gequatscht!

*(Die übrigen Restaurantgäste folgen der Diskussion mit wachsendem Interesse)*

GESCHÄFTSFÜHRER *(eilig dazu)* Aber meine Herren!

GAST I Sie halten sich da raus!

OBER Das ist unser Herr Koops!

GAST I Wer?

GESCHÄFTSFÜHRER Ich bin der Geschäftsführer . . .

GAST I Ach was! . . . Dann wird es Sie interessieren, daß es in Ihrer Gaststätte nicht möglich ist, ungestört eine Mahlzeit einzunehmen!

OBER Ich habe dem Herrn eine Kalbshaxe Florida mit Prinzeßböhnchen serviert, und dann habe ich »wohlzuspeisen« gewünscht und bin wieder rüber ans Büfett . . .

GAST II ». . .ins Essen gequatscht!«

GAST III Ich habe den Herrn nur gefragt, ob die Kalbshaxe zu empfehlen sei, und da hat der Herr gleich ziemlich . . . ziemlich . . .

GESCHÄFTSFÜHRER Meine Herren, ich bitte Sie . . .

GAST II ». . . ins Essen gequatscht!«

GAST I »Schmeckt's« haben Sie gesagt!

GAST II Mein Gott, es ist mir doch völlig wurscht, ob es Ihnen schmeckt!

GAST I Ach!

GAST III Ich habe den Herrn nur gefragt, ob die Kalbshaxe . . .

GAST II ». . . ins Essen gequatscht!«

GESCHÄFTSFÜHRER . . . ich bitte Sie . . .

*(Die Restaurantgäste beginnen aufzustehen und einen Kreis um die Szene zu bilden)*

OBER . . . und ich habe noch gefragt, ob das Fleisch so recht ist . . .

GAST I . . . und »schmeckt's« haben Sie gefragt . . . »schmeckt's«!

OBER Jawohl . . . ob's dem Herrn schmeckt, habe ich gefragt, und ob der Herr eventuell lieber Reis oder Krausbandnudeln . . .

BLUMENFRAU . . . Frische Moosröschen! . . .

GESCHÄFTSFÜHRER . . . Haben Sie an Speisen und Getränken etwas zu beanstanden?

GAST I Aber ich habe ja noch keinen Bissen im Magen . . .!

KÜCHENCHEF *(tritt dazu)* Is was?

GESCHÄFTSFÜHRER Dann essen Sie doch jetzt . . . essen Sie jetzt in Ruhe zu Ende . . .

GAST I Das könnte Ihnen so passen!

GESCHÄFTSFÜHRER Ganz ungestört . . . auf Kosten unseres Hauses . . .

GAST I Das kann ich nicht . . .

KÜCHENCHEF Sie müssen sich zwingen!

GAST I *(greift zögernd zu Messer und Gabel)*

GAST II Na bitte!

KÜCHENCHEF Sieht doch gut aus . . .

GESCHÄFTSFÜHRER Wohl zu speisen . . .

GAST I *(beginnt unter den Augen aller Umstehenden unsicher und verlegen zu essen. Hin und wieder sieht er sich scheu um, wobei ihm etwas von der Gabel in den Schoß fällt. Eine Mutter schiebt ihre Tochter durch die Zuschauer)*

MUTTER Lassen Sie das Kind doch mal nach vorn.

GESCHÄFTSFÜHRER Bitte, meine Herrschaften, drängen Sie nicht so, Sie sehen doch, der Herr möchte in Ruhe essen!

EIN ZUSCHAUER . . .Was ist denn hier los?

GAST II Der Herr ißt eine Kalbshaxe! . . .

DER ZUSCHAUER Ach . . .

# *Herren im Bad*

*Bad eines Hotelappartements. In der leeren Badewanne sitzen sich zwei vollschlanke, nackte Herren reiferen Alters gegenüber.*

HERR I Ich möchte ja nicht unhöflich erscheinen ... aber ich wäre jetzt ganz gern allein ...

HERR II Wer sind Sie denn überhaupt?

HERR I Mein Name ist Müller-Lüdenscheidt ...

HERR II Klöbner ... Doktor Klöbner ...

MÜLLER-L. Angenehm ...

DR. KLÖBNER Angenehm ...

MÜLLER-L. Können Sie mir sagen, warum Sie in meiner Badewanne sitzen?

DR. KLÖBNER Ich kam vom Pingpong-Keller und habe mich in der Zim-

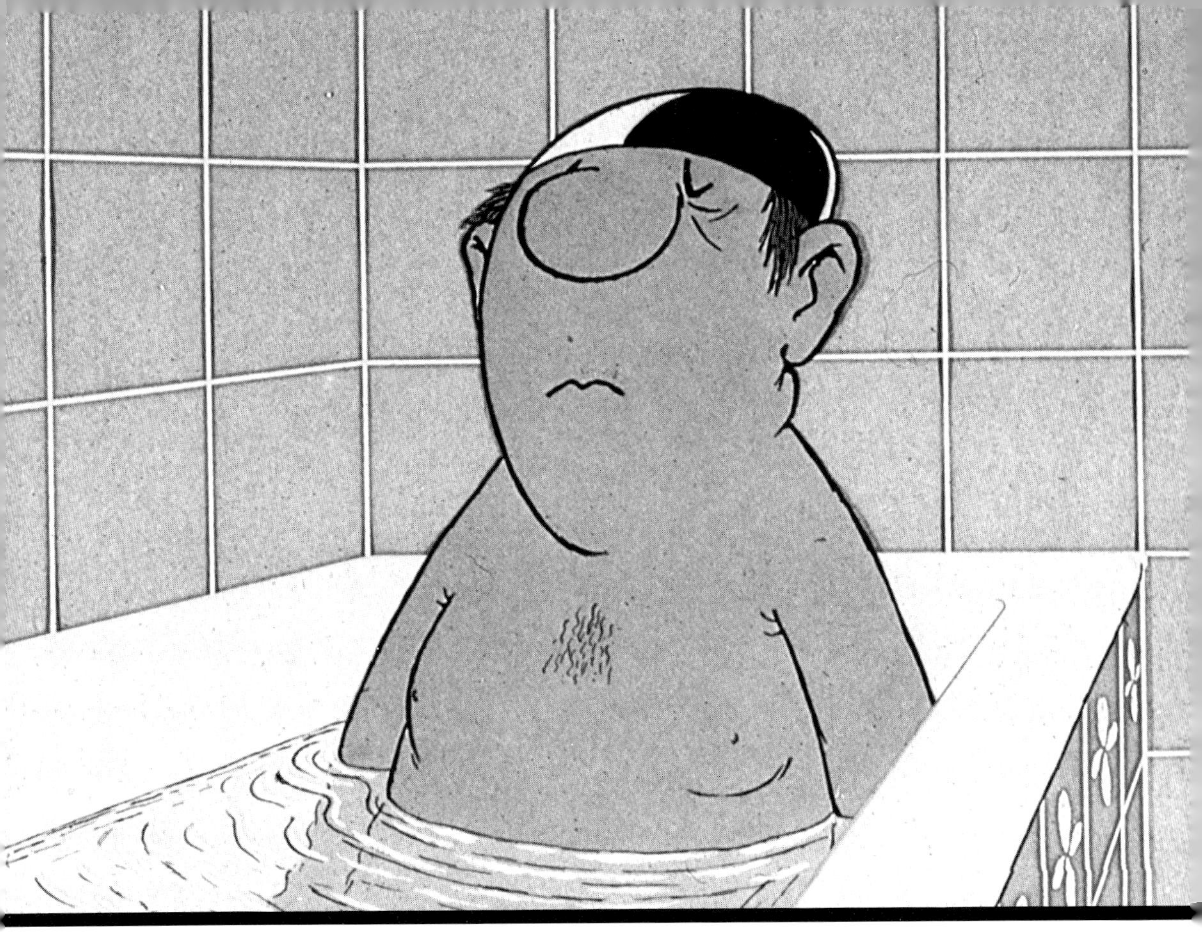

mernummer geirrt . . . das Hotel ist etwas unübersichtlich . . .

MÜLLER-L. Aber jetzt wissen Sie, daß Sie in einer Fremdwanne sitzen und baden trotzdem weiter . . .

DR. KLÖBNER Von Baden kann nicht die Rede sein, es ist ja kein Wasser in der Wanne . . .

MÜLLER-L. Als ich das Bad betrat, saßen Sie bereits im warmen Wasser . . .

DR. KLÖBNER Aber Sie haben es ja wieder abgelassen . . .

MÜLLER-L. Weil Sie es eingelassen haben, Herr Doktor Klöbner . . . in meiner Wanne pflege ich das Badewasser selbst einzulassen . . .

DR. KLÖBNER Na, dann lassen Sie es doch jetzt ein!

MÜLLER-L. Mein Badewasser lasse ich mir ein, wenn ich es für richtig halte . . .

DR. KLÖBNER Gewiß . . . natürlich . . .
*(Pause, Dr. Klöbner pfeift)*
Es sitzt sich recht kühl . . . einfach so . . . in der Wanne . . .

MÜLLER-L. Und ich sitze gern mal ohne Wasser in der Wanne ...

DR. KLÖBNER Ach ...

MÜLLER-L. Was heißt »ach«?

DR. KLÖBNER »Ach« ... Sie sagten, daß Sie gern so in der Wanne sitzen, und ich meinte »ach« ...

MÜLLER-L. Aha ...

DR. KLÖBNER Ich hätte auch »aha« sagen können, aber ich wollte meiner Verwunderung darüber Ausdruck geben, daß Sie es vorziehen, ohne Wasser in der Wanne zu sitzen ...

MÜLLER-L. *(springt auf)* Herr Doktor Klöbner, ich leite eines der bedeutendsten Unternehmen der Schwerindustrie und bin Ihnen in meiner Badewanne keine Rechenschaft schuldig ...!

DR. KLÖBNER Neinnein ...

MÜLLER-L. *(setzt sich)* ... Ich entscheide persönlich, ob ich *mit* Wasser bade oder *ohne* ...

DR. KLÖBNER Jaja ...

MÜLLER-L. Im übrigen sagte ich nur ...

DR. KLÖBNER Herr Müller-Lüdenscheidt ...

MÜLLER-L. Bitte, lassen Sie mich ausreden ... ich sagte, daß ich ... wenn es die Situation erfordert ... durchaus in der Lage wäre, auch mal ein Wannenbad ohne Wasser zu nehmen ...

DR. KLÖBNER Jaja ...

MÜLLER-L. Und die Entscheidung darüber, ob ich mein Wannenbad mit oder ohne Wasser zu nehmen habe, lasse ich mir von niemandem aufdrängen ...

DR. KLÖBNER Neinnein ...

MÜLLER-L. Auch von Ihnen nicht ... Herr Doktor Klöbner ...

DR. KLÖBNER Herr Müller-Lüdenscheidt ... es wäre ja immerhin denkbar, daß es gewisse Argumente gäbe, die dafür sprächen, das Wasser jetzt einlaufen zu lassen ...

MÜLLER-L. Wie wollen *Sie* das beurteilen?

DR. KLÖBNER Mein Gott, ich bade ja auch nicht zum ersten Mal ...

MÜLLER-L. So ...!

DR. KLÖBNER ... und nach *meiner* Erfahrung ist eben ein warmes Wannenbad *mit* Wasser zweckmäßiger als *ohne*!

MÜLLER-L. Das ist Ihre ganz persönliche Meinung, Herr Doktor Klöbner ... aber man darf ja wohl noch anderer Ansicht sein ...

DR. KLÖBNER Ach was!

MÜLLER-L. Sie können sich in *meiner* Wanne eine eigene Meinung überhaupt nicht *leisten* ...

DR. KLÖBNER *(springt auf)* Herr Müller-Lüdenscheidt!

MÜLLER-L. *(springt auf)* Herr Doktor Klöbner! Ich lasse jetzt das Wasser ein, wenn Sie mich höflich darum bitten . . .

DR. KLÖBNER Bitte . . .

MÜLLER-L. Höflich . . .

DR. KLÖBNER Höflich . . .

*(Beide Herren setzen sich)*

MÜLLER-L. Na also . . . *(dreht Hahn auf)*

DR. KLÖBNER *(dreht den heißen Hahn zu und den kalten auf)*

MÜLLER-L. Was machen Sie da?

DR. KLÖBNER Ich lasse etwas kühleres Wasser ein . . .

MÜLLER-L. Das ist sehr aufmerksam, aber ich hätte doch gern noch eine Kleinigkeit von dem heißen . . . *(dreht kalt zu und heiß auf und zu)*

DR. KLÖBNER Wenn ich jetzt einen Schuß von dem kalten dazu nehmen könnte . . . *(dreht kalt auf und zu)*

MÜLLER-L. Das war eine Idee zuviel . . .

DR. KLÖBNER Ach . . .

MÜLLER-L. Ich glaube, noch ein paar Tropfen heißes, und man könnte sich einigen . . . *(dreht heiß auf und zu)* Geht es so?

DR. KLÖBNER Oh ja, vielen Dank . . .

MÜLLER-L. Oh bitte sehr . . .

DR. KLÖBNER *(greift nach einer Zelluloidente, die neben ihm auf einem Hocker sitzt)*

MÜLLER-L. Die Ente bleibt draußen . . .

DR. KLÖBNER Herr Müller-Lüdenscheidt . . .

MÜLLER-L. . . . die Ente bleibt draußen . . .

DR. KLÖBNER *(springt auf)* Herr Müller-Lüdenscheidt, ich bade *immer* mit dieser Ente . . . *(setzt sich)*

MÜLLER-L. Nicht mit mir!

DR. KLÖBNER Ich *kenne* Sie ja erst seit heute . . .

MÜLLER-L. Wenn *Sie* die Ente here*in*lassen, lasse *ich* das Wasser her*aus*!

DR. KLÖBNER Das sind wohl die Erpressermethoden Ihrer Gangsterfirma!

MÜLLER-L. *(springt auf)* Herr Doktor Klöbner!

DR. KLÖBNER *(springt auf)* Herr Müller-Lüdenscheidt!

*(Beide Herren setzen sich wieder)*

MÜLLER-L. Akademiker wollen Sie sein? Ha!

DR. KLÖBNER Also, was ist jetzt?

MÜLLER-L. Ich lasse das Wasser heraus, wenn Sie die Ente hereinlassen . . .

DR. KLÖBNER Ich nehme meine Ente herein!

MÜLLER-L. Wo ist der Stöpsel?

| | |
|---|---|
| DR. KLÖBNER | Sie sitzen drauf . . . |
| MÜLLER-L. | *(zieht den Stöpsel heraus. Das Wasser läuft ab)* |
| DR. KLÖBNER | Wissen Sie eigentlich, daß viele Menschen überhaupt kein Bad besitzen? |
| MÜLLER-L. | Ach, Sozi sind Sie wohl auch noch! |
| DR. KLÖBNER | *(springt auf)* Herr Müller-Lüdenscheidt! |
| MÜLLER-L. | *(springt auf)* Herr Doktor Klöbner! *(Beide Herren setzen sich wieder)* |
| MÜLLER-L. | Also lassen Sie die Ente in Gottes Namen herein . . . *(setzt den Stöpsel wieder ein)* |
| DR. KLÖBNER | Nein! . . . mit Ihnen teilt meine Ente das Wasser nicht! |
| MÜLLER-L. | Sie lassen sofort die Ente zu Wasser . . . |
| DR. KLÖBNER | Ich denke nicht daran! |
| MÜLLER-L. | Dann tauche ich jetzt so lange, bis Sie die Ente zu Wasser lassen . . . |
| DR. KLÖBNER | Bitte sehr . . . |
| MÜLLER-L. | Es ist mir ernst . . . ich zähle bis drei . . . eins . . . zwei . . . drei . . . *(taucht)* |

DR. KLÖBNER *(sieht ungerührt zu)*

MÜLLER-L. *(taucht auf)*

DR. KLÖBNER Da sind Sie ja schon wieder!

MÜLLER-L. Jawohl!

DR. KLÖBNER Passen Sie mal auf! *(taucht)*

*(Pause)*

MÜLLER-L. Herr Doktor Klöbner . . . hören Sie? . . . Wenn Sie nicht sofort auftauchen, verlasse ich die Wanne . . . die Luft anhalten kann jeder!

DR. KLÖBNER *(taucht auf)* Was sagen Sie nun?

MÜLLER-L. Sie langweilen mich . . .

DR. KLÖBNER *Aber* ich kann länger als Sie . . .

MÜLLER-L. Es gibt Wichtigeres im Leben . . .

DR. KLÖBNER Was denn?

MÜLLER-L. Ehrlichkeit, Toleranz, Mut, Anstand, Hilfsbereitschaft, Tüchtigkeit, Zähigkeit, Sauberkeit . . .

DR. KLÖBNER *(gleichzeitig)* Jaja . . . jaja . . . jaja . . . *Aber* ich kann länger als Sie!

MÜLLER-L. Es kommt auf den Charakter an . . .

DR. KLÖBNER *Aber* ich kann länger als Sie!

MÜLLER-L. . . . Und das glaube ich Ihnen nicht!

DR. KLÖBNER Dann tauchen wir jetzt gleichzeitig!

MÜLLER-L. Wie Sie wünschen . . .

DR. KLÖBNER Dann werden wir's ja sehen!

MÜLLER-L. Das werden wir sehen!

DR. KLÖBNER . . . ich habe schon ganz verschrumpelte Finger . . .

MÜLLER-L. Ich auch . . .

DR. KLÖBNER Also eins . . . zwei . . .

MÜLLER-L. Drei . . .

*(Beide Herren tauchen. Pause)*

HERR III *(betritt nackt mit einem Handtuch über dem Arm das Bad)* Ist hier jemand? . . . Halloo!

HERR I + II *(tauchen auf und sehen Herrn III an)*

HERR III Entschuldigen Sie, ist das hier Zimmer einhundertsieben?

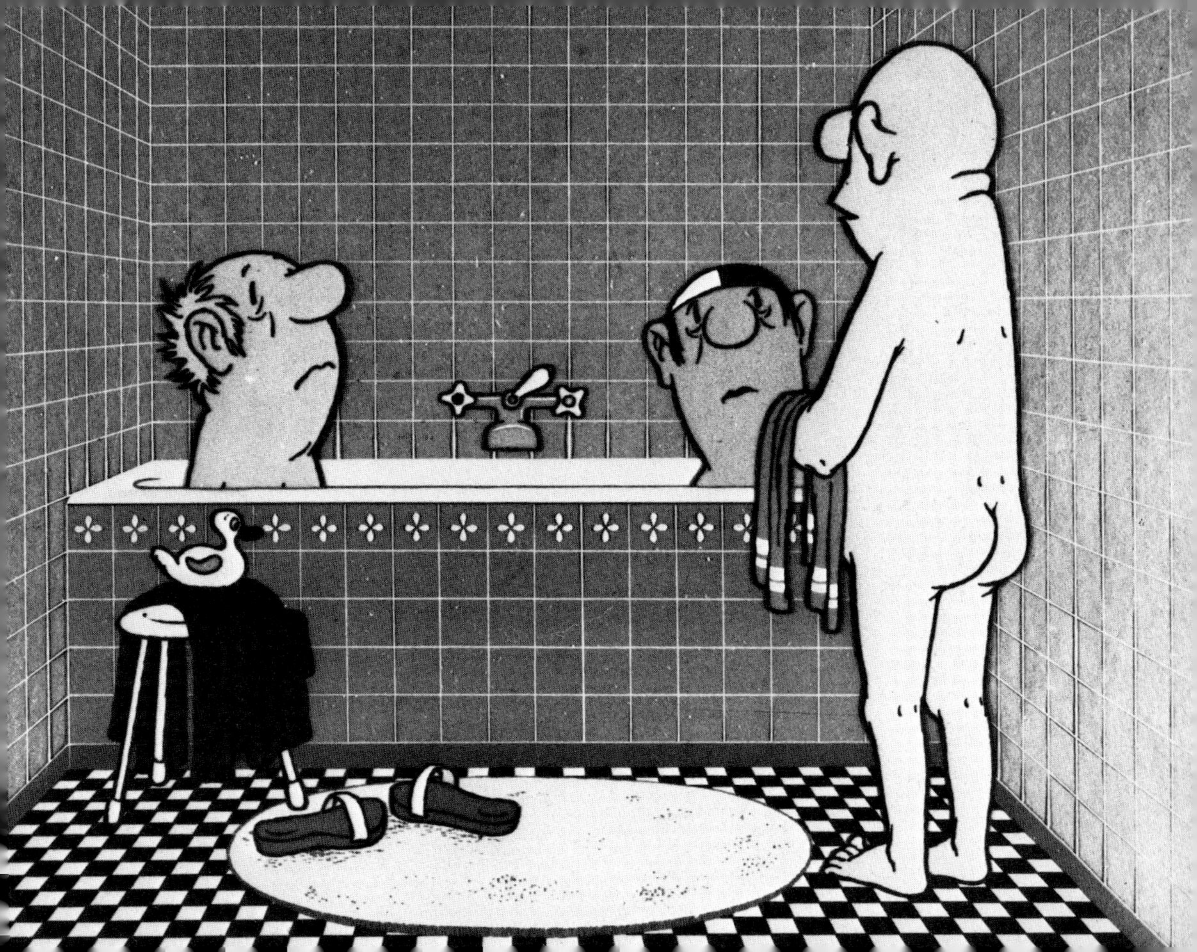

# *Liebe im Büro*

*Im Büro des Firmeninhabers. Der Chef zieht die Gardinen zu, stellt sich hinter seinen Schreibtisch, wischt zwei Gläser mit seinem Taschentuch aus und gießt Likör ein. Dann drückt er auf die Taste der Gegensprechanlage.*

CHEF Fräulein Dinkel ... *(er wartet und ruft dann laut ins Vorzimmer)* ... Fräulein Dinkel!

SEKRETÄRIN *(erscheint mit Stenoblock in der Tür)* Sie haben gerufen?

CHEF *(zeigt auf den Stuhl vor seinem Schreibtisch)* Ja, bitte schön ...

SEKRETÄRIN *(setzt sich, Chef bleibt stehen)*

CHEF Heute sind es auf den Tag genau ...

SEKRETÄRIN *(schreibt)* ... Tag genau ...

CHEF Nicht mitschreiben ... heute sind es auf den Tag genau 15 Jahre, daß Sie für mich tätig sind ... Korrespondenz, Ablage, Sekretariat ...

SEKRETÄRIN Daß Sie daran gedacht haben ...

CHEF 15 Jahre ... und darum erlaube ich mir ... aus diesem Anlaß ... darum würden Sie mir eine Freude machen, darauf mit Ihnen anzustoßen.

SEKRETÄRIN Nein, daß Sie daran gedacht haben, Herr Direktor! *(sie stoßen an)*

CHEF Ein bißchen Musik? *(stellt das Radio an)*

SEKRETÄRIN Aber ich muß noch die Post fertigmachen ... *(will gehen)*

CHEF Nein-nein ... bitte ... *(mit Kloß im Hals)* bitte treten Sie doch mal zu mir herüber ...

SEKRETÄRIN *(kommt)*

CHEF ... und nun setzen Sie sich mal *da* hin! *(zeigt auf seinen Stuhl)*

SEKRETÄRIN In Ihren Sessel? Sie machen mich ganz verlegen, Herr Meltzer! *(sie setzt sich auf den Chefsessel)*

CHEF *(zieht sich einen zweiten Sessel heran und setzt sich dicht vor Fräulein Dinkel)* ... Ich habe da auch noch eine Kleinigkeit für Sie ... *(ergreift einen bereitgelegten kümmerlichen Blumenstrauß)*

SEKRETÄRIN Ach, wie entzückend, Herr Meltzer, aber das ist doch nicht nötig ...

CHEF *(sieht ihr tief in die Augen)* ... Doch, Fräulein Dinkel, das ist nötig ... 15 Jahre ... *(rutscht mit seinem Sessel noch näher an sie heran)*

SEKRETÄRIN Sie sind sehr freundlich, Herr Meltzer ...

CHEF Sagen Sie Karl-Heinz zu mir ...

SEKRETÄRIN *(tonlos)* . . . Karl-Heinz . . .

CHEF Wie heißen Sie mit Vornamen?

SEKRETÄRIN Renate . . .

CHEF Renate! . . . und weiter?

SEKRETÄRIN Dinkel . . .

CHEF Ach ja! . . . Renate . . .

SEKRETÄRIN Ja . . .

CHEF . . . würden Sie für mich Ihr Haar lösen . . .?

SEKRETÄRIN Herr Meltzer!

CHEF Bitte!

SEKRETÄRIN *(beginnt ihr Haar zu lösen)*

CHEF Ist eigentlich das Schreiben an die Firma Plötzmann raus?

SEKRETÄRIN *(mit einer Haarspange im Mund)* Ja . . . zusammen mit der Rechnung und drei Durchschlägen . . .

CHEF Renate . . .

SEKRETÄRIN Ja . . .

CHEF . . . darf ich Sie küssen?

SEKRETÄRIN Sie machen mich ganz verrückt, Herr Meltzer . . . *(Er versucht sie zu küssen. Die Brillen stören)* . . . darf ich meine Brille absetzen?

CHEF Ganz recht . . . natürlich . . . Sie haben da schon Übung, was?! *(lacht blöde)*

*(Beide nehmen die Brillen ab und kneifen die Augen zusammen)*

SEKRETÄRIN *(sieht stumpf, den Mund halbgeöffnet, suchend an ihm vorbei)*

CHEF Hier . . .

SEKRETÄRIN Wo?

CHEF Hier bin ich . . .

*(Sie wollen sich erneut umarmen. Es macht Schwierigkeiten)*

Vielleicht sollten wir es doch lieber nebeneinander . . . Lassen Sie nur . . . ich mach das schon . . . *(Er rollt seinen Sessel neben sie und versucht, sie zu umarmen)* . . . da unten muß ein kleiner Griff sein . . . *(zeigt unter ihren Sessel)*

SEKRETÄRIN Wo? *(sucht mit der Hand)*

CHEF Hinten unten! . . . *(greift über sie an den Kippmechanismus und preßt sich dabei unabsichtlich an sie)* . . . warten Sie, ich habe es gleich . . .

*(Der Mechanismus wird ausgelöst. Fräulein Dinkel gerät in eine groteske Schräglage)*

CHEF Da! Sehen Sie!

SEKRETÄRIN Sie machen mich ganz verrückt, Herr Meltzer!

CHEF Sie waren mir noch nie so nah, Renate . . .

*(Das Telefon klingelt)*
Wieso läutet es hier, und nicht im Vorzimmer?

SEKRETÄRIN Ich habe auf Ihren Apparat umgeschaltet.

CHEF Na dann heben Sie doch ab, mein Gott!
*(Beide praktizieren den Hörer an ihr Ohr)*

SEKRETÄRIN Vereinigte Europa-Trikotagen GmbH Meltzer & Co Vertriebsleitung, guten Tag ... ich will versuchen, ob ich Herrn Direktor Meltzer noch erreiche ... wen darf ich melden? ... *(hält die Muschel zu und spricht zum Chef)* ... Herr Kröger von der IFAG Mannheim ... Moment, Herr Kröger, ich verbinde ... *(übergibt den Hörer)*

CHEF Meltzer ... Herr Kröger, der Auftrag der IFAG ist bisher nicht *eingegangen!* ... Nein ... Aber die Konditionen sind uns ja bekannt ... vierhundert Arosa schlitzverstärkt mit kurzem Arm ... selbstverständlich ... Aufwiedersehn!

SEKRETÄRIN Meine Hand schläft ein ...

CHEF *(steht auf)* ... Stehen Sie auf, Renate ...

SEKRETÄRIN *(steht auf)* Sie machen mich ganz verrückt, Herr Meltzer ...

CHEF Machen Sie Ihr linkes Ohr frei . . .

SEKRETÄRIN *(flüsternd)* . . . Ja . . . *(macht Ohr frei)*

CHEF Seit 15 Jahren, Renate . . . *(starrt sie kurz an und stürzt sich auf sie)*

SEKRETÄRIN Ha! . . . Sie blasen mir ins Ohr!

CHEF Bleiben Sie ganz ruhig . . . *(er beugt sich langsam zu ihr, sie biegt sich, an den Schreibtisch gelehnt, ebenso langsam zurück)*

SEKRETÄRIN Küssen Sie mich!

CHEF Ja, aber es geht nicht, wenn Sie den Kopf so weit zurücknehmen!

SEKRETÄRIN Ich habe nicht so viel Übung wie Sie!

CHEF Renate, lassen Sie uns zur Sitzgruppe gehen . . .

SEKRETÄRIN Ja . . .

*(Sie tänzeln zur Sitzgruppe)*

CHEF Nehmen Sie doch Platz . . .

SEKRETÄRIN *(setzt sich in einen der beiden tiefen Sessel)* Ich bin doch nur ein Abenteuer für Sie . . .

CHEF *(schiebt den zweiten Sessel an ihre Füße)* . . . Legen Sie schon mal die Füße hoch . . . ich komme dann ganz gemütlich zu Ihnen . . .

SEKRETÄRIN Sie machen mich noch ganz verrückt, Herr Meltzer . . .

CHEF *(versucht, sich neben sie zu legen, rutscht jedoch zwischen die auseinandergleitenden Sessel)*

SEKRETÄRIN Sie können mit Frauen umgehen, Herr Meltzer . . .

CHEF *(halb auf dem Boden, in verklemmter Stellung)* . . . Küssen Sie mich . . .

SEKRETÄRIN . . . Es geht nicht . . .

CHEF Aber es *muß* gehen . . . andere machen es doch auch!

SEKRETÄRIN . . . Es darf nur nicht zur Routine werden . . .

CHEF Drehen Sie doch Ihren Kopf ein bißchen . . . nein, so geht das nicht . . . *(rappelt sich hoch)* . . . geben Sie mir Ihre Hand, Renate! *(kniet zwischen Sitzgruppe und Schreibtisch auf dem Boden)* . . . Kommen Sie . . . kommen Sie hierher!

SEKRETÄRIN Da . . . auf die Auslegeware?

CHEF *(zieht sie langsam zu sich herunter, beugt sich auf allen vieren über sie)*

SEKRETÄRIN *(mit geschlossenen Augen)* . . . Sie machen mich ganz verrückt, Herr Meltzer . . .

CHEF *(nähert seine Lippen den ihren; dabei fällt sein Blick auf etwas unter dem Schreibtisch)* . . . Was ist denn das?

SEKRETÄRIN Was?

CHEF *(holt ein Schriftstück unter dem Schreibtisch hervor und liest)* . . . Da ist ja das Schreiben von der IFAG Mannheim . . . *(tastet nach der Brille, setzt sie auf)* . . . Bitte! . . . Vierhundert Arosa schlitzverstärkt mit kurzem Arm . . . auf dieses Schreiben warten wir seit vierzehn Tagen . . . und wo liegt es? . . . unter meinem Schreibtisch!

SEKRETÄRIN Aber ich . . .

CHEF Als führendes Unternehmen der Trikotagenbranche können wir uns Unkorrektheiten dieser Art nicht leisten!

SEKRETÄRIN Karl-Heinz . . .

CHEF Sagen Sie nicht Karl-Heinz zu mir!

# *Kosakenzipfel*

*Die Ehepaare Hoppenstedt und Pröhl feiern in einem eleganten Restaurant das fünfjährige Bestehen ihrer Freundschaft. Sie haben soeben in gehobener Stimmung das Hauptgericht zu sich genommen.*

FRAU PRÖHL Ach war das köstlich!

HERR HOPPENST. Ganz ausgezeichnet . . .

HERR PRÖHL *(gießt gleichzeitig den Rest Wein in die Gläser)* Der darf nicht umkommen!

FRAU HOPPENST. Herr Pröhl, Sie *müssen* noch von den Böhnchen nehmen . . .

HERR PRÖHL Vielen Dank, gnä' Frau . . .

FRAU PRÖHL Herr Hoppenstedt . . .! *(schiebt ihm die Platte mit einem Fleischrest zu)*

HERR HOPPENST. . . . Räumlich unmöglich . . .

FRAU PRÖHL Ach . . .

HERR HOPPENST. *(klopft ans Glas)*

HERR PRÖHL . . . Pscht . . .

HERR HOPPENST. Verehrte gnädige Frau, lieber Herr Pröhl . . .

OBER *(unterbricht)* Wünschen die Herrschaften noch ein Dessert?

HERR PRÖHL Etwas Süßes in Ehren kann niemand verwehren! *(allgemeines dummes Gelächter)*

FRAU HOPPENST. Was gibt es denn Schönes?

OBER Flambierte Himbeeren, Creme Caramel, Birne Helene . . .

FRAU PRÖHL Köstlich . . .

FRAU HOPPENST. Ich hätte gern eine Creme Caramel . . .

FRAU PRÖHL Das nehme ich auch!

HERR HOPPENST. Sie hatten doch immer so eine Spezialität . . .

OBER Kosakenzipfel . . .

HERR HOPPENST. Kosakenzipfel! Das ist das Größte!

FRAU HOPPENST. Den *müssen* Sie probieren!

HERR HOPPENST. *(zum Ober)* Zwei Kosakenzipfel!

HERR PRÖHL Kosakenzipfel?

OBER Das ist ein Mokka-Trüffel-Parfait mit einem Zitronencreme-Bällchen . . .

HERR PRÖHL Hervorragend!

OBER Zwei Creme Caramel . . . zwei Kosakenzipfel. *(ab)*

FRAU HOPPENST. Ach, was werden wir heute verwöhnt!

HERR HOPPENST. *(klopft ans Glas)*

| | |
|---|---|
| FRAU PRÖHL | Jetzt aber! |
| HERR PRÖHL | Pscht! |
| HERR HOPPENST. | Verehrte gnädige Frau, lieber Herr Pröhl, es ist heute fünf Jahre her, daß meine Gattin und ich Ihre Gattin und Sie auf dem Campingplatz in Klagenfurt kennengelernt haben ... und daß wir seitdem ... und daß uns ... jawohl, so etwas wie eine Freundschaft verbindet ... Das ist ein Grund zum Feiern ... und ich möchte ... und wenn wir jetzt das Glas erheben ... ich meine, wir sollten das förmliche »Sie« ... also, ich heiße Walter ...! |
| HERR PRÖHL | Bravo! *(erhebt sein Glas, allgemeines Anstoßen, Zuprosten mit Anrede durch Vornamen)* ... Nein, so geht das nicht! *(Austausch von Küssen)* |
| OBER | Es tut mir leid, aber wir haben nur noch *einen* Kosakenzipfel! |
| ALLE | Ooooch ... |
| HERR PRÖHL | Dann nimmst du ihn, Walter! |
| HERR HOPPENST. | Kommt nicht in Frage, Erich ... |
| HERR PRÖHL | Dann wird eben brüderlich geteilt ... |

FRAU HOPPENST. Geteilte Freude ist doppelte Freude . . .
*(dummes Gelächter)*

HERR HOPPENST. *(zum Ober)* Zwei Löffel, bitte!

OBER Sehr wohl. *(ab)*

HERR PRÖHL . . . und du stehst in der Berufsausbildung, Lieselotte?

FRAU HOPPENST. Ja . . . zwei Jahre Jodelschule . . .

HERR PRÖHL Sehr vernünftig!

FRAU HOPPENST. Dann hab ich mein Jodeldiplom . . .

HERR PRÖHL Sehr vernünftig!

FRAU HOPPENST. . . . und ich hab dann wirklich was Eigenes . . .

FRAU PRÖHL . . . und du bist unabhängig . . .

HERR HOPPENST. Erich, deine Frau ist doch vormittags auch berufstätig. . .

HERR PRÖHL Ja . . . Roswitha reitet dreimal die Woche . . .

FRAU HOPPENST. Toll!

HERR HOPPENST. Sehr gut! Als Frau braucht man eine sinnvolle Aufgabe . . .

FRAU PRÖHL Zu Hause komme ich mir völlig überflüssig vor . . .

FRAU HOPPENST. . . . und Reiter werden ja immer gebraucht . . .

OBER Zwei Creme Caramel . . . ein Kosakenzipfel . . .

FRAU PRÖHL Köstlich . . .
FRAU HOPPENST. *Der* sieht gut aus!
HERR PRÖHL Vielen Dank . . .
HERR HOPPENST. Danke schön . . . fang doch an, Erich . . .
HERR PRÖHL Neinnein . . .
HERR HOPPENST. Ich bestehe darauf!
HERR PRÖHL Also gut, Walter . . . genau bis hier! *(deutet mit dem Löffel die Hälfte an)*
*(Gelächter; Pröhl ißt)*
FRAU HOPPENST. *(essend)* Ach, ist das gut!
FRAU PRÖHL Köstlich!
FRAU HOPPENST. *(hält ihrem Mann einen Löffel hin)* Walter, du *mußt* mal probieren!
HERR HOPPENST. Danke, danke . . . ich bin ja gleich dran! *(trinkt seinen Wein aus und beobachtet den essenden Pröhl)*
FRAU PRÖHL *(zu ihrem Mann)* . . . Na, dir schmeckt's aber! Erich!
FRAU HOPPENST. Laß ihn doch . . .
HERR PRÖHL *(essend)* Vorzüglich! . . . Genau die Hälfte . . . *(schiebt den mehr als halbgegessenen Kosakenzipfel zu Hoppenstedt)*

HERR HOPPENST. *(leicht indigniert)* Na ja ... *genau* die Hälfte ...?

HERR PRÖHL *(heiter)* Also abgewogen habe ich es nicht!

*(Alle lachen, außer Hoppenstedt)*

HERR HOPPENST. Die *Hälfte* war *ausgemacht!*

HERR PRÖHL Willst du damit sagen, daß ich dich übervorteilt habe ...

*(Alle lachen, außer Hoppenstedt)*

HERR HOPPENST. *(zieht sich den Teller heran)* Neinnein ...

HERR PRÖHL Es klang aber so!

FRAU HOPPENST. ... Mit seinem Kosakenzipfel versteht Walter keinen Spaß ... *(Die Damen lachen)*

HERR HOPPENST. ... und wo ist das Zitronencreme-Bällchen?

HERR PRÖHL Vielleicht habe ich es versehentlich verschluckt, mein Gott ...

FRAU PRÖHL Du hast aber auch wirklich zugelangt, Erich ...

HERR HOPPENST. *(entrüstet)* Versehentlich!! Es gab nur noch einen Kosakenzipfel, und den wollten wir teilen ...

HERR PRÖHL Ja doch ...

FRAU HOPPENST. Nu laß doch, Walter!

HERR HOPPENST. ... also auch das Zitronencreme-Bällchen!

HERR PRÖHL *(verunsichert)* ... Dafür habe ich weniger von den Mokka-Trüffeln genommen ...

HERR HOPPENST. Weniger? Haha! ... *(zeigt drauf)* Hier wäre die Hälfte gewesen ... wäre!

HERR PRÖHL Wo?

HERR HOPPENST. Hier ...

HERR PRÖHL Aber *diese* Hälfte ist *dicker* ... sie ist *dicker* als die, die ich gegessen habe ...

FRAU PRÖHL Erich!

HERR HOPPENST. Du kannst ja gar nicht *beurteilen*, wie dick *die* Hälfte war, die nicht mehr da ist!

FRAU HOPPENST. Walter, nu laß doch!

HERR PRÖHL Aber ich kann beurteilen, wie dick *die* Hälfte ist, die noch *da* ist ...

HERR HOPPENST. Offensichtlich kannst du das eben *nicht!*

FRAU PRÖHL Ich bitte dich, Erich ...

HERR PRÖHL *(abwehrende Handbewegung)* ... *Du* hast doch darauf bestanden, daß *ich* den Kosakenzipfel teile ...

HERR HOPPENST. Weil ich dummerweise mit deiner Zuverlässigkeit gerechnet habe!

HERR PRÖHL Nein, weil du damit gerechnet hast, daß ich mir aus Höflichkeit die kleinere Hälfte nehmen würde und du dann die größere kriegst ...!

HERR HOPPENST. Das ist doch . . .!

HERR PRÖHL . . . Aber nicht mit mir!

FRAU PRÖHL Erich, wie kannst du so etwas sagen!

HERR HOPPENST. Das ist doch . . .!

HERR PRÖHL Nicht mit mir!

FRAU HOPPENST. Ihr verderbt uns den ganzen Abend!

HERR HOPPENST. *(zunehmend erregt)* Sie haben mir vom Kosakenzipfel kaum was übriggelassen . . . Sie haben mir das Zitronencreme-Bällchen weggegessen und wagen es noch . . .

HERR PRÖHL . . . Ich wage es zu behaupten, daß Sie mich übervorteilen wollten . . .!

HERR HOPPENST. Das ist eine bodenlose Unverschämtheit, die ich mir in dieser Form verbitten muß . . .

OBER *(eilt beladen herbei und setzt im Vorbeigehen einen zweiten Kosakenzipfel ab)* . . . Und den zweiten Kosakenzipfel, die Herren . . .

HERR HOPPENST. Aha!

FRAU HOPPENST. Na, Gott sei Dank!

**HERR PRÖHL** Herr Ober, Sie werden bestätigen können, daß dies doch wohl die Hälfte von *diesem* Kosakenzipfel ist . . .?

**OBER** Bitte?

**HERR HOPPENST.** *(zum Ober)* Halt! Antworten Sie nicht . . . Sie sind durch diese infame Art der Fragestellung schon beeinflußt! Die Frage ist die: Wäre eine Hälfte der zwei gleich großen Hälften von diesem Kosakenzipfel größer als diese kleine Hälfte . . .

**HERR PRÖHL** *(unterbricht)* . . . Als diese absolut gleich große Hälfte!

**HERR HOPPENST.** . . . Oder wäre die kleinere Hälfte . . .

**HERR PRÖHL** . . . diese gleich große Hälfte!

**HERR HOPPENST.** . . . Wäre diese Hälfte etwa größer als eine von den beiden gleichgroßen Hälften?

**OBER** *Den* Kosakenzipfel habe ich eben serviert und den *anderen* vorhin . . . *(eilig ab)*

**FRAU HOPPENST.** *(hebt ihr Glas)* . . . Wohlsein!

**FRAU PRÖHL** *(hebt ihr Glas)* . . . Wohlsein!

**HERR PRÖHL** Kann man hier wohl noch ein vernünftiges Gespräch führen, ohne ständig unterbrochen zu werden?!

| | |
|---|---|
| HERR HOPPENST. | Ich verbiete Ihnen, in diesem Ton mit meiner Frau zu reden! |
| HERR PRÖHL | Dann erlauben wir uns, zu gehen . . .! *(Pröhls springen auf, Hoppenstedts folgen)* |
| HERR HOPPENST. | Die Rechnung bitte . . . |
| HERR PRÖHL | Erlauben Sie . . . |
| HERR HOPPENST. | Bitte sehr . . . |
| HERR PRÖHL | *(bezahlt im Gehen)* |
| FRAU PRÖHL | Man soll eben auf Campingplätzen keine Bekanntschaften machen! |
| | *(Die Ehepaare stehen sich auf der nächtlichen Straße gegenüber)* |
| FRAU HOPPENST. | *(laut)* Sie haben uns doch zuerst angequatscht! |
| FRAU PRÖHL | *(lauter)* . . . Um Sie von Ihrem besoffenen Gatten loszueisen! |
| FRAU HOPPENST. | *(sehr laut)* Nein, weil Ihr sauberer Herr Gemahl, dieser Campingcasanova, hinter allem her ist, was Beine hat! |
| | *(Die Herren ziehen ihre Gattinnen in entgegengesetzte Richtungen, so daß die Paare auf der Straße Abstand gewinnen)* |
| FRAU PRÖHL | *(schreiend)* . . . Jo . . . del . . . schnep . . . fe!! |
| FRAU HOPPENST. | *(schreiend)* . . . Win . . . sel . . . stu . . . te! |
| FRAU PRÖHL | *(schreiend)* . . . Rat . . . te . . .! |
| | *(Die Paare verlieren sich in der Dunkelheit)* |

# *Skat*

*Eine ziemlich leere Kneipe. In der Mitte ein Tisch mit Herrn Striebel und Herrn Vogel. Auf dem Tisch befinden sich zwei halb leere Biergläser und ein Kartenspiel mit Block und Bleistift. An einem anderen Tisch sitzt Herr Moosbach und liest Zeitung.*

HERR STRIEBEL Ach entschuldigen Sie . . . hallo . . .

HERR MOOSBACH Ja bitte . . .

HERR STRIEBEL Spielen Sie Skat?

HERR MOOSBACH Im Moment nicht . . .

HERR STRIEBEL . . .uns fehlt nämlich der dritte Mann!

HERR MOOSBACH Ach!

HERR STRIEBEL . . .Wenn Sie mit uns ein paar Runden spielen wollen . . .

HERR MOOSBACH Gern . . . *(er kommt an den Tisch, setzt sich in die Mitte und stellt sich vor)* Moosbach ist mein Name . . .

HERR STRIEBEL Striebel . . .

HERR VOGEL Vogel . . .

HERR MOOSBACH Angenehm . . .

HERR VOGEL *(zum Wirt)* Ein Bier bitte . . .

HERR STRIEBEL Mir auch . . .

WIRT *(zu Herrn Moosbach)* Der Herr auch ein Bier?

HERR MOOSBACH Nein danke, ich bin mit dem Magen nicht ganz in Ordnung . . .

HERR STRIEBEL Sind Sie Turnierspieler? *(mischt die Karten und gibt sie Herrn Vogel zum Abheben)*

HERR MOOSBACH Nein, nicht direkt . . . ich habe auch länger nicht gespielt, aber ich spiele gern . . .

HERR STRIEBEL Aha . . . *(gibt)*

HERR MOOSBACH Spielen, richtig verstanden, ist etwas Wunderschönes . . . Es kann auch grade für junge Menschen eine gute charakterliche Schulung sein . . .

HERR STRIEBEL Contra nach'm ersten Stich und Null ohne Re . . .

HERR MOOSBACH Bitte?

HERR VOGEL Verlorenes Contra: drei Bock, drei Ramsch . . .

HERR STRIEBEL Du sagst was, Herr Moosbach ist vorne . . .

HERR MOOSBACH Ach!

HERR VOGEL *(zu Herrn Moosbach)* 18 . . .

HERR MOOSBACH Was? . . . Ach so . . . ja . . .

| | |
|---|---|
| HERR VOGEL | 20 . . . |
| HERR MOOSBACH | Ja . . . |
| HERR VOGEL | Zwo . . . drei . . . |
| HERR MOOSBACH | Jaja . . . *(lächelt ahnungslos)* |
| HERR VOGEL | Vier . . . |
| HERR MOOSBACH | *(nickt freundlich)* |
| HERR VOGEL | Sieben . . . |
| HERR MOOSBACH | Tjajajajaja . . . |
| HERR VOGEL | 30! |
| HERR MOOSBACH | Hmmm . . . hm . . . *(nickt liebenswürdig)* |
| HERR STRIEBEL | Na, der hat'n Blatt! |
| HERR MOOSBACH | Ich? Sie scherzen! Neinneinnein! |
| HERR VOGEL | Also keine 33? |
| HERR MOOSBACH | Neinnein . . . neinnein . . . |
| HERR STRIEBEL | Weg . . . |
| HERR VOGEL | *(nimmt Skat auf)* |
| HERR STRIEBEL | Wie heißt er? |
| HERR MOOSBACH | Moosbach! |

HERR VOGEL Grand!

HERR STRIEBEL *(zu Herrn Moosbach)* Sie kommen raus!

HERR MOOSBACH Wo? . . . *(sieht zur Tür)* . . . Ach so . . . *(lächelt verschmitzt und legt eine Karte auf den Tisch)*

HERR VOGEL *(spielt eine Karte)*

HERR STRIEBEL *(spielt eine Karte)*

HERR VOGEL *(nimmt den Stich, knallt einen Buben auf den Tisch)*

HERR STRIEBEL *(knallt einen höheren Buben drauf)*

HERR MOOSBACH *(legt schüchtern etwas dazu)*

HERR VOGEL Haben Sie keinen Buben?

HERR MOOSBACH *(Singsang)* Das *sag* ich nicht!

HERR STRIEBEL Wir spielen Grand, Herr Moosbach!

HERR MOOSBACH Ach! . . . *(nimmt die Karte zurück und zeigt sein Blatt Herrn Vogel, der sich abwendet)* . . . Ist das ein Bube? *(wendet sich zu Herrn Striebel)*

HERR STRIEBEL Jawohl!

HERR MOOSBACH Ich kann Buben und Damen so schlecht auseinanderhalten! *(kichert albern und legt den Buben dazu)*

HERR STRIEBEL *(nimmt den Stich)* . . . Und den! *(knallt ein As auf den Tisch)*

HERR MOOSBACH *(legt eine Karte ab)*

HERR VOGEL *(bedient)*

HERR STRIEBEL *(will den Stich nehmen)*

HERR MOOSBACH *(greift rasch zu)* . . . Nein! Das sind jetzt meine! Jeder der Herren hat einmal die Karten an sich genommen . . . ich habe es genau beobachtet!

HERR STRIEBEL Ich bitte Sie, das ist mein As, Sie haben abgeworfen, und Herr Vogel hat bedient! *(nimmt den Stich)*

HERR MOOSBACH Bitte sehr, bitte sehr . . . aber gerecht ist es nicht . . .

HERR STRIEBEL *(haut alle Karten nacheinander auf den Tisch)* . . . Und den . . . und den . . . und den . . . und den . . . Pech gehabt, Dicker . . .

HERR VOGEL Jaja . . .

HERR STRIEBEL Herr Moosbach, Sie geben . . . *(Wirt bringt Bier, Striebel schreibt an)* Ohne zwei spielt drei, Schneider vier, Grand, 80 . . .

HERR MOOSBACH *(hat alle Karten auf dem Tisch ausgebreitet und rührt darin herum)*

HERR VOGEL Was machen Sie denn da?

HERR MOOSBACH Nur auf diese Weise werden die Karten wirklich gemischt . . . damit man nicht immer dieselben bekommt . . . *(singt vor sich hin)* . . . Im Grunde genommen ist Skat ein Spiel, das den Intellekt schult . . . *(Er gibt umständlich eine Karte nach der anderen)*

HERR STRIEBEL *(zu Herrn Vogel)* 18 ...

HERR VOGEL Ja ...

HERR STRIEBEL 20 ...

HERR VOGEL Ja ...

HERR STRIEBEL Zwo ...

HERR VOGEL Weg ...

HERR MOOSBACH Weg ...

HERR VOGEL Wie heißt er?

HERR MOOSBACH Wer ...

HERR STRIEBEL Karo ... Du kommst raus ...

HERR MOOSBACH Was ist Trumpf?

HERR STRIEBEL Karo ...

HERR VOGEL *(spielt aus)*

HERR STRIEBEL *(knallt eine Karte drauf)*

HERR MOOSBACH *(überlegt lange, summt vor sich hin)* Was ist Trumpf?

HERR VOGEL Karo ...

HERR MOOSBACH *(sinnend)* ... Ka ... ro ... Dann ist also eine Karo-Dame höher als ein Herz-König!

HERR VOGEL *(sich zur Ruhe zwingend)* Ja ...

HERR MOOSBACH ... Aber nicht so hoch wie eine Karo Zehn!

HERR STRIEBEL Nein ...

HERR MOOSBACH Also, *was* ist Trumpf?

HERR STRIEBEL *(sehr scharf)* Ka ... ro!

HERR MOOSBACH Richtig! ... Also! *(zieht ruckartig eine Karte, alle Karten fliegen über den Tisch, eine fällt in das Bierglas von Herrn Striebel)* ... Hoppla!

*(Herr Striebel und Herr Vogel beherrschen sich mühsam)*

HERR MOOSBACH *(holt die Karte heraus und legt sie auf den Tisch)* ... Ich spiele zu gern!

HERR VOGEL *(bedient)*

HERR STRIEBEL *(nimmt den Stich, spielt klein aus)* ... Pik!

HERR MOOSBACH *(bedient)*

HERR VOGEL *(sticht und spielt aus)* ... Herzen!

HERR STRIEBEL *(bedient)*

HERR MOOSBACH *(spielt aus)*

HERR STRIEBEL *(zu Herrn Moosbach)* ... Das ist Ihr Stich!

HERR MOOSBACH Ach was! ... Natürlich! ... Herr Vogel hat die Herz-Sieben ausgespielt, dann hat Herr Striebel die Herz-Acht draufgelegt, und ich bin mit der Herz-Neun einfach drübergegangen ... das ist mein Stich! ... Die Herz-Sieben kommt von Herrn Vogel, dann die Acht von Herrn Striebel und – Zack

– komm ich mit der Neun! . . . So war's doch! . . . Herr Striebel dachte schon, er könnte da mit der Herz-Acht die Herz-Sieben . . . Neinnein – Zack – Ha-ha! . . . Herr Striebel hätte ja stechen können, hat er aber nicht, und darum habe *ich* einfach – Zack – mit der Herz-Neun . . . *(lacht triumphierend)*

HERR VOGEL *(wirft seine Karten enerviert auf den Tisch)*

HERR MOOSBACH *(zu Herrn Vogel)* . . . Ein guter Spieler läßt sich *nichts* anmerken, Herr Vogel! Spielen ist in erster Linie eine Charakterfrage . . .

HERR STRIEBEL *(mühsam beherrscht)* . . . Vielleicht erlaubt es Ihr Charakter, jetzt eine Karte auszuspielen!

HERR MOOSBACH Dochdoch . . . gewiß . . . aber beim Skat will jeder Stich genau überlegt sein! Wenn man nicht ernst spielt, macht es keinen Spaß! *(überlegt, sieht Herrn Vogel kurz in die Karten, lächelt verschmitzt und spielt bedeutungsvoll eine Karte aus)*

HERR VOGEL *(sticht sofort)*

HERR MOOSBACH *(will seine Karte zurücknehmen)* . . . Neinnein . . . ich habe mich geirrt!

HERR VOGEL Was liegt, liegt!

HERR MOOSBACH Es war ein Versehen, Herr Vogel!

HERR VOGEL Sie haben . . .

HERR MOOSBACH Ich sagte, es war ein Versehen!

HERR STRIEBEL *(streng)* Sie haben ausgespielt, Herr Vogel hat gestochen, und *so* bleibt es liegen . . . Hier wird Skat gespielt, Herr Moosbach! *(knallt eine Karte drauf, nimmt den Stich und spielt aus)*

HERR MOOSBACH *(heiter)* Kennen Sie Schnipp-Schnapp? Das ist auch ein Spiel für drei Personen . . .

HERR STRIEBEL *(scharf)* . . . Nein, Schnipp-Schnapp kenne ich *nicht!* Aber *Sie* spielen jetzt eine Karte aus und legen sie hier drauf!

HERR VOGEL . . . Und *da* bleibt sie auch liegen!

HERR MOOSBACH Nein, meine Herren, *so* nicht! Spiel ist etwas Heiteres . . . es soll Freude machen . . . im übrigen brauchen *Sie* einen dritten Mann! *Ich nicht! (will gehen)*

HERR STRIEBEL Nun bleiben Sie doch sitzen . . .

HERR VOGEL So war es ja nicht gemeint . . .

HERR MOOSBACH *(bleibt sitzen, spielt aus)* Bitte sehr . . .

HERR VOGEL *(sticht, nimmt und legt die Karten hin)* . . . Der Rest ist bei mir . . . *(sammelt die Karten ein, mischt)*

HERR STRIEBEL *(schreibt an)* Mit zwei spielt drei, Karo, 27 . . .

HERR MOOSBACH Darf ich den Herren mal ein ganz kleines Kartenkunststück zeigen?

HERR VOGEL *(tauscht mit Herrn Striebel einen Blick und gibt Herrn Moosbach die Karten)* . . . Bitte sehr . . .

HERR MOOSBACH Aber erst mal nicht gucken!
*(Beide Herren wenden sich enerviert ab. Herr Moosbach knifft viele Karten zu kleinen Dächern und stellt sie vor sich auf den Tisch)* . . . So, Sie können sich umdrehen. Jeder darf sich ein Häuschen nehmen . . . Herr Striebel fängt an . . .

# *Schweifträger*

*Reporter im Fernsehstudio.*

REPORTER Zunächst verlebte der Mensch 750 000 Jahre in lässig gebückter Haltung mit kleinem Hirn, durch einen starken Schweif im Gleichgewicht gehalten. In den folgenden Jahrhunderttausenden vergrößerten sich Kopf und Hirn, er näherte sich einer aufrechten, vernunftbetonten Haltung, womit der Schweif an Bedeutung verlor . . . er verkümmerte. Der Mensch von heute wird ohne Schweif geboren.
Und dennoch lebt eine kleine verschwiegene Minderheit unter uns, Mitmenschen, von der Gesellschaft ignoriert, weil sie durch eine späte Laune der Natur mit einem Schweif versehen sind.

*Reporter mit Mikrophon auf der Straße.*

REPORTER *(fragt älteren Herrn)* Was würden Sie sagen, wenn Ihre Schwiegertochter einen Schweif hätte?

HERR *(sieht sich irritiert um)* Was ist los?

REPORTER *(fragt eine ältere Dame)* Ach entschuldigen Sie . . .

HERR *Was* hat meine Schwiegertochter?

REPORTER *(weiter zu älterer Dame)* Was würden Sie sagen, wenn Schweifträger künftig ihre Schweife öffentlich unbekleidet tragen dürften?

DAME I Das würde mich ü-ber-haupt nicht wundern . . .! Heute laufen ja *alle* frei rum! Erst die Studenten, dann die Terroristen und jetzt die Schweifträger! . . . Man traut sich als Frau ja schon gar nicht mehr auf die Straße! . . . Ich will Ihnen mal was sagen . . . nach 33, da hätte man mit so was aufgeräumt . . . Schweifträger! . . . Rübe ab, sag ich . . . Rübe ab!

HERR Meine Schwiegertochter soll einen Schwanz haben?

REPORTER *(fällt ihm ins Wort und fragt eine etwa 45jährige Dame)* Würden Sie einen Schweifträger heiraten?

DAME II Was denn sonst?

*Reporter im Wohnzimmer einer Schweifträgerfamilie.*

REPORTER Die Familie Pohlmeier gehört zu einer kleinen, bisher kaum beachteten Minderheit in der Bundesrepublik . . . Sie haben . . . äh . . . sie sind . . . Schwanz . . .

FRAU POHLMEIER *(strickt an Schweifschoner)* . . . Schweif . . .

REPORTER Äh . . . Schweifträger . . . Gnädige Frau, würden Sie wohl so freundlich sein, uns Ihren Schweif zu zeigen?

FRAU POHLMEIER *(sieht betreten ihren Mann an)* Da war ich eigentlich nicht drauf vorbereitet . . .

HERR POHLMEIER *(aufmunternd)* Erika!

FRAU POHLMEIER Aber nur ganz kurz! *(will aufstehen, aber der Reporter sitzt auf dem Schweif)*

REPORTER *(erhebt sich halb)* Pardon! . . .

FRAU POHLMEIER *(steht geniert auf, dreht sich)*

REPORTER Also ich finde, es wirkt sehr . . . gepflegt . . . es hat überhaupt nichts . . .

HERR POHLMEIER *(sieht den Reporter starr an)*

REPORTER . . . es wirkt gar nicht . . .

HERR POHLMEIER Wie?

FRAU POHLMEIER *(setzt sich)*

REPORTER Und wie ist es im Bereich des kulturellen Lebens ... Theater, Kino, Konzert?

HERR POHLMEIER ... Klappsitze! ... Drei Stunden »Lohengrin« mit eingeklemmtem Schweif sind keine Freude ...

*(Der etwa sechzehnjährige Sohn betritt das Zimmer)*

FRAU POHLMEIER Das ist unser Dieter ...

REPORTER Hallo, Dieter! ... Na, hast du die Schule geschwänzt ... äh ... geschweift?

HERR POHLMEIER Der Herr ist vom Fernsehen, zeig doch mal deinen Schweif ...

DIETER Nee ...

HERR POHLMEIER *(streng)* Dieter!

DIETER *(verstockt)* Nein!

FRAU POHLMEIER Kurt, der Junge ist müde ... *(zum Reporter)* ... Er kommt vom Kameradschaftsabend der Schweifträgerjugendgruppe ...

DIETER *(ärgerlich)* Jaja ...

FRAU POHLMANN Ach, der Junge ist jetzt so schwierig ... Kurt, zeig doch mal dieses süße Kinderfoto von ihm ... da in der Kommode ...

HERR POHLMEIER *(will von Hocker aufstehen, sein Schweif ist im Tonkabel des Reporters verheddert)*

REPORTER Oh ...

*(Der Reporter und Herr Pohlmeier versuchen, den Schweif freizumachen)*

HERR POHLMEIER Es geht schon ... unten durch ... danke sehr ... *(geht zur Kommode)*

REPORTER Gnädige Frau, gibt es Schweifträger, die ... über den Kreis der Schweifträger hinaus ... bekannt geworden sind?

FRAU POHLMEIER Oh ja ... Goethe ... Marx ... Maria Theresia ...

REPORTER Ach was! ... die hatten alle einen ... ?

FRAU POHLMEIER *(stolz)* Tja-ha ...

HERR POHLMEIER Hier ist das Bild ... *(Auf dem Foto liegt bäuchlings ein nackter Säugling mit winzigem Schweif)*

FRAU POHLMEIER Da hat unser Dieter gerade das erste Zähnchen ... *(gibt Bild an Reporter weiter)*

REPORTER Ah ja ... steht ... steht ihm gut! Herr Pohlmeier, Sie sind zweiter Vorsitzender des Schweifträgerverbandes. Wo liegen die Aufgaben Ihres Verbandes?

HERR POHLMEIER Bis der Schweif als solcher öffentlich akzeptiert wird, bemühen wir uns vor allem um das Problem der Freizeitgestaltung. Grundsätzlich bevorzugen wir den eigenen Garten zur Entspannung, wo wir unsere körperliche Eigenheit optimal nutzen können ... Für Schweifträgerfamilien ohne Garten suchen wir abgelegene Grünanlagen mit altem Baumbestand.

REPORTER Herr Pohlmeier, sind Schweifträger in der freien Berufswahl vom Gesetzgeber benachteiligt?

HERR POHLMEIER Ja – als Schweifträger darf ich kein öffentliches Amt bekleiden.

REPORTER Da können Sie also nicht einmal Bundeskanzler werden ...

HERR POHLMEIER Nein ... und das ist eine Schikane!

REPORTER Herr Pohlmeier, in diesem Zusammenhang wird Sie eine Äußerung des Staatssekretärs Gunzbach vom Bundesinnenministerium interessieren.

*Reporter interviewt Staatssekretär.*

REPORTER Herr Staatssekretär, entspricht es den Tatsachen, daß in der Bundesrepublik ein Schweifträger kein öffentliches Amt bekleiden darf?

STAATSSEKRETÄR Herr Meisenbach, gerade hinsichtlich der Schweifträger haben Regierung und Opposition keinerlei Vorurteile. Grundsätzlich kann in der Bundesrepublik auch ein Schimpanse Minister werden.

*Reporter in der Pohlmeierschen Wohnung.*

REPORTER Herr Pohlmeier, diese Worte des Herrn Staatssekretärs klingen doch ermutigend ...

HERR POHLMEIER Aber, Herr Meisenbach ... Schimpansen konnten schon immer Minister werden ... die *haben* ja keinen Schweif!

REPORTER *(starr)* Ah! ... ich danke Ihnen für dieses Gespräch ...

# HEIM UND FAMILIE

# *Mutters Klavier*

*Zwei Möbelträger stellen ein Klavier vor einer Wohnungstür ab und klingeln.*

VATI *(die Tür öffnend)* Aha!

TRÄGER *(Lieferschein ablesend)* Ist das hier richtig bei ... Panislowski?

VATI *(in die Wohnung zurückrufend)* Thomas! Also, Netzschalter auf »On«, gleichzeitig die Tasten »Start« und »Aufnahme« drücken, aber die Kamera erst auslösen, wenn die beiden Herren mit dem Klavier in der Wohnzimmertür erscheinen ...

TRÄGER Sind wir hier richtig bei ... Panislowski?

VATI Thomas!

THOMAS *(von innen)* Ja ...

VATI Hast du verstanden?

THOMAS Ja ...

VATI Na, dann sag doch was!

TRÄGER Wir kommen von der Firma ...

VATI Ich weiß, meine Herren, dieses Instrument ist ein Geschenk von meiner Mutter, die in Massachusetts lebt, in den Vereinigten Staaten. Es hat also immerhin eine Reise per Schiff von 8000 Kilometern hinter sich, und wir möchten die Ankunft des Klavieres und die freudige Überraschung im Familienkreis als Film festhalten ... also nicht Film ... so Video ... Videorecorder ... auf Kassette ... wir haben ein TV-Heimgerät, und wir schicken dann die Kassette meiner Mutter in die Staaten ... *(nach hinten)* Thomas, läuft das Band?

THOMAS Ja ...

VATI Also bitte, dann kommen Sie jetzt ...

TRÄGER Zu ... gleich ... *(tragen das Klavier in den Flur)*

VATI *(neben ihnen hergehend)* ... Und wenn Sie den Wohnraum betreten, sagen Sie einfach »Guten Tag« oder was Sie eben so sagen, und das Ganze ein bißchen lebhaft, wissen Sie, es soll fröhlich wirken ...

THOMAS Vati, du mußt aber hier mit im Zimmer sein ...

VATI Ich komme ... Warten Sie, bis ich »jetzt« sage! *(Er eilt ins Wohnzimmer. Dort sitzen um einen gedeckten Kaffeetisch die*

*strickende Mami, Schwiegertochter Helga und zwei etwa zehnjährige Enkel. In der gegenüberliegenden Zimmerecke steht der 35jährige Sohn Thomas hinter der Videokamera)*

VATI Also Kinder, alles wie besprochen ... Mamilein, du klatschst in die Hände und rufst »Was ist denn *das?*« ... so richtig freudig überrascht ... Klaus-Dieter und Heinz-Herbert ... »Schau mal, Opa, das schöne Klavier!« ... und du Helga ... wie war das?

HELGA Ein Klavier ... ein Klavier!

VATI Ach ja ... dann sage ich »Mutter, wir danken dir!«, und Thomas, du achtest drauf, daß das Klavier immer schön im Bild ist ...

THOMAS Ja ... ja ...

VATI *(sieht durch die Tür, die nach innen aufgeht, zum Flur)* Jetzt! *(setzt sich rasch)* Läuft das Band?

THOMAS Ja doch! *(richtet die Kamera auf die Tür. – Die Tür wird aufgestoßen. Beide Träger kommen ohne Klavier ins Zimmer)*

TRÄGER Guten Tag!

MAMI *(klatscht in die Hände)* Was ist denn das?!

KINDER *(im Chor)* Schau mal, Opa, das schöne Klavier!

HELGA Ein Klavier ... ein Klavier!

VATI Halt ... Haaalt! So geht das nicht ... meine Herren, wir hatten natürlich angenommen, Sie hätten das Klavier bei sich!

TRÄGER Soll es hier rein?

VATI Ganz recht ... dort an die Wand ...
*(Die Träger wenden sich zum Gehen)*
Ach, und es wäre vielleicht doch gut, wenn – nachdem meine Frau »Was ist denn das?« gesagt hat – wenn Sie dann sagen würden: »Das ist ein Geschenk von Frau Berta Panislowski aus Massachusetts!« ... das ist meine Mutter ...
*(Träger aus dem Zimmer)*

VATI ... Und Helga, du sitzt da so steif, es muß natürlicher aussehen, iß doch ein Stück Kuchen ... *(zu den Kindern)* ... Das gilt auch für euch ... *(nach draußen)* So ... bitte sehr ... *(zum Sohn)* Läuft die Kassette?

THOMAS *(ärgerlich)* Ja . . .

*(Die Tür öffnet sich. Die Träger tragen das Klavier herein und sitzen mit einem üblen Geräusch an der Anrichte fest)*

TRÄGER Guten Tag . . .

MAMI Mein Gott, die ruinieren mir ja die ganze Anrichte . . .

TRÄGER Das ist ein Geschenk von Frau . . . äh . . . von Berta . . .

KINDER *(mit vollem Mund)* Schau mal, Opa, das schöne Klavier!

HELGA *(mit vollem Mund)* Ein Klavier . . . ein Klavier!

VATI *(unterbrechend)* Halt, halt, halt, halt! Mamilein, *bitte,* du mußt dich genau an deinen Satz halten . . . »Was ist denn das?« . . .

MAMI Aber die haben mir die Anrichte verschrammt . . .

VATI Das braucht doch meine Mutter nicht zu wissen . . . immerhin schenkt sie uns das Klavier!

*(Die Träger haben die Anrichte verschoben und das Klavier abgesetzt)*

TRÄGER So, also da an die Wand?

VATI Herr . . . äh . . . wie ist Ihr Name?

TRÄGER Finke . . .

VATI Herr Finke, wir müssen die Aufnahme wiederholen . . . und meine Mutter heißt Panislowski, Berta Panislowski aus Massachusetts . . .

*(Die Träger tragen das Klavier zurück in den Flur)*

. . . Entschuldigen Sie, daß wir Sie nochmal bemühen müssen . . . aber für Sie ist es doch auch mal was anderes . . . *(zum Sohn)* Läuft das Band?

THOMAS *(enerviert)* Ja doch!

VATI *(nach draußen)* Sie können kommen!

*(Es passiert nichts. Vati steht auf, geht an die Tür und will hinaussehen. Da geht die Tür unerwartet auf und knallt ihm an den Kopf. Er hält sich das Auge. Die Träger tragen das Klavier herein)*

TRÄGER Guten Tag . . .

MAMI *(ohne hinzusehen)* Was ist denn das?

1. TRÄGER Das ist ein Geschenk von Frau Berta Plani . . . Plopski . . .

KINDER *(mit vollem Mund)* Schau mal, Opa, das schöne Klavier!

HELGA *(mit vollem Mund)* Ein Klavier . . . ein Klavier!

VATI *(sich das Auge haltend)* Nein . . . nein . . . meine Mutter heißt Berta Panislowski und wohnt in Massachusetts . . . bitte, wenn Sie noch einmal hereinkommen würden . . .

*(Die Träger tragen das Klavier hinaus)*

HELGA Sollen wir denn immer noch Kuchen essen?

MAMI Ich muß dann in die Küche und Abendessen machen . . .

VATI *(mit zugekniffenem Auge, ärgerlich)* Wir sitzen jetzt gemütlich am Kaffeetisch und essen Kuchen ... Mutters Klavier kommt aus Amerika zu ihrer harmonischen kleinen Familie in Deutschland ... ist das zuviel verlangt? *(nach draußen)* Bitte, meine Herren ... *(zum Sohn)* Läuft das Band?

THOMAS *(gereizt)* Jawohl, es läuft!

VATI Ich wünsche nicht, daß du in diesem Ton zu deinem Vater sprichst!

*(Die Träger tragen das Klavier herein)*

TRÄGER Guten Tag ...

MAMI Was ist denn das?

TRÄGER Das ist ein Geschenk von Frau Berta Panislowski aus Matscha ... wie war das?

KINDER *(mit vollem Mund)* Schau mal, Opa, das schöne Klavier!

HELGA *(mit vollem Mund)* Ein Klavier ... ein Klavier!

VATI Beinah ... wir hatten es beinah ... Herr Finke, wenn Sie Schwierigkeiten mit dem Namen Massachusetts haben, lassen Sie ihn weg und sagen Sie einfach nur, daß es eben ein Geschenk von meiner Mutter ist ... also bitte noch einmal ...

*(Die Träger tragen das Klavier hinaus)*

KIND Mir ist schlecht ...

VATI Nimm dich zusammen, Junge ... *(Blick zu Thomas)* Thomas! *(deutet auf Recorder)*

THOMAS *(düsterer Blick zum Vater)*

VATI ... Und herein bitte ...

*(Die Träger tragen das Klavier herein)*

TRÄGER Guten Tag ...

MAMI Was *ist* denn das?

TRÄGER Das ist ein Geschenk von meiner Mutter ...

KINDER Schau mal, Opa, das schöne Klavier ...

HELGA Ein Klavier ... ein Klavier!

VATI Halt ... neinnein ... nein! Herr Finke, das ist eben nicht ein Geschenk von *Ihrer* Frau Mutter ... es ist ein Geschenk von *meiner* Mutter!

TRÄGER *(tonlos)* Ach so ...

*(Die Träger tragen das Klavier hinaus)*

VATI *(hinterherrufend)* ... Von Frau Berta Panislowski ... also bitte ... und alles ein bißchen lebhafter ... Helga, gib doch den Kindern mal ein frisches Klavier ... äh ... ein ... *(zeigt auf die Torte)* ... na ...

| | |
|---|---|
| HELGA | *(Kuchen verteilend, mit vollem Mund)* Torte . . . |
| VATI | Ja . . . und bitte herein! |
| | *(Die Träger tragen das Klavier herein)* |
| TRÄGER | Guten Tag . . . |
| MAMI | *(gähnend)* Was ist denn das? |
| TRÄGER | Das ist ein Klavier . . . ein Geschenk von Berta . . . aus Panislowski . . . |
| KINDER | *(gequält, mit vollem Mund)* Schau mal, Opa, das schöne Klavier . . . |
| HELGA | Ein Klavier . . . ein Klavier . . . |
| VATI | Mutter, wir danken dir! . . . Es war nicht ganz korrekt, aber lassen wir's mal so . . . Vielen Dank, meine Herren . . . |
| MAMI | Dann geh ich jetzt mal ans Abendessen . . . |
| HELGA | *(kämpft mit vorgehaltener Serviette gegen Übelkeit)* |

# *Heimoperation*

*Reportage aus einer altmodischen bürgerlichen Küche. In der Mitte steht ein großer Küchentisch, auf ihm liegt ein älterer Patient. Außer an Kopf, Füßen und Operationsstelle ist er mit weißen Tüchern abgedeckt. Die Nase des Patienten ist mit einer Wäscheklammer verschlossen. Im Mund steckt ein mit Leukoplast befestigter Schlauch, an dessen anderem Ende sich ein Luftballon im Atemrhythmus bläht und zusammenzieht. Um den Tisch herum steht die Familie, bestehend aus Herrn und Frau Grötzmann, Opa, Oma und einer Schwägerin.*
*Alle tragen über bürgerlicher Kleidung weiße Schürzen, weiße Kappen, Mundschutz und Gummihandschuhe. Opa hält die Füße des Patienten fest. Die übrigen reichen Instrumente zu. Auf dem Bauch des Patienten liegt ein dickes, aufgeschlagenes Buch. Frau Grötzmann operiert, neben ihr sitzt ein Reporter mit Mikrophon.*

REPORTER *(hebt den Mundschutz und spricht zur Kamera)* Sie sind Augenzeuge eines chirurgischen Eingriffs, ausgeführt von Elfriede Grötzmann, 48, Hausfrau und Mutter.

FRAU GRÖTZMANN Tupfer ...

REPORTER Frau Grötzmann, um was für eine Operation handelt es sich?

FRAU GRÖTZMANN Um meinen Schwager ... Haken ...

REPORTER Ich meine, wo und wie greifen Sie ein?

FRAU GRÖTZMANN Ich mach meinem Schwager den Blinddarm raus ...

REPORTER Ah-ja ...

FRAU GRÖTZMANN Klammer ...

REPORTER Aber wäre Ihr Herr Schwager da nicht vielleicht besser in ein Krankenhaus ...?

FRAU GRÖTZMANN Krankenhaus? ... Bei den Preisen? ... Nee, das is vorbei ... Messer ... In einem modernen Haushalt macht man heute alles selbst ... Tupfer ... ich streich meine Küche selbst ... ich reparier meine Steckdosen selbst ... Gabel ... unsere Sitzgruppe hab ich selbst gepolstert ... Messer ...

REPORTER ... Und Sie operieren selbst ...

FRAU GRÖTZMANN Ja ...

REPORTER Wie schaffen Sie das neben dem Haushalt?

FRAU GRÖTZMANN Wenn ich operiere, essen wir auswärts ... ich muß ja die Instrumente kochen ... Haken ...

REPORTER Natürlich ... Frau Grötzmann, wo haben Sie Ihre Fachkenntnisse erworben?

FRAU GRÖTZMANN Ich les die Illustrierten, hauptsächlich ... Pincette ... und

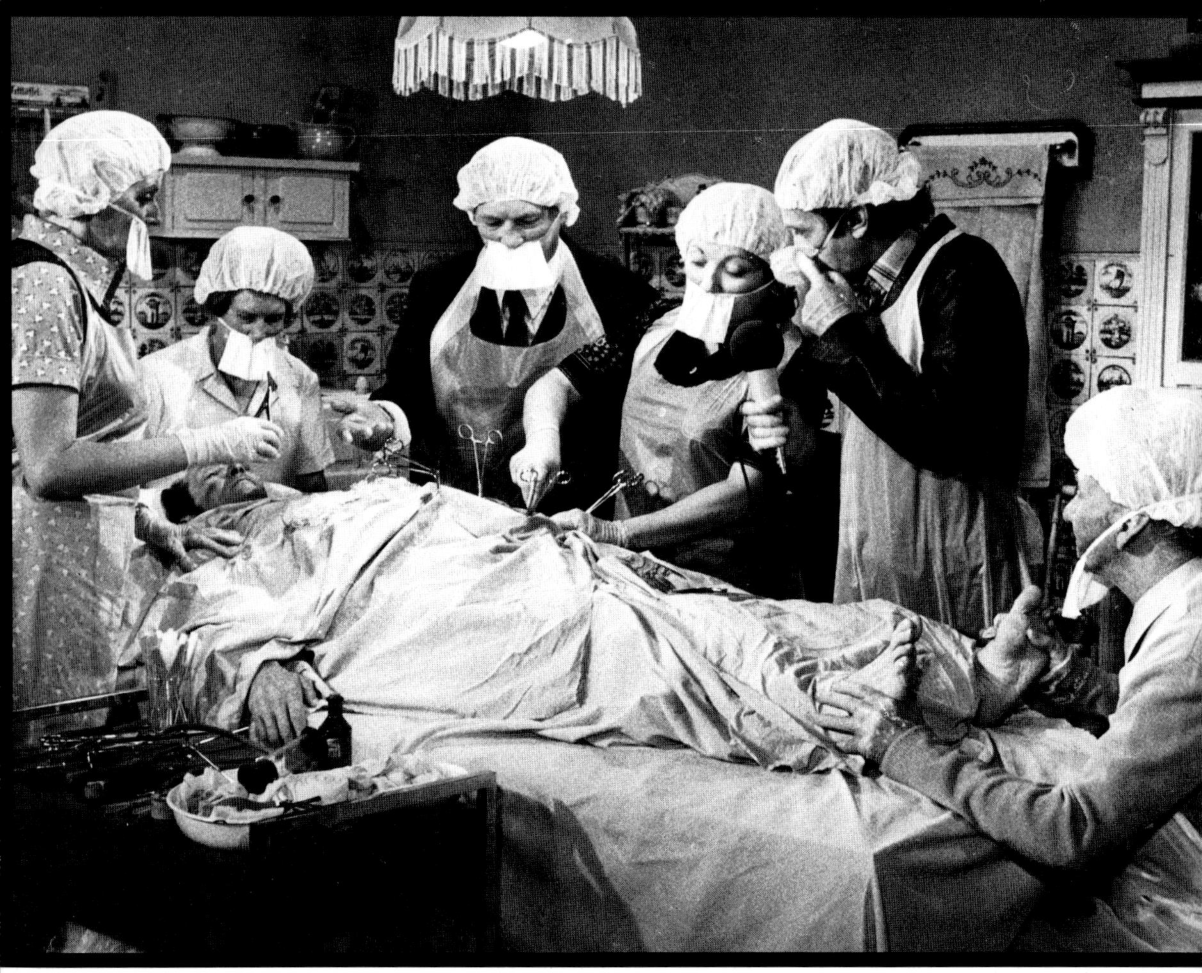

im Fernsehen kommt ja auch alles mögliche mit Operationen und so . . . und dann eben das Buch *(zeigt darauf)* . . . Tupfer . . .

REPORTER *(zur Kamera)* Ah . . . ein medizinisches Fachbuch mit dem Titel *(sieht auf den Titel)* »Wir bauen uns eine Durchreiche und andere Sachen zum Selbermachen« . . .

OPA Seite 96 . . . Alles mit Bildern . . . *(zu Frau Grötzmann)* Zeig doch mal dem Herrn die Bilder . . .

FRAU GRÖTZMANN *(ignoriert Opa)* Da steht alles drin . . . auch Herzplans . . . Herztratzplatz . . . Herztranspationen . . .

REPORTER Ach ja . . .

FRAU GRÖTZMANN Tupfer . . . Pincette . . .

REPORTER *(sieht in die Operationsöffnung)* Ist das der Blinddarm?

FRAU GRÖTZMANN *(sieht genau hin)* . . . Ja! . . . *(zieht etwas hoch und schneidet es ab)*

OPA Nee . . . Neenee . . .

FRAU GRÖTZMANN Was soll das denn sonst sein? *(vergleicht mit Bildern im Buch)*

OPA Zeig ihm doch mal die Bilder . . .

FRAU GRÖTZMANN *(läßt den Blinddarm zurückfallen)* . . . Nadel und Faden . . . *(Die Schwägerin kämpft mit einem verknoteten Fadengewirr)*

REPORTER Frau Grötzmann, wie viele Patienten bleiben nach der Operation am . . . ich meine . . . wie viele Operationen verlaufen . . . äh . . .

FRAU GRÖTZMANN *(näht)* Mein Gott, hexen kann ich natürlich auch nicht . . . aber jedenfalls ist das mal was anderes als die eintönige Hausarbeit . . . *(zum Gatten)* . . . So . . . jetzt kannst du zumachen . . .

HERR GRÖTZMANN *(tritt an ihre Stelle und näht weiter)*

REPORTER *(zu Frau Grötzmann)* Sind Sie sicher, daß Ihr Herr Schwager sich nun auf dem Wege der Besserung befindet?

FRAU GRÖTZMANN *(nimmt den Mundschutz zur Seite)* . . . Wie . . . Besserung? . . . Dem hat doch nichts gefehlt!

REPORTER Aber Sie haben doch seinen Appendix entfernt!

FRAU GRÖTZMANN *Was* hab ich?

REPORTER Sie haben Ihrem Herrn Schwager doch soeben den Blinddarm entfernt . . . oder etwas Ähnliches . . .

FRAU GRÖTZMANN Entfernt! . . . Ich hab's rausgemacht und wieder reingemacht! . . . Dem fehlt nix!

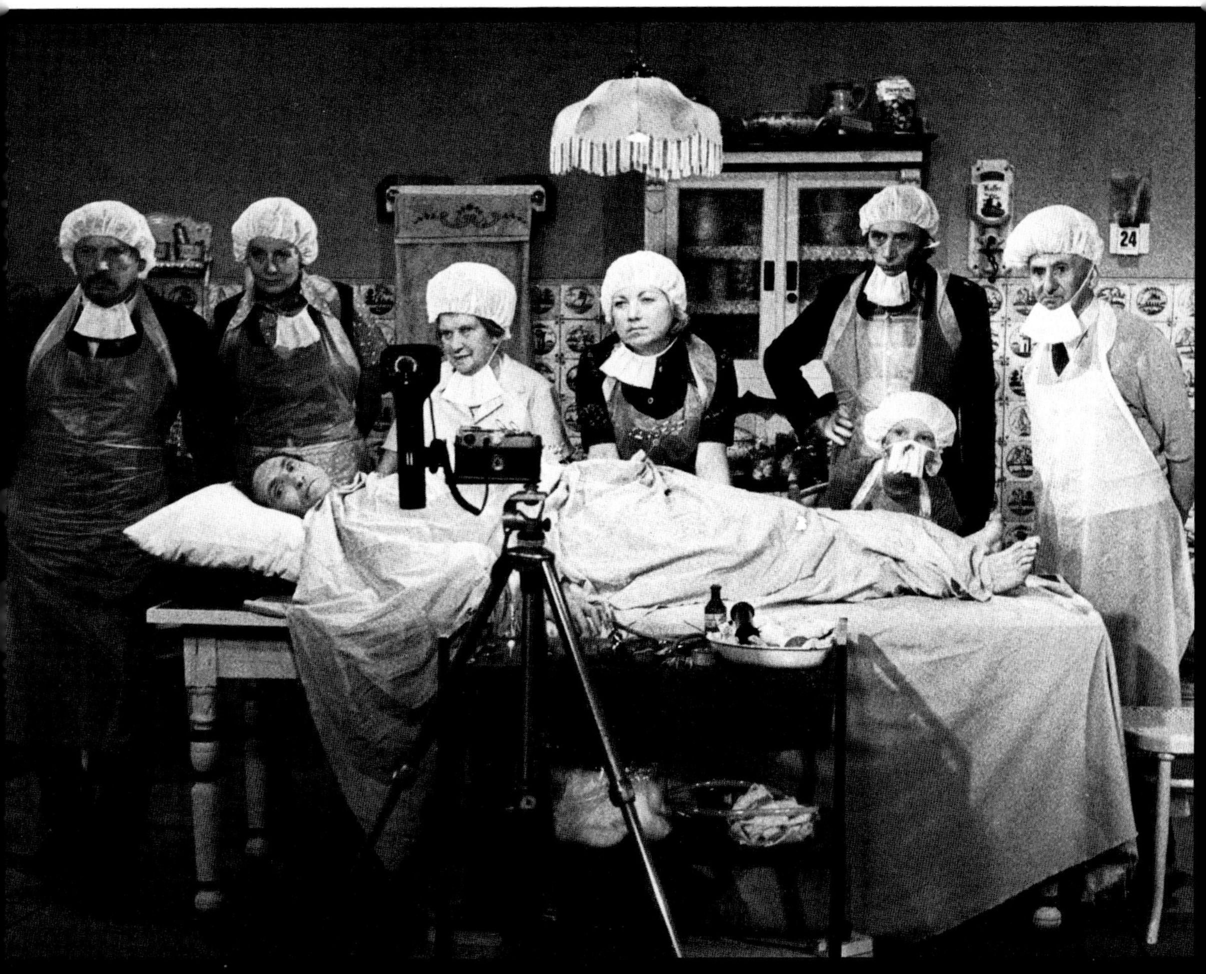

REPORTER Ach so . . .

FRAU GRÖTZMANN Das war nur zur Übung . . .

REPORTER Zur Übung?

FRAU GRÖTZMANN Ich muß eine Operation erst mal üben . . . ob Sie das nun glauben oder nicht . . .

REPORTER Jaja . . .

FRAU GRÖTZMANN Mein Gott, Herr Meisenbach, es ist doch etwas anderes, ob ich ein Huhn ausnehme oder . . . oder meinen Schwager . . .

REPORTER Ach ja?

HERR GRÖTZMANN Fertig!

REPORTER Frau Grötzmann, ich danke Ihnen für dieses Gespräch . . .

FRAU GRÖTZMANN Und jetzt machen wir das Erinnerungsfoto!

REPORTER Was?

HERR GRÖTZMANN *(richtet einen Fotoapparat ein, mit Blitzgerät und Selbstauslöser. Die Familie stellt sich in Positur)*

FRAU GRÖTZMANN Wo ist denn Rainer? Der Junge muß mit drauf!

RAINER *(ein etwa zehnjähriger Knabe mit weißer Schürze, weißer Kappe und Mundschutz erscheint in der Tür. Schürze, Gummihandschuhe und nackte Arme sind blutverschmiert. Unter dem Arm trägt er ein Spiel mit der Aufschrift »Der kleine Chirurg«)*

FRAU GRÖTZMANN Da is er ja . . . gib dem Onkel mal die Hand . . .

RAINER *(streckt dem Reporter zögernd die blutverschmierte Hand entgegen, die dieser nicht nimmt)*

FRAU GRÖTZMANN Na, Rainerlein . . . hast du wieder operiert?

OPA Nu laß ihn doch . . .

RAINER *(nickt und wischt sich mit dem blutigen Handrücken verlegen die Nase)*

FRAU GRÖTZMANN *(zum Reporter)* Er operiert immer die Nachbarn, und man weiß doch gar nicht, ob die das wollen. Haben Sie noch Ihren Blinddarm?

REPORTER Nein – nichts!

*Herr Grötzmann springt an die Seite der Familie, der Patient wird aufgerichtet und sieht glasig um sich. Blitz.*

# *Das schiefe Bild*

HAUSANGESTELLTE Bitte nehmen Sie Platz . . . Ich werde den Herrschaften Bescheid sagen.

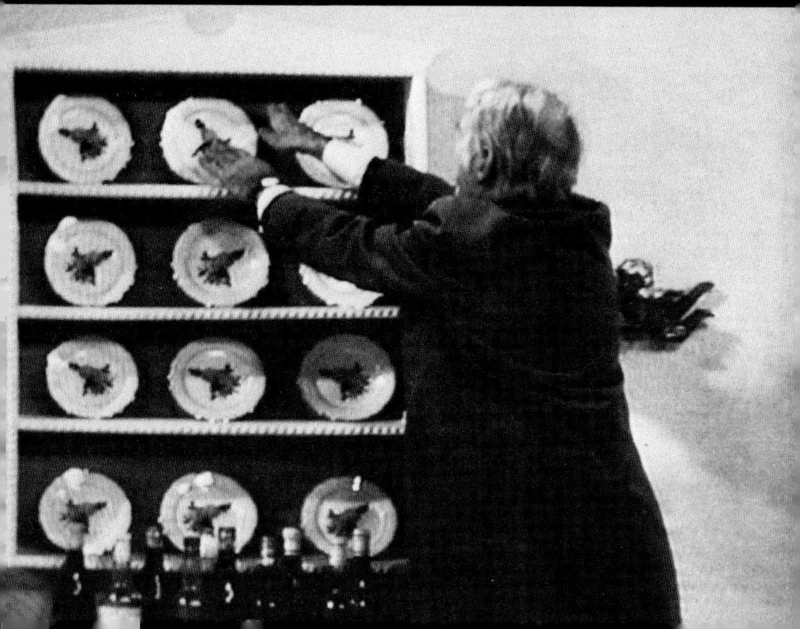

Gott schützt die Liebenden

VERTRETER Das Bild hängt schief ...

# *Vertreterbesuch*

*Frau Hoppenstedt ist die Treppe hinaufgegangen. Vor der Hoppenstedtschen Wohnung im ersten Stock tritt ein Herr mit Köfferchen auf sie zu.*

BLÜHMEL Blühmel ist mein Name, wenn ich Sie einen Augenblick privat sprechen darf . . .

FRAU HOPPENST. *(schließt auf und betritt ängstlich ihre Wohnung)* Ist was passiert?

BLÜHMEL *(das Namensschild lesend und hinter ihr durch die Tür drängend)* Frau . . . Hoppenstedt, ich komme mit einer großen Überraschung für die Feiertage . . .

FRAU HOPPENST. Das paßt mir heute überhaupt nicht . . . *(legt ab und nimmt in der Sitzgruppe Platz)*

BLÜHMEL *(klopft an den Rahmen der Wohnzimmertür und betritt den Wohnraum)* Die Firma Pahlgruber & Söhne schenkt Ihnen sechs Flaschen Qualitätswein aus Deutschland und Frankreich nach Ihrer Wahl . . . *(Er entnimmt seinem Köfferchen sechs Flaschen, die er rasch entkorkt, und sechs Gläser, die er anhaucht und abwischt. Dann gießt er mit gezierten Bewegungen verschiedene*

*Weine in die Gläser und setzt sich)* . . . die Firma Pahlgruber & Söhne möchte Ihnen aus Anlaß der bevorstehenden Feiertage eine Freude bereiten . . . wenn Sie jetzt kosten wollen . . . *(nimmt sich selbst das erste Glas und probiert schlürfend)* Nein . . . nein . . . nehmen Sie erst diesen . . . *(probiert aus dem zweiten Glas)*

FRAU HOPPENST. *(will nach dem Glas greifen)*

BLÜHMEL *(hat inzwischen den dritten Wein probiert)* Nein . . . den . . . den zuerst!

FRAU HOPPENST. *(trinkt)*

BLÜHMEL *(probiert gleichzeitig den vierten Wein)* Ja! . . . von deutschen Sonnenhügeln frisch auf den Tisch . . . eine 77er Oberföhringer Vogelspinne . . . abgezapft und originalverkorkt von . . . *(schlägt launig auf die Flaschenöffnung)* . . . Pahlgruber & Söhne . . . Was spüren Sie auf der Zunge . . .?

FRAU HOPPENST. . . . so ein pelziges Gefühl . . .

BLÜHMEL *(liest in der Weinliste)* Falsch! . . . die Oberföhringer Vogelspinne ist blumig . . . und überrascht durch ihre fruchtige Frische . . . Tjaaaa! Und jetzt mal diese beiden . . . *(schiebt ihr den ersten und zweiten Wein zu und greift selbst zur fünften Flasche)*

FRAU HOPPENST. *(probiert beide Weine nacheinander)*

BLÜHMEL Der 75er Klöbener Krötenpfuhl *(schiebt ihr den vierten Wein zu)* . . . *und* ein 74er Hupfheimer Jungferngärtchen . . . *(kichert)* . . . abgezapft und originalverkorkt von . . . *(schlägt launig auf die Flaschenöffnung)* Pahlgruber & Söhne . . . Wohlsein!

FRAU HOPPENST. Ich weiß nicht . . .

BLÜHMEL *(schiebt ihr den dritten Wein zu)* . . . Und nochmal den zum Vergleich . . . Sie müssen ihn unter die Zunge kriegen!

FRAU HOPPENST. *(schlürft unbeholfen)* . . . das schmeckt alles wie der erste . . .

BLÜHMEL Falsch . . . wie der zweite . . . *Das* ist es . . . einer wie der andere . . . *das* ist Qualität! *(probiert Wein fünf und sechs)*

FRAU HOPPENST. Schmeckt er auch nach Korken? Mein Mann fragt immer, ob er nach Korken schmeckt . . .

BLÜHMEL Habe ich grade probiert . . . können sich drauf verlassen . . . also ich darf mal notieren . . . *(nimmt Bestellblock und schreibt)* . . . Je zwölf Flaschen Oberföhringer Vogelspinne, Bacharacher Trockenes Domtal, Klöbener Krötenpfuhl und Hupfheimer Jungferngärtchen . . . abgezapft und originalverkorkt von . . *(schlägt launig auf die Flaschenöffnung)* Pahlgruber & Söhne . . .

FRAU HOPPENST. . . . und die kriege ich geschenkt? . . .

BLÜHMEL . . . Bei Abnahme von je einem Karton Qualitätswein erhalten Sie je eine Flasche kostenlos . . . wenn Sie hier unterschreiben wollen . . .
*(Es klingelt)*

FRAU HOPPENST. Entschuldigen Sie . . . *(steht unsicher auf und verläßt das Zimmer)*

*Diele*

FRAU HOPPENST. *(öffnet die Tür und sieht sich einem Staubsaugervertreter gegenüber, der einen Arm in der Binde trägt)*

JÜRGENS Herzlichen Glückwunsch, Frau Hoppenstedt, Sie sind die erste Hausfrau, die sich von den sensationellen Eigenschaften unseres Einhand-Saugblasers Heinzelmann persönlich überzeugen kann . . . *(drängt in die Wohnung)*

FRAU HOPPENST. *(mit etwas schwerer Zunge)* . . . Da kommen Sie leider sehr ungelegen . . .

JÜRGENS *(klopft an den Türrahmen)* Ist das der Wohnraum?
*(tritt ein)*

*Wohnzimmer*

JÜRGENS Oh, Sie haben Besuch . . .

FRAU HOPPENST. Das ist Herr Blühmel . . .

BLÜHMEL *(erhebt sich schwankend)* . . . Angenehm . . .

JÜRGENS Jürgens ist mein Name . . . *(packt mit routinierten Griffen den Saugblaser aus und setzt ihn zusammen)* Sie haben ein sehr gepflegtes Heim, gnä' Frau, das macht viel Arbeit, und wie ist es mit der Frisur? Sehen Sie, die kommt zu kurz! Die Auslegeware wird gesaugt, und wann wird das Haar gefönt? Keine Zeit! Alle Hände voll zu tun. Das ist vorbei! Für unseren Saugblaser Heinzelmann brauchen Sie nur *eine* Hand bei doppelter Leistung. Der Saugblaser Heinzelmann pflegt den Raum *und* pflegt das Haar. Es saugt und bläst der Heinzelmann, wo Mutti sonst nur saugen kann . . . *(sieht sich nach der Steckdose um und steckt das Kabel ein)* . . . Die durch den Saugstutzen angesaugte Luft wird *im* Filter gereinigt, vorgewärmt und bläst *durch* den Blasstutzen, *in* die Trockenhaube, *auf* Ihr Haar . . . darf ich . . . *(setzt Frau Hoppenstedt die Haube auf)* . . . *(er schaltet ein, die Haube bläht sich auf. Frau Hoppen-*

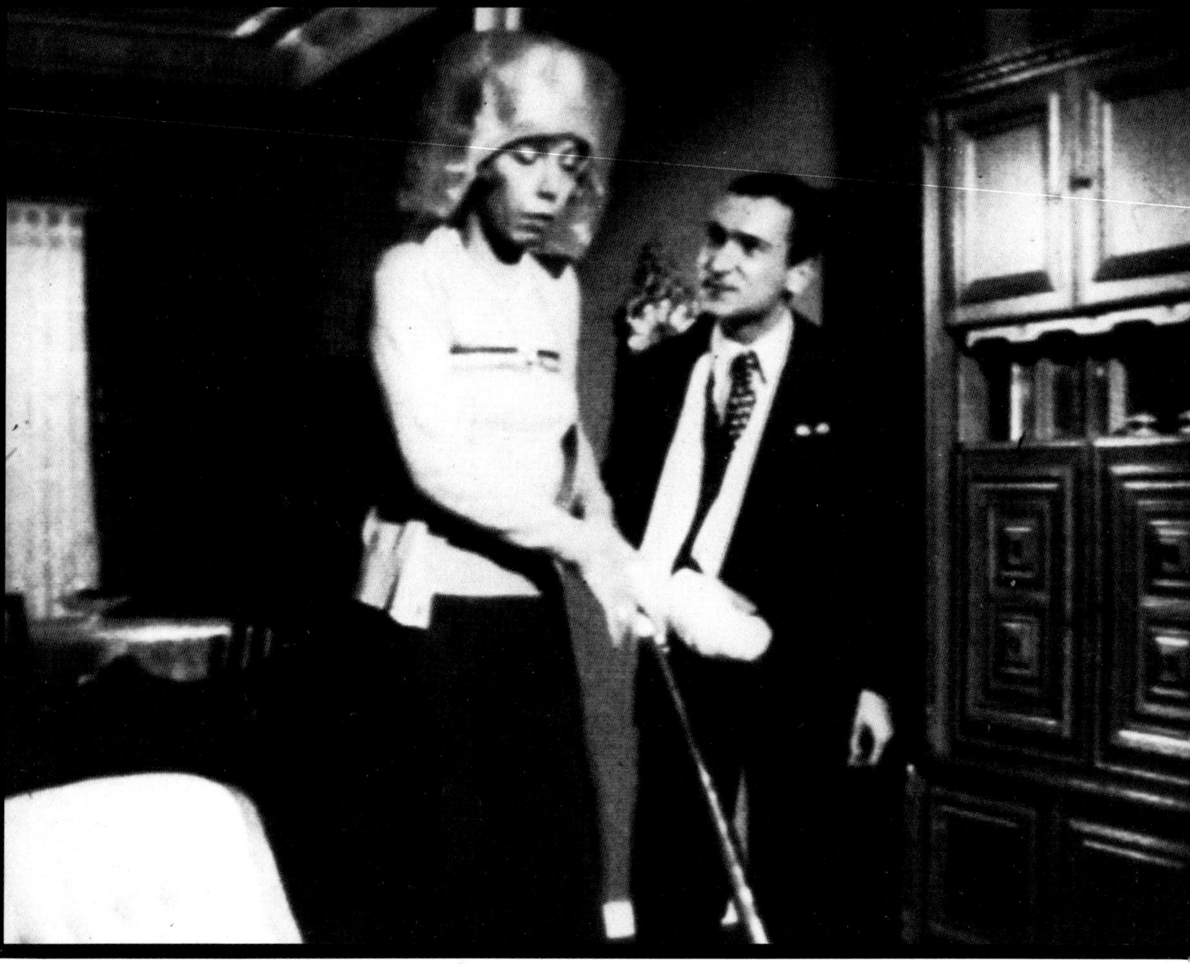

*stedt saugt)* Es saugt und bläst der Heinzelmann, wo Mutti sonst nur saugen kann . . . Spüren Sie, wie wohl es Ihrem Haar tut?

FRAU HOPPENST. *(der die Haube über die Augen gerutscht ist)* Und wie nimmt man die Haube ab?

JÜRGENS Einfach nach oben . . . *(stellt das Gerät ab)* Erlauben Sie . . .? *(nimmt die Haube nach oben ab, wobei die Haare in der Haube hängen bleiben)* Ah-ja! Gut, daß das jetzt passiert, wo ich gerade da bin . . . gut, daß es jetzt passiert! *(löst die Haube von den verwüsteten Haaren)* . . . Ich seh mal nach, woran es liegt! *(Er setzt sich die Haube selbst auf)*

*(Aus dem Nebenzimmer erscheint Opa)*

FRAU HOPPENST. Das ist mein Schwiegervater . . .

JÜRGENS Jürgens ist mein Name . . .

BLÜHMEL *(der ständig weiterprobiert hat, erhebt sich schwankend, mit zwei Rotweinflaschen in den Händen)* Blühmel . . . *(setzt sich)*

OPA *(verschwindet wortlos im Hintergrund und bläst sich einen Marsch)*

BLÜHMEL ... Zwischenzeitlich erlaubt sich die Firma Pahlgruber & Söhne Ihnen einen vollmundigen Burgunder anzubieten ... *(schenkt Frau Hoppenstedt plauschend ein)* Damit die Blume sich entfaltet ... *(Schluckauf)* ... Hopsa ... *Das* ist Burgunder ... *(gießt aus der zweiten Flasche in dasselbe Glas)* ... und *das* ist Bordeaux!

FRAU HOPPENST. *(trinkt)*

BLÜHMEL ... Herr Jürgens, Sie sollten sich auch von der Leistungsfähigkeit unserer Firma überzeugen ...

JÜRGENS *(mit der Haube auf dem Kopf und Teilen des Saugblasers in der Hand)* ... Ich trinke sonst nur abends eine Kleinigkeit ...

BLÜHMEL Bedienen Sie sich ... Diese Weine haben die Sonne eingefangen ... Wohlsein!

*(Alle trinken)*

BLÜHMEL Abgezapft und originalverkorkst von ... *(schlägt launig auf die Flaschenöffnung)* Pahlgruber & Söhne ...

FRAU HOPPENST. *(Schluckauf, kichert)*

BLÜHMEL *(kichert)*

FRAU HOPPENST. *(heiter)* Ich mach uns ein paar Schnittchen ... *(verläßt schwankend den Raum)*

BLÜHMEL *(hinterherrufend)* ... Mit Ei ... mit Ei und Wurst!

JÜRGENS *(mit Einzelteilen des Gerätes und einem Glas Wein in der Hand in einer Bedienungsanleitung lesend)* ... den Blasstutzen und den Schlauchstecker in die Schlauchnut ... die Schlauchnut schieben ... *(nimmt weitere Teile auseinander und legt sie auf die Sessellehne)*

DICKI *(ein etwa siebenjähriges Kind kommt herein, sieht stumm auf Herrn Jürgens und schiebt langsam ein Geräteteil von der Sessellehne, das Jürgens grade noch auffängt)*

JÜRGENS *(bastelnd mit scharfem Blick auf Dicki)* ... den Schlauchstecker durch die Filterhaube ziehen und in die Schlauchnut ...

FRAU HOPPENST. *(kommt angetrunken mit Schnittchenplatte zurück)* Da bin ich wieder ...

DICKI *(streckt Herrn Jürgens die Zunge raus)*

JÜRGENS Ein hübsches Kind ...

*(Es klingelt)*

FRAU HOPPENST. Entschuldigen Sie bitte ... *(erhebt sich schwankend)*

BLÜHMEL *(mit vollem Mund)* Bitte sehr ...

*Diele*

FRAU HOPPENST. *(öffnet die Wohnungstür. Ihr Blick fällt auf einen Versicherungsvertreter)*

SCHOBER Schober ist mein Name, ich komme von der Allgemeinen Hannoverschen Lebens- und Krankenversicherungs-GmbH . . .

*Wohnzimmer*

FRAU HOPPENST. *(tritt mit Schober ein)* Das ist Herr Schober . . .

BLÜHMEL *(kauend)* Blühmel . . .

SCHOBER Angenehm . . .

JÜRGENS *(kaut mit glasigem Blick)* Angenehm . . .

BLÜHMEL Ach was!

FRAU HOPPENST. Bitte, nehmen Sie doch Platz . . . Dicki . . . geh schön spielen . . . *(Sie setzt sich)*

DICKI *(schiebt ein Geräteteil von der Sessellehne und streckt die Zunge heraus)*

SCHOBER *(nimmt Akten aus seiner Tasche. Setzt sich)* Gnä' Frau, Sie haben den Tarif B 12 mit Tagegeld und A 3 Zahnersatz ...

BLÜHMEL *(reicht ihm ein Glas)* ... Da wird Sie eine kleine Kostprobe deutscher Qualitätsweine interessieren ...

SCHOBER *(greift zu)* ... Sehr freundlich ... *(trinkt)*

JÜRGENS *(kauend)* ... Übrigens ist dieses Gerät in Silbergrau und Ruschiss ... Russischgrün lieferbar ... ich muß nur noch den Stauchschlecker ... den Schlauchstecker in die Schnut ... in die Schlauchnut schieben ... *(trinkt)*

FRAU HOPPENST. Muß ich denn jedesmal, wenn ich sauge oder saugblase, den Schlauchstecker in die Schlauchnut schieben?

JÜRGENS ... wie Sie wünschen, gnä' Frau ...

BLÜHMEL *(hebt ein Glas)* Wohlsein!

FRAU HOPPENST. Wohlsein!

SCHOBER Wohlsein!

JÜRGENS Wohlsein!

*(Alle trinken, die Stimmung steigt)*

BLÜHMEL Sei kein Frosch, Herr Jürgens . . .

JÜRGENS *(mit schwerer Zunge)* . . . ich liebe den Saugblaser Heinzelmann, weil ich den Saugblaser liebe *und* den Heinzelmann . . .

BLÜHMEL *(lallend)* . . . Herr Schober ist kein Frosch . . . gnä' Frau ist kein Frosch . . . und ich bin kein Frosch . . .

FRAU HOPPENST. Meine Herren . . .

SCHOBER *(klopft ans Glas)* Pscht . . . pscht . . . Frau Hopp . . . Frau Hopp . . . Frau Hoppenstedt will was sagen . . .

FRAU HOPPENST. *(mit glasigem Blick)* Meine Herren . . . nicht nur der Mann hat das Recht auf eine sinnvolle Tätigkeit . . . auch ich als Frau habe Anspruch darauf, ein Glied zu sein . . . in der Gesellschaft . . . ein selbständiges Glied . . . das auf eigenen Füßen steht . . . ein eigenes Glied . . . Wohlsein . . . *(erhebt das Glas)*

BLÜHMEL Wohlsein . . .

JÜRGENS Wohlsein . . .

SCHOBER Wohlsein . . .

*(Alle setzen zum Trinken an)*

HERR HOPPENST. *(betritt das Zimmer und erstarrt)*

FRAU HOPPENST. Das ist mein Mann . . .

*(Die Herren erheben sich taumelnd)*

Herr Blühmel . . . Herr Jürgens . . . Herr Schober . . .

SCHOBER . . . die Hannoversche Allgemeine . . . die Allgemeine Hannoversche Lebens- und Krankenversicherungs-GmbH beehrt sich, Ihnen die Allgemeinen Hannoverschen Lebens- und Krankenversicherungstarife nach der allgemeinen . . . der allgemeinen . . .

BLÜHMEL Ich bin kein Frosch . . .

JÜRGENS *(ins Wort fallend)* . . . Sie haben so wundervolles Haar . . . Es saugt und bläst der Heinzelmann . . . *(setzt dem kahlköpfigen Herrn Hoppenstedt die Haube auf)*

FRAU HOPPENST. . . . wo Mutti sonst nur blasen kann . . .

BLÜHMEL Sei kein Frosch . . .

# *Spielwaren*

*Opa Hoppenstedt betritt einen Spielwarenladen. Er berührt eine kleine Guillotine. Das Fallbeil fällt, der Kopf der Puppe wird vom Rumpf getrennt.*

OPA Haben Sie Spielzeug? ... Zu Weihnachten ... Für mein Enkelkind ...

VERKÄUFERIN ... Und was darf es da sein?

OPA Es muß ein bißchen was ... *(macht eine aufmunternde Bewegung mit der Faust)* ... nicht wahr ...

VERKÄUFERIN Wie alt ist denn das Kind?

OPA *(denkt nach)* ... ungefähr so ... *(zeigt die Größe)*

VERKÄUFERIN Ein Junge oder Mädchen?

OPA *(denkt nach)* ... Tja ...

VERKÄUFERIN *(freundlich)* ... Na, Sie werden doch wohl wissen, ob Ihr Enkelkind ein Junge oder ein Mädchen ist ...

OPA Wieso?

VERKÄUFERIN Wie heißt denn das Kleine?

OPA Hoppenstedt ... wir heißen alle Hoppenstedt ...

VERKÄUFERIN ... Und mit Vornamen?

OPA Dicki ... Dicki Hoppenstedt ...

VERKÄUFERIN ... und es ... es ist ein Mädchen?

OPA *(zögernd)* ... nee ...

VERKÄUFERIN Also ein Junge ...

OPA *(zweifelnde Bewegung mit der Hand)* ... Neeneeneenee ...

VERKÄUFERIN *(verblüfft)* Was denn nun?

OPA *(denkt nach)* ... So genau kann ich das nicht sagen ...

VERKÄUFERIN Wie ist es denn angezogen ...

OPA Hosen ... blaue Hosen ...

VERKÄUFERIN Na, vielleicht haben Sie es ja auch mal ohne Höschen gesehen ...

OPA Nein ... wozu denn? ... *(sieht sich scheu um)* ... Sagen Sie mal ... was für ein Laden ist denn das hier?

VERKÄUFERIN *(zu umstehenden Damen)* ... Ich hatte den Herrn nur gefragt, ob sein Enkelkind ein Junge oder ein Mädchen ist ... *(zu Opa Hoppenstedt)* Wenn Ihr Enkelchen ein Zipfelchen hat, könnte man immerhin ...

OPA Zipfelchen?!

VERKÄUFERIN Mein Gott, dann hat es eben *kein* Zipfelchen ...

OPA Mein Enkelkind hat *alles*, was es *braucht*! Gesunde Eltern und ein anständiges Zuhause ... und Zucht und Ordnung! *(schlägt mit der Faust auf den Tisch, so daß sich eine Gruppe Kleinspielzeuge schnarrend in Bewegung setzt)* Also haben Sie nun Spielzeug für anständige Kinder oder nicht? *(schlägt auf den Tisch, das Spielzeug steht still)*

VERKÄUFERIN *(nimmt ein Spiel aus dem Regal)* ... Hier haben wir ein neuartiges Spiel für Jungen und Mädchen im Alter von 5 bis 10 Jahren ... Das wird *sehr* gern genommen ... »Wir bauen uns ein Atomkraftwerk« ... Da haben die *Kinder* viel Spaß dran *und* die Eltern ... es ist wirklich etwas für die ganze Familie ... *(öffnet das Spiel)* ... Hier ist die Spielanleitung ... und das sind die einzelnen Teile, die zusammengesetzt werden ... die Brennkammer, der Uranstab, Neutronenbeschleuniger, Kühlsystem und die Sicherheitskuppel ...

OPA Und was ist das?

VERKÄUFERIN Das sind Kühe, Häuser und Menschen für die Landschaft drumrum ... alles wunderhübsch gearbeitet ...!

OPA Kann das auch richtig explodieren? *(macht aufmunternde Handbewegung)*

VERKÄUFERIN Ja ... wenn man einen Fehler macht ... gibt es auch eine kleine Explosion ... natürlich nicht richtig ... es ist ja für Kinder ... Aber es macht Puff, und die Kühe fallen um und die kleinen Häuser und Menschen ... da ist dann immer ein großes Halloo und viel Spaß ... Möchten Sie es mitnehmen? ...

OPA Jawohl ... *(summt eine Marsch-Melodie)*

VERKÄUFERIN 64 Mark 50 ... *(holt ein verpacktes Exemplar)* ... Sie bekommen es originalverpackt ...

OPA *(sucht nach Geld)* ... Nehmen Sie auch Spielgeld? *(lacht albern)*

VERKÄUFERIN *(humorlos)* Nein ... *(tippt an der Kasse)*

OPA *(bezahlt)*

VERKÄUFERIN *(übergibt das Paket)* Ich wünsche Ihnen ein frohes Fest und viel Freude mit dem schönen Spiel ...

*Opa entfernt sich mit dem Paket. Er summt einen Marsch, wobei er den Schirm wie einen Tambourstab bewegt. Kurz vor Erreichen der Türe bleibt er mit seinem Schirm in einem großen unter der Decke befestigten Netz hängen. Im Hagel herabfallender Bälle verläßt er den Laden.*

ATOMKRAFTWERK

# *Weihnacht*

*Vati und Opa Hoppenstedt schmücken den Weihnachtsbaum, an dem bereits schiefe Elektrokerzen hängen. Mutti Hoppenstedt hat viele große rote Äpfel vor sich auf dem Wohnzimmertisch und knotet Fäden an die Stiele. Jeden fertigen Apfel reicht sie an Opa weiter, der ihn Vater Hoppenstedt übergibt. Dicki, das Kind, ist acht Jahre alt und etwas rundlich.*

OPA ... Früher war mehr Lametta!

VATI Dies Jahr bleibt der Baum grün ... naturgrün ...

MUTTI ... Mit frischen natürlichen Äpfeln ...

VATI Naturfrisch und umweltfreundlich ...

OPA ... Und wann kriege ich mein Geschenk?

VATI Jetzt wird erst mal der Baum fertig geschmückt, dann sagt Dicki sein Gedicht auf, dann holen wir die Geschenke rein, dann sehen wir uns die Weihnachtssendung im Dritten Programm an, dann wird ausgepackt, und dann machen wir's uns gemütlich . . .

MUTTI Nein, Walter, *erst* holen wir die Geschenke rein, *dann* sagt Dicki sein Gedicht auf und wir packen die Geschenke aus, dann machen wir erst mal Ordnung, dabei können wir fernsehen, und *dann* wird's gemütlich . . .

OPA . . . Und wann kriege ich mein Geschenk?

VATI . . . Oder wir sehen uns erst die Weihnachtssendung im Ersten Programm an, packen dabei die Geschenke aus und machen es uns dann gemütlich . . . *(Er dreht sich ins Zimmer, der Baum fällt um)*

DICKI *(steht mit rausgestreckter Zunge in der Zimmertür)*

MUTTI Dicki, wirst du wohl in deinem Zimmer bleiben, sonst wird der Weihnachtsmann ganz böse! *(steht auf und verläßt mit Dicki das Zimmer)*

OPA *(richtet mit Vati den Baum auf)* Früher war mehr Lametta!

VATI . . . Und dieses Jahr ist der Baum grün und umweltfreundlich.

MUTTI *(kommt mit festlichen Paketen herein, die sie auf zurechtgestellten Tischen ablegt)* Fröhliche Weihnachten! So, Kinder, es geht los . . . Opa hilft mir jetzt ein bißchen . . . Vati, knips den Baum an . . . *(verläßt mit Opa das Zimmer)*

VATI *(kriecht an die Steckdose)* Ja doch . . . *(der Baum leuchtet)*

MUTTI *(bringt mit Opa weitere Arme voller Pakete ins Zimmer)* Fröhliche Weihnachten . . .

OPA Was?

MUTTI Fröhliche Weihnachten!

VATI Fröhliche Weihnachten . . . *(verläßt das Zimmer)*

MUTTI Dicki, wo steckst du denn?

DICKI *(tritt mürrisch ins Zimmer)*

MUTTI Fröhliche Weihnachten, mein Schatz!

VATI *(kommt mit weiteren Paketen)* Fröhliche Weihnachten . . . *(stellt den Fernseher an, auf dem ein Weihnachtsbaum erscheint. Stimmungsvolle Weihnachtsmusik mit Kinderchor)*

MUTTI Dicki möchte uns ein Gedicht aufsagen . . .
*(Vati, Mutti und Opa sehen erwartungsvoll auf Dicki)*

DICKI Zicke-Zacke Hühnerkacke . . .

OPA *(kichert und verläßt das Zimmer)*

MUTTI Nein, das nicht!

VATI . . . Und jetzt wird ausgepackt! *(Vati, Mutti und Dicki beginnen auszupacken)*

OPA *(setzt sich im Flur eine rote Zipfelmütze auf, zieht Fausthandschuhe und einen roten Bademantel an, hängt sich einen weißen Bart um, wirft sich einen Sack über die Schulter, nimmt eine Rute und klopft an die Wohnzimmertür)*

MUTTI Ja, wer mag denn das wohl sein?

VATI Herein!

OPA *(kommt schweren Schrittes als Weihnachtsmann herein und bleibt vor Dicki stehen)* Na, Dicki . . .

DICKI *(hält sich die Augen zu und streckt die Zunge raus)*

VATI Dicki!

MUTTI Schau mal, wer da ist!

DICKI Opa . . .

OPA *(reißt sich die Mütze vom Kopf und den Bart ab)* Ich will jetzt mein Geschenk haben . . .

VATI *(gereizt)* Hier ist dein Geschenk, Opa, und nun sei ein *bißchen* gemütlich!

*Die Familie packt hastig aus. Es wächst ein Berg von Verpackungsmaterial aller Art. Kartons, Weihnachtspapier, Packpapier, Klarsichtfolie, Holzwolle, Styropor, Bindfäden, Glückwunschkarten, bunte Bänder, Goldschnüre, Tannenzweige, Wellpappe und ähnliches.*

MUTTI Schau mal, Walter, ein Heinzelmann-Saugblaser, originalverpackt!

VATI . . . Eine Krawatte! *(zeigt eine styroporverpackte Krawatte, die er zu vielen anderen styroporverpackten Krawatten legt)*

DICKI *(spielt mit Kartons)*

OPA *(läuft zwischen den Auspackenden hin und her und zeigt sein Geschenk)* Guck mal, ein Plattenspieler!

MUTTI Damit du deine Lieblingsplatte immer schön in deinem Zimmer spielen kannst! Kinder, seht euch den Baum an . . .

OPA Früher war da mehr . . . na . . . Dings . . .

VATI Schau mal, eine Krawatte! *(legt sie zu den anderen)*

OPA *(den Plattenspieler mit der Platte in der Hand, zieht den Stecker für die Elektrokerzen heraus; es wird dunkel)*

VATI Ach nee, Opa . . .

OPA Ich will meine Platte spielen . . .

VATI Du suchst dir sofort eine andere Steckdose . . .

*(Der Weihnachtsbaum geht wieder an)*

OPA Seid doch nicht so ungemütlich . . . *(bläst sich einen Marsch und geht mit dem Plattenspieler zu einer anderen Steckdose)*

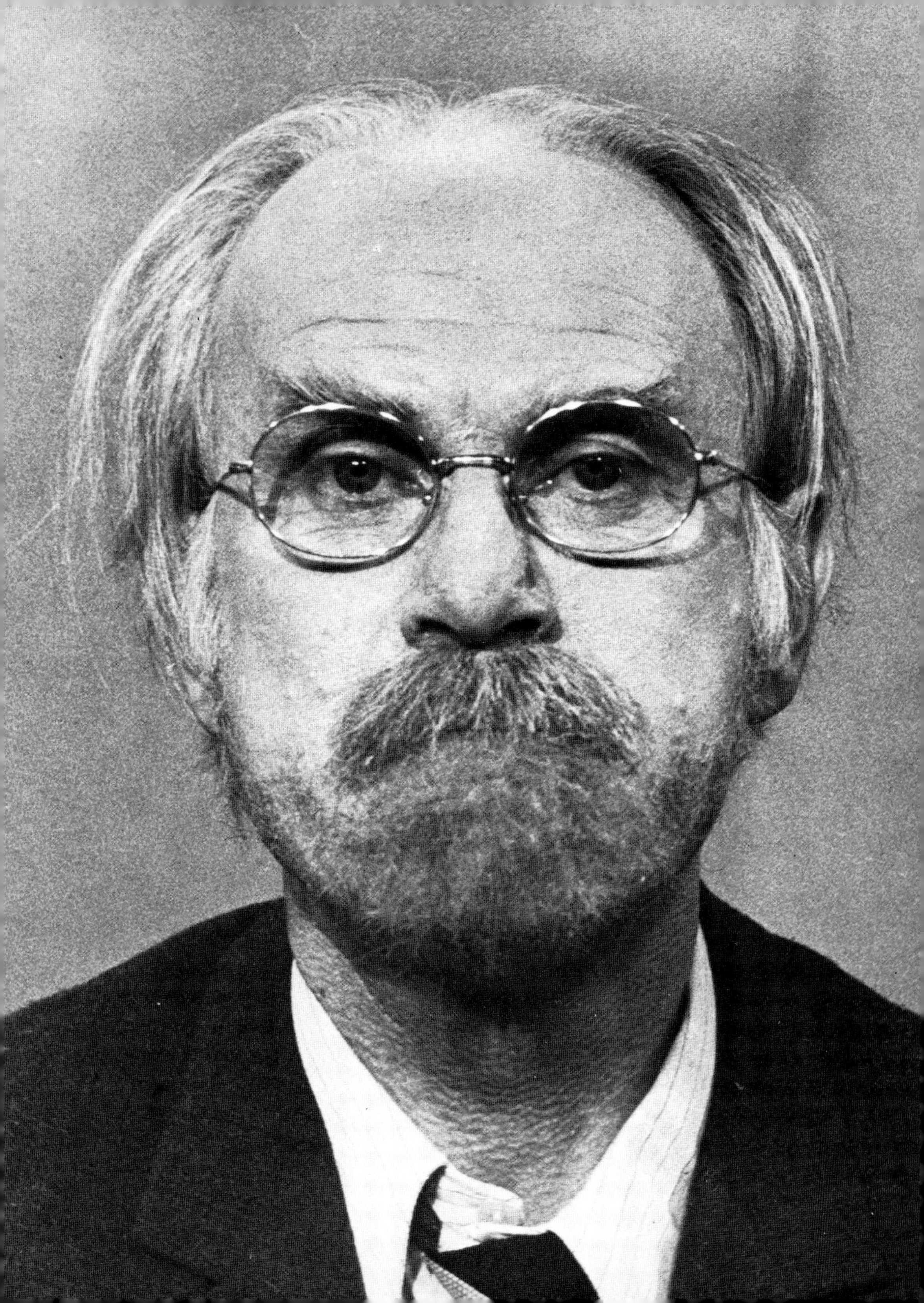

VATI *(hebt eine weitere Krawatte hoch)* Schau mal, eine Krawatte!

MUTTI . . . Kinder, ist das gemütlich bei uns . . .!

OPA *(hat den Plattenspieler in Gang gesetzt und stößt zu schmetternder Marschmusik seine Faust rhythmisch in die Luft)*

VATI *(gegen die Musik anschreiend und ein weiteres Krawattenpaket öffnend)* Ach nee . . . Opa! Sei jetzt gemütlich und guck in den Fernseher!

OPA Ja . . . ja . . . ja . . . ja . . . ja . . . *(schaltet den Plattenspieler ab und setzt sich vor den Fernseher)*

MUTTI Opa, guck dir doch lieber mal den Baum an!

OPA *(vor dem Bildschirm)* Tu ich ja . . .

MUTTI Spielt Vati jetzt wohl mit Dicki das schöne neue Spiel?

VATI *(geht zu Dicki)* . . . Schau mal! Dicki! . . . *(hebt den Deckel des Spieles hoch)* Wir bauen uns ein Atomkraftwerk! Das sind Bäume, Häuser, Kühe und Menschen . . . die möchten gern ein schönes Atomkraftwerk haben . . . und *da* bauen wir es hin . . . *(Vati beginnt zu bauen)*

MUTTI Entzückend, die beiden . . . Ach, wenn doch jeden Tag Weihnachten wäre . . .!

VATI *(mit der Spielanleitung in der Hand die einzelnen Teile zusammensetzend)* . . . Das ist der kleine Neutronen-Beschleuniger und das Kühlsystem . . . Schau doch mal, Dicki, ist das nicht niedlich? Dicki! . . . Guck doch mal! . . . Also spielst du nu mit oder nicht . . . Dicki, ich rede mit dir . . . sieh mal . . . das ist die Brennkammer . . . *(Dicki stößt mit dem Finger an eine Kuh)* Nicht die Kuh umwerfen! Schäm dich, Dicki . . . Du hast die Kuh umgeworfen! *(stellt Kuh wieder auf)* . . . Und jetzt stecken wir diesen winzigen Uranstab ganz vorsichtig in die Brennkammer und setzen die Sicherheitskuppel oben drauf . . . fertig!

MUTTI *(kniet sich dazu)* Darf Mutti auch mal zugucken?

VATI Wenn wir irgendwas falsch gemacht haben, dann soll es jetzt »Puff« machen . . .

MUTTI Wieso »Puff«?

VATI Mein Gott, es macht eben »Puff« . . . dann fallen alle Häuser um und alle Kühe und Menschen . . .

MUTTI Phantastisch!

VATI Aber es macht *nicht* »Puff« . . .!

*Das kleine Atomkraftwerk explodiert und durchschlägt den Fußboden. Durch das Loch sieht man im darunter liegenden Stockwerk ein älteres Ehepaar beim Essen sitzen.*

VATI Es hat »Puff« gemacht!

MUTTI Entzückend!

VATI *(durch das Loch nach unten)* Familie Hoppenstedt wünscht frohe Feiertage . . .

EHEMANN *(mit Nachdruck heraufrufend) Muß* . . . das . . . sein?!

VATI *(durch das Loch)* Jawohl, es *muß* sein! Das ist nämlich ein Kinderspiel, und Weihnachten ist das Fest des Kindes . . . guten Abend . . . *(richtet sich auf, zur Familie)* Kommt, wir legen was drüber . . . *(legt mit Mutti Weihnachtspapier über das Loch)* Ich habe keine Lust, mich Heiligabend mit diesen Spießern rumzuärgern!

MUTTI So, Kinder, jetzt machen wir's uns gemütlich!

VATI . . . Erst wird aufgeräumt . . . *(lädt sich einen Haufen Kartons auf die Arme und verläßt das Zimmer)*

MUTTI . . . Und du gehst jetzt ins Bett, Dicki . . . wenn's am schönsten ist, soll man aufhören! *(Sie ergreift Verpackungsabfälle und geht zu Vati in den Flur)*

OPA *(marschiert zu den Klängen der Marschmusik durchs Zimmer, tritt in das abgedeckte Loch und bleibt mit einem Bein bis zur Hüfte darin stecken)*

VATI *(beladen im Flur)* Wir stellen einfach alles ins Treppenhaus . . . mal sehen, ob die Luft rein ist . . . *(öffnet vorsichtig die Wohnungstür. Eine Lawine von Verpackungsmüll stürzt in den Flur und begräbt Vati und Mutti unter sich. Ein Weihnachtschor mischt sich mit anschwellender Marschmusik)*

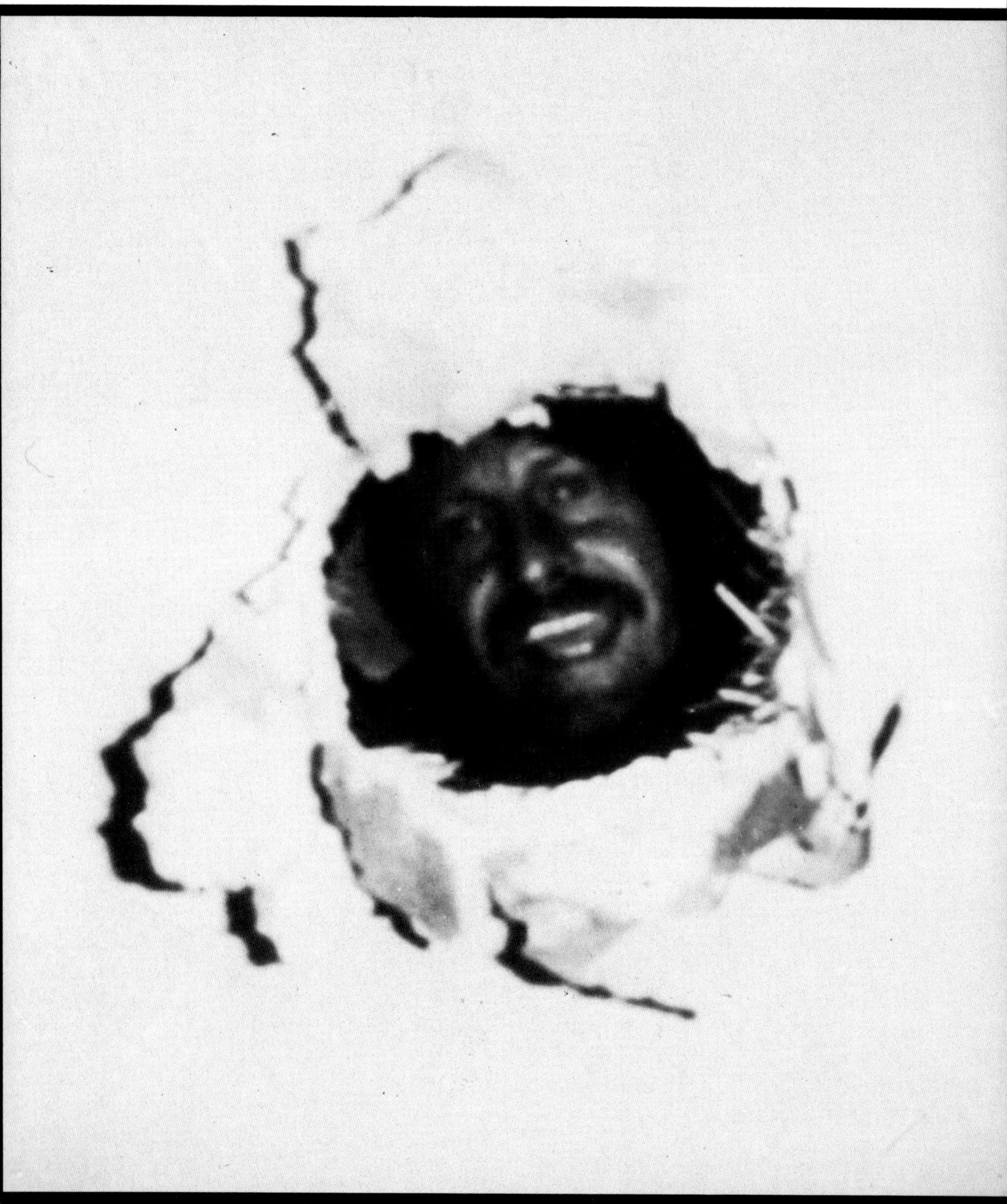

# SZENEN EINER EHE

# *Frühstück und Politik*

*Ein Ehepaar sitzt beim Frühstück.*

SIE Wir müssen Blöhmeiers mal wieder zum Essen einladen . . .
ER Mhmm . . . aber dann müssen *wir* ja wieder zu *Blöhmeiers* . . .
SIE Nein, erst müssen wir zu Müller-Lüdenscheids . . .
ER Da waren wir doch gerade . . .
SIE Liebling, wir waren bei Koops . . .
ER Ach, dann müssen Koops wieder zu uns . . .
SIE Wir sehen ja Koops nächste Woche bei Melzers . . .
ER . . . Ohne Blöhmeiers?
SIE Die sind an dem Abend bei Müller-Lüdenscheids . . .
ER Warum waren denn Blöhmeiers neulich nicht mit bei Melzers?
SIE Wieso bei Melzers?
ER Äh . . . bei Koops . . . warum waren sie denn nicht mit bei Koops?
SIE Blöhmeiers hatten doch *Melzers* zum Essen . . .
ER . . . und wann müssen *wir* zu Melzers?
SIE Erst müssen *Blöhmeiers* zu *uns* . . .
*(Pause)*
ER Was sagen eigentlich Melzers über Blöhmeiers?
SIE Frau Melzer sagt, Frau Blöhmeier ist eine intrigante Ziege . . .
ER . . . und Frau Melzer ist ein altes Klatschmaul . . .
SIE Na, und was Herr Koops Herrn Blöhmeier über Frau Müller-Lüdenscheid gesagt hat . . .!
ER Ha! – Weißt du eigentlich, was Strauß über Brandt gesagt hat?
SIE Nee . . .
ER Strauß hat gesagt: Brandt ist ein linker Schmierenkomödiant . . .
SIE Nein! Das hat er nicht gesagt!
ER Doch, hat er gesagt! . . . Und Brandt hat gesagt: Strauß ist ein politischer Umweltzerstörer . . .
SIE Denen sollte man doch . . .
ER Liebchen, du siehst das falsch . . . Sieh mal, die Parteiprogramme sind nicht leicht zu unterscheiden, und da sind die

Politiker übereingekommen, gegenseitig ihre charakteristischen Merkmale herauszuarbeiten . . .

SIE Ah ja, das gibt es ja auch in anderen Berufen: Killer-Emil, Narben-Ede . . .

ER . . . und ein Schmierenkomödiant ist eben doch was ganz anderes als ein Umweltzerstörer . . . da fällt die Wahl einfach leichter . . .

SIE Hoffentlich finden die Politiker füreinander noch viele solcher Bezeichnungen . . .

ER Aber ja . . . Wehner könnte sich schon was ausdenken für die Herren Kiep und Albrecht. Vielleicht: »Die Provinzköter an der Leine« . . . und die könnten ihn dafür dann »Rote Ratte« nennen . . .

SIE Das klingt auch heiter und verletzt nicht . . .

ER Ich nehme an, daß man die Parteien als Ganzes auch etwas farbiger herausbringt: »Die grüne Jauchegrube« zum Beispiel . . . oder »die liberalen Stinktiere« . . .

SIE Da kann man sich doch wenigstens was drunter vorstellen . . .

ER Und was könnte man für die SPD . . .

SIE »Gottlose Vaterlandsverräter« . . .

ER Gut! . . . Und die CSU?

SIE »Die schwarze Pest« . . .

ER *(Die Marmeladensemmel schnellt ihm aus der Hand. Er beschmiert sich das Gesicht)*

SIE Du ißt wie ein Schwein!

ER Wie bitte?

SIE Wie ein Schwein!

ER Monika!

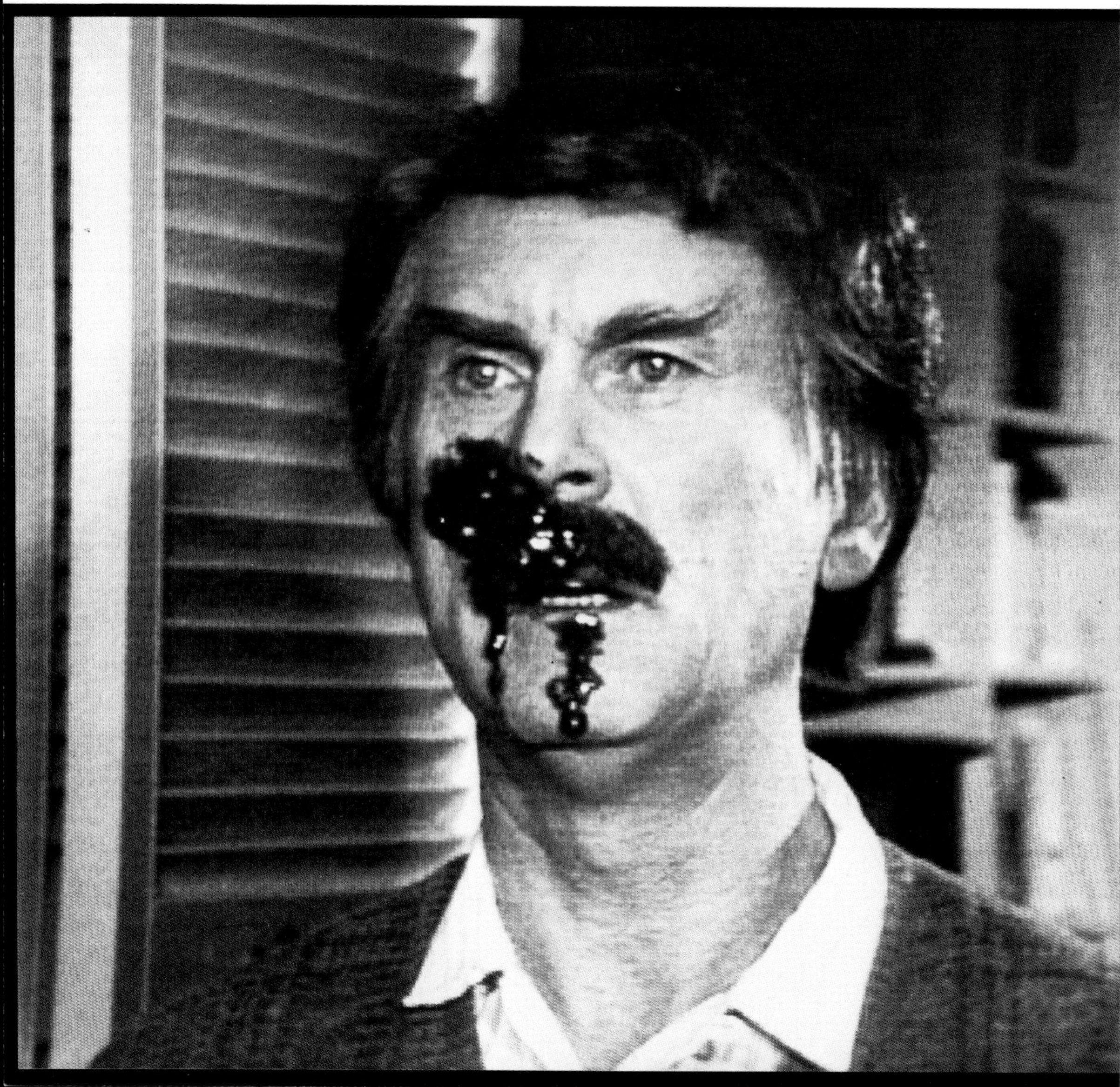

# *Garderobe*

*Sie sitzt vor ihrer Frisiertoilette und dreht sich die Lockenwickler aus dem Haar. Er steht nebenan im Bad und bindet sich eine Smokingschleife.*

SIE Wie findest du mein Kleid?
ER Welches . . .
SIE . . . das ich anhabe . . .
ER Besonders hübsch . . .
SIE . . . oder findest du das Grüne schöner . . .
ER Das Grüne?
SIE Das Halblange mit dem spitzen Ausschnitt . . .
ER Nein . . .
SIE Was . . . nein?
ER Ich finde es nicht schöner als das, was du anhast . . .
SIE Du hast gesagt, es stünde mir so gut . . .
ER Ja, das steht dir gut . . .
SIE Warum findest du es dann nicht schöner?
ER Ich finde das, was du anhast, sehr schön, und das andere steht dir auch gut . . .
SIE Ach! Dies hier steht mir also nicht so gut!?
ER Doch . . . auch . . .
SIE Dann ziehe ich das lange Blaue mit den Schößchen noch mal über . . .
ER Ah-ja . . .
SIE . . . oder gefällt dir das nicht?
ER Doch . . .
SIE Ich denke, es ist dein Lieblingskleid . . .
ER Jaja!
SIE Dann gefällt es dir doch besser als das, was ich anhabe und das halblange Grüne mit dem spitzen Ausschnitt . . .
ER Ich finde, du siehst toll aus in dem, was du anhast!
SIE Komplimente helfen mir im Moment überhaupt nicht!
ER Gut . . . dann zieh das lange Blaue mit den Schößchen an . . .
SIE Du findest also gar nicht so toll, was ich anhabe . . .
ER Doch, aber es gefällt dir ja scheinbar nicht . . .
SIE Es gefällt mir nicht? Es ist das Schönste, was ich habe!!
ER Dann behalte es doch an!

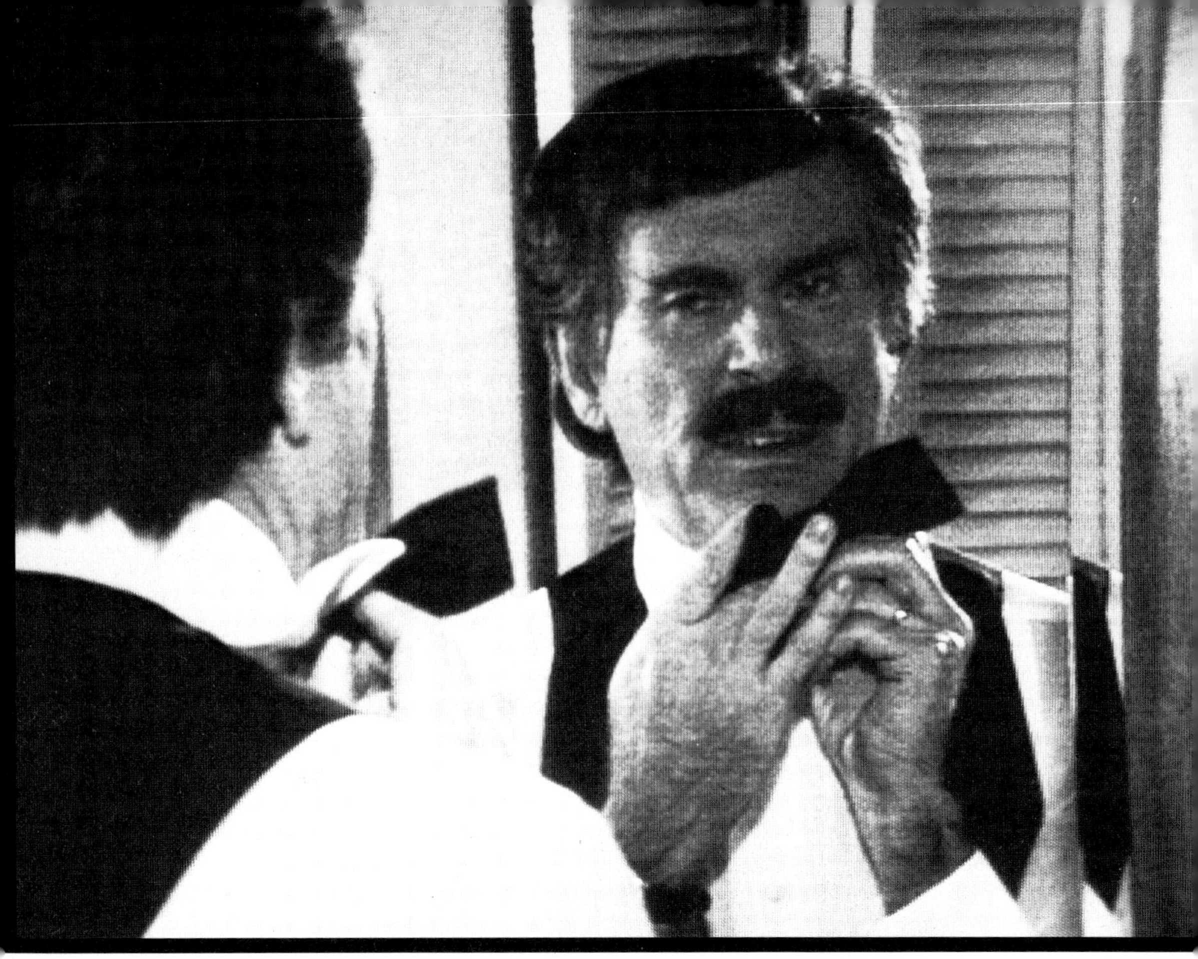

SIE Eben hast du gesagt, ich soll das lange Blaue mit den Schößchen anziehen . . .

ER Du kannst das lange Blaue mit den Schößchen anziehen oder das Grüne mit dem spitzen Ausschnitt oder das, was du anhast . . .

SIE Aaha! Es ist dir also völlig *wurst,* was ich anhabe!

ER Dann nimm das Grüne, das wunderhübsche Grüne mit dem spitzen Ausschnitt . . .

SIE Erst soll ich das hier anbehalten . . . dann soll ich das Blaue anziehen . . . und jetzt auf einmal das Grüne?!

ER Liebling, du kannst doch . . .

SIE *(unterbricht)* . . . Ich kann mit dir über Atommüll reden, über Ölkrise, Wahlkampf und Umweltverschmutzung, aber über . . . *nichts* . . . *Wichtiges!!*

# *Aufbruch*

*Das Ehepaar sitzt festlich gekleidet im Wohnzimmer. Er liest. Sie lackiert sich die Fingernägel.*

ER Liebling, wann müssen wir in der Philharmonie sein?
SIE Um acht . . .
ER Wenn wir nicht hetzen wollen, müssen wir jetzt das Haus verlassen . . .
SIE Ich bin fertig!
ER Dann können wir ja gehen . . .
SIE Ja . . .
*(Pause)*
ER Warum kommst du denn nicht?
SIE Weil du da noch liest . . .
ER Ich lese hier nur, weil du deine Fingernägel lackierst . . .
SIE Solange du da noch liest, kann ich mir wohl meine Fingernägel lackieren . . .

ER Solange du deine Fingernägel lackierst, kann ich wohl noch lesen . . .

SIE Wie spät ist es denn?

ER Halb acht . . .

SIE In einer halben Stunde fängt das Konzert an . . .

ER Ja . . .

SIE Aber du möchtest eben lieber noch lesen . . .

ER Ich möchte eben *nicht* lieber noch lesen!

SIE Du weißt ja auch nicht, was du willst . . .

*(Pause)*

SIE Karl-Heinz!

ER Ja . . .

SIE Ich wollte nur sagen: an *mir* liegt es *nicht*!

ER Also dann gehen wir, und zwar sofort . . .

SIE Möchtest du, daß deine Frau heute abend einigermaßen hübsch aussieht?

ER Ja . . .

SIE Dann . . . hetz . . . mich . . . nicht!

ER Mooment! . . . Ich habe gesagt, daß wir jetzt das Hotel verlassen müssen, wenn wir nicht hetzen wollen . . . und da hast

du gesagt, daß du fertig wärst, und da habe ich gefragt, warum wir nicht gehen, und dann hast du gesagt, daß du nur wartest, bis ich aufstehe, und da habe ich gesagt, daß ich so lange sitzen bleibe, bis du fertig bist ... ich hetze dich also eben *nicht*!
*(Pause)*

SIE Warum bist du denn so gereizt?

ER Gereizt? Hahaha! Ich bin nur immer wieder überrascht von der Tatsache, daß Frauen den Sinn für einfache, klare Zusammenhänge offensichtlich verloren haben!

SIE Aha!?

ER Sie wissen eigentlich nie, worum es geht!

SIE Jetzt geht es zum Beispiel darum, daß wir pünktlich ins Konzert kommen ...

ER Nein, darum geht es eben *nicht!!* Es geht um die Frage, warum Frauen am Kern einer Sache grundsätzlich vorbeidiskutieren!

SIE Männer und Frauen passen einfach nicht zusammen ...

# *Geigen und Trompeten*

*Das Ehepaar befindet sich nach einem Konzert auf dem Heimweg.*

SIE Karl-Heinz ...

ER Ja ...

SIE Können Geiger eigentlich nur geigen und Trompeter nur blasen?

ER Mja ...

SIE Ist das nicht sehr eintönig?

ER Musiker sind mit ihren Instrumenten verheiratet ...

SIE Aber sie könnten doch auch mal mit den Instrumenten ihrer Kollegen spielen ...

ER Theoretisch schon . . .

SIE Praktisch auch . . .

ER Meinetwegen kann ein Trompeter auch mal praktisch in eine Geige blasen . . .

SIE Ich möchte, daß du meine Frage ernst nimmst!

ER Ja . . .

SIE Warum sagst du dann, es wäre praktisch, in eine Geige zu blasen?!

ER Ich habe gesagt, es wäre möglich . . .

SIE Es wäre nämlich einfach unpraktisch . . .

ER Es wäre unpraktisch, aber nicht unmöglich . . .

SIE Kein Geiger würde einen Trompeter in seine Geige blasen lassen . . .

ER Neinnein . . . aber theoretisch wäre es natürlich möglich . . .

SIE . . . aber praktisch eben nicht!

ER Wenn ein Trompeter in eine Geige bläse, dann bliese er *praktisch* . . . wenn er theoretisch bliese, dann bläse er *nicht* . . .

SIE Er bläst also nur, wenn er praktisch bliese . . .

ER Jaja, aber ein Trompeter bläst nun mal nur theoretisch in eine Geige!

SIE Warum gibst du nicht einfach zu, daß ein Trompeter niemals in eine Geige bläst?

ER Mein Gott, weil ein Trompeter theoretisch in eine Geige blasen *könn . . . tee,* auch wenn er praktisch dazu keine Gelegenheit *hät . . . tee!*

SIE Also, ich gehe in kein Konzert mehr, wenn ich darauf gefaßt sein muß, daß plötzlich ein Trompeter – theoretisch oder praktisch – in eine Geige bliese.

ER Liebchen, kein Trompeter wird je in eine Geige blasen . . .

SIE Ach, auf einmal . . .!

# *Das Ei*

*Das Ehepaar sitzt am Frühstückstisch. Der Ehemann hat sein Ei geöffnet und beginnt nach einer längeren Denkpause das Gespräch.*

ER Berta!
SIE Ja . . .
ER Das Ei ist hart!
SIE *(schweigt)*
ER Das Ei ist hart!
SIE Ich habe es gehört . . .
ER Wie lange hat das Ei denn gekocht . . .
SIE Zu viel Eier sind gar nicht gesund . . .
ER Ich meine, wie lange dieses Ei gekocht hat . . .
SIE Du willst es doch immer viereinhalb Minuten haben . . .
ER Das weiß ich . . .
SIE Was fragst du denn dann?
ER Weil dieses Ei nicht viereinhalb Minuten gekocht haben *kann!*
SIE Ich koche es aber jeden Morgen viereinhalb Minuten!
ER Wieso ist es dann mal zu hart und mal zu weich?
SIE Ich weiß es nicht . . . ich bin kein Huhn!
ER Ach! . . . Und woher weißt du, wann das Ei gut ist?
SIE Ich nehme es nach viereinhalb Minuten heraus, mein Gott!
ER Nach der Uhr oder wie?
SIE Nach Gefühl . . . eine Hausfrau hat das im Gefühl . . .
ER Im Gefühl? . . . Was hast du im Gefühl?
SIE Ich habe es im Gefühl, wann das Ei weich ist . . .
ER Aber es ist hart . . . vielleicht stimmt da mit deinem Gefühl was nicht . . .
SIE Mit meinem Gefühl stimmt was nicht? Ich stehe den ganzen Tag in der Küche, mache die Wäsche, bring deine Sachen in Ordnung, mache die Wohnung gemütlich, ärgere mich mit den Kindern rum, und du sagst, mit meinem Gefühl stimmt was nicht!?
ER Jaja . . . jaja . . . jaja . . . wenn ein Ei nach Gefühl kocht, dann kocht es eben nur *zufällig* genau viereinhalb Minuten!
SIE Es kann dir doch ganz egal sein, ob das Ei *zufällig* viereinhalb Minuten kocht . . . Hauptsache, es *kocht* viereinhalb Minuten!

ER Ich hätte nur gern ein weiches Ei und nicht ein *zufällig* weiches Ei! Es ist mir egal, wie lange es kocht!

SIE Aha! Das ist dir egal . . . es ist dir also egal, ob ich viereinhalb Minuten in der Küche schufte!

ER Nein-nein . . .

SIE Aber es ist *nicht* egal . . . das Ei *muß* nämlich viereinhalb Minuten kochen . . .

ER Das habe ich doch gesagt . . .

SIE Aber eben hast du doch gesagt, es ist dir egal!

ER Ich hätte nur gern ein weiches Ei . . .

SIE Gott, was sind Männer primitiv!

ER *(düster vor sich hin)* Ich bringe sie um . . . morgen bringe ich sie um . . .

# Feierabend

*Bürgerliches Wohnzimmer. Der Hausherr sitzt im Sessel, hat das Jackett ausgezogen, trägt Hausschuhe und döst vor sich hin. Hinter ihm ist die Tür zur Küche einen Spalt breit geöffnet. Dort geht die Hausfrau emsiger Hausarbeit nach. Ihre Absätze verursachen ein lebhaftes Geräusch auf dem Fliesenboden.*

SIE Hermann . . .
ER Ja . . .
SIE Was machst du da?
ER Nichts . . .
SIE Nichts? Wieso nichts?
ER Ich mache nichts . . .
SIE Gar nichts?
ER Nein . . .
*(Pause)*
SIE Überhaupt nichts?
ER Nein . . . ich *sitze* hier . . .
SIE Du *sitzt* da?
ER Ja . . .
SIE Aber irgendwas *machst* du doch?
ER Nein . . .
*(Pause)*
SIE *Denkst* du irgendwas?
ER Nichts Besonderes . . .
SIE Es könnte ja nicht schaden, wenn du mal etwas spazierengingest . . .
ER Nein-nein . . .
SIE Ich bringe dir deinen Mantel . . .
ER Nein danke . . .
SIE Aber es ist zu kalt ohne Mantel . . .
ER Ich gehe ja nicht spazieren . . .
SIE Aber eben wolltest du doch noch . . .
ER Nein, *du* wolltest, daß ich spazierengehe . . .
SIE Ich? *Mir* ist es doch völlig egal, ob *du spazieren*gehst . . .
ER Gut. . .
SIE Ich meine nur, es könnte dir nicht schaden, wenn du mal spazierengehen würdest . . .
ER Nein, *schaden* könnte es nicht . . .

SIE Also was willst du denn nun?

ER Ich möchte hier sitzen . . .

SIE Du kannst einen ja wahnsinnig machen!

ER Ach . . .

SIE Erst willst du spazierengehen . . . dann wieder nicht . . . dann soll ich deinen Mantel holen . . . dann wieder nicht . . . was denn nun?

ER Ich möchte hier sitzen . . .

SIE Und jetzt möchtest du plötzlich da sitzen . . .

ER Gar nicht plötzlich . . . ich wollte immer nur hier sitzen . . . und mich entspannen . . .

SIE Wenn du dich wirklich *entspannen* wolltest, würdest du nicht dauernd auf mich *einreden* . . .

ER Ich sag ja nichts mehr . . .
*(Pause)*

SIE Jetzt hättest du doch mal Zeit, irgendwas zu tun, was dir Spaß macht . . .

ER Ja . . .

SIE Liest du was?

ER Im Moment nicht . . .

SIE Dann lies doch mal was . . .

ER Nachher, nachher vielleicht . . .

SIE Hol dir doch die Illustrierten . . .

ER Ich möchte erst noch etwas hier sitzen . . .

SIE Soll *ich* sie dir holen?

ER Nein-nein, vielen Dank . . .

SIE Will der Herr sich auch noch bedienen lassen, was?

ER Nein, wirklich nicht . . .

SIE Ich renne den *ganzen Tag* hin und her . . . Du könntest doch wohl *einmal* aufstehen und dir die Illustrierten holen . . .

ER Ich möchte jetzt nicht lesen . . .

SIE Dann quängle doch nicht so rum . . .

ER *(schweigt)*

SIE Hermann!

ER *(schweigt)*

SIE Bist du taub?

ER Nein-nein . . .

| | |
|---|---|
| SIE | Du tust eben *nicht*, was dir Spaß macht . . . statt dessen *sitzt* du da! |
| ER | Ich sitze hier, *weil* es mir Spaß macht . . . |
| SIE | Sei doch nicht gleich so aggressiv! |
| ER | Ich bin doch nicht aggressiv . . . |
| SIE | Warum schreist du mich dann so an? |
| ER | *(schreit)* . . . Ich schreie dich nicht an!! |

# *Fernsehabend*

*Ein Ehepaar sitzt vor dem Fernsehgerät. Obwohl die Bildröhre ausgefallen ist und die Mattscheibe dunkel bleibt, starrt das Ehepaar zur gewohnten Stunde in die gewohnte Richtung.*

SIE Wieso geht der Fernseher denn grade heute kaputt?

ER Die bauen die Geräte absichtlich so, daß sie schnell kaputtgehen . . .
*(Pause)*

SIE Ich muß nicht unbedingt fernsehen . . .

ER Ich auch nicht . . . nicht nur, weil heute der Apparat kaputt ist . . . ich meine sowieso . . . ich sehe sowieso nicht gern Fernsehen . . .

SIE Es ist ja auch wirklich nichts im Fernsehen, was man gern sehen möchte . . .
*(Pause)*

ER Heute brauchen wir Gott sei Dank überhaupt nicht erst in den blöden Kasten zu gucken . . .

SIE Nee . . . *(Pause)* . . . Es sieht aber so aus, als ob du hinguckst . . .

ER Ich?

SIE Ja . . .

ER Nein . . . ich sehe nur ganz allgemein in diese Richtung . . . aber du guckst hin . . . Du guckst da immer hin!

SIE Ich? Ich gucke da hin? Wie kommst du denn darauf?

ER Es sieht so aus . . .

SIE Das *kann* gar nicht so aussehen . . . ich gucke nämlich vorbei . . . ich gucke *absichtlich* vorbei . . . und wenn du ein kleines bißchen mehr auf mich achten würdest, hättest du bemerken können, daß ich absichtlich vorbeigucke, aber du interessierst dich ja überhaupt nicht für mich . . .

ER *(fällt ihr ins Wort)* Jaaa . . . jaaa . . . jaaa . . . jaaa . . .

SIE Wir können doch einfach mal ganz woandershin gucken . . .

ER Woanders? . . . Wohin denn?

SIE Zur Seite . . . oder nach hinten . . .

ER Nach hinten? Ich soll nach hinten sehen? . . . Nur weil der Fernseher kaputt ist, soll ich nach hinten sehen? Ich laß mir doch von einem Fernsehgerät nicht vorschreiben, wo ich hinsehen soll!

*(Pause)*

SIE Was wäre denn heute für ein Programm gewesen?

ER Eine Unterhaltungssendung ...

SIE Ach ...

ER Es ist schon eine Un-ver-schämtheit, was einem so Abend für Abend im Fernsehen geboten wird! Ich weiß gar nicht, warum man sich das überhaupt noch ansieht! ... Lesen könnte man statt dessen, Kartenspielen oder ins Kino gehen ... oder ins Theater ... statt dessen sitzt man da und glotzt auf dieses blöde Fernsehprogramm!

SIE Heute ist der Apparat ja nu kaputt ...
ER Gott sei Dank!
SIE Ja ...
ER Da kann man sich wenigstens mal unterhalten ...
SIE Oder früh ins Bett gehen ...

ER Ich gehe nach den Spätnachrichten der Tagesschau ins Bett ...
SIE Aber der Fernseher ist doch kaputt!
ER *(energisch)* Ich lasse mir von einem kaputten Fernseher nicht vorschreiben, wann ich ins Bett zu gehen habe!

# *Herrenmoden*

*Das Ehepaar betritt ein Herrenausstattungsgeschäft und wendet sich an einen Herrn, den es für den Verkäufer hält.*

GATTIN Mein Mann ist etwas voll in den Hüften, mit ziemlich kurzen Armen . . .

HERR *(mustert den Gatten kurz)* . . . Das tut mir sehr leid . . . *(nimmt eine große Tragetüte und verläßt den Laden)*

VERKÄUFER I *(tritt von hinten auf das Ehepaar zu)* Womit kann ich dienen?

GATTIN Wir suchen einen Anzug für meinen Mann, Größe 52, etwas voll in den Hüften . . .

GATTE Jaja . . .

GATTIN . . . mit ziemlich kurzen Armen . . .

VERKÄUFER I Ich zeig Ihnen mal was . . . Wenn Sie inzwischen Platz nehmen wollen . . .

GATTIN *(zum Gatten)* Hast du frische Wäsche an? Mein Gott, laß doch deine Nase in Ruhe!

VERKÄUFER I *(kommt mit mehreren Anzügen)* Wenn Sie hier mal reinschlüpfen wollen . . . *(reißt den Vorhang einer Kabine auf, ein Kunde in Unterwäsche wird kurz sichtbar. Der Verkäufer reißt den Vorhang wieder zu. Er öffnet die hinterste Kabine und hängt Anzug hinein)*

GATTE *(verschwindet in der Kabine)*

GATTIN *(nimmt Kölnisch Wasser aus ihrer Handtasche, betupft sich die Ohrläppchen, steckt es wieder ein)* Mein Mann braucht eigentlich gar keinen Anzug. Zu Hause trägt er Strickwesten, dann hat er den, den er anhat, und fürs Büro hat er einen dunkelgrauen . . . der ist noch tadellos . . .

VERKÄUFER I Gnä' Frau, bevor Sie unsere neuen Herbstmodelle nicht gesehen haben . . .

GATTE *(kommt aus der Kabine mit zu kleinem Jackett und viel zu kurzer Hose. Aus dem Kragen und von den Knöpfen baumeln Preisschilder und Gütesiegel)*

VERKÄUFER I *(streicht an ihm herum)* *Das* ist die Herbstmode! Gefällig in der Form . . . sportlich im Schnitt . . . Pariser Maßkonfektion . . .

GATTE . . . müssen die Hosen so sein?

VERKÄUFER I Die modische Hose trägt man jetzt kürzer . . . und im Gebrauch *fällt* sie ja noch . . . darf ich mal? *(zieht die Hose mit*

| | |
|---|---|
| | *kräftigem Ruck nach unten, so daß sie extrem tief sitzt)* . . . Sehn Sie! |
| GATTIN | *(betrachtet den Gatten mit schiefem Kopf)* Beweg dich doch mal . . . |
| GATTE | *(geht auf und ab)* |
| VERKÄUFER I | Die Hose sitzt angenehm knapp im Schritt und ist ausgesprochen gesäßfreundlich . . . |
| GATTE | Das tragen jetzt alle Herren in Paris? |
| VERKÄUFER I | Wer sich's leisten kann . . . |
| GATTE | Ach . . . |

GATTIN Ja ... *so* sieht es gut aus, aber wenn er erst wieder seine Taschen vollstopft ...

VERKÄUFER I Gnä' Frau, die Brustpartie ist beidseitig mit Steifleinen verarbeitet ... da können Sie unterbringen, was Sie wollen ...

GATTIN Steck doch mal die Brieftasche rein ... und die Schlüssel ...

GATTE Moment ... *(greift in eine falsche Kabine)*

STIMME AUS DER KABINE Kann ich Ihnen behilflich sein?

GATTE Nein danke ...! *(holt Brieftasche und Schlüssel aus der eigenen Kabine und steckt sie ein)*

GATTIN Er sieht aus wie eine Wurst ...

VERKÄUFER I Aber nicht schlecht, gnä' Frau ... *(wieder zum Gatten)* Und was halten Sie von einem schottischen Kammgarn-Mohair ... mit englischer Webkante ...*(zeigt ein kariertes Jackett)* wenn Sie da mal reinschlüpfen wollen?

GATTE *(wechselt das Jackett)* ... Moment! ... *(steckt Brieftasche um)*

VERKÄUFER I Das ist der klassische Schnitt! Er schmeichelt auch Ihrem Gatten in der Hüftpartie ...

GATTIN Neinnein ...

GATTE Nein ... *(zieht es aus)*

VERKÄUFER I *(mit neuem Jackett)* ... oder hier die gleiche Qualität im Jet-Design ...

GATTE Im was? *(wechselt das Jackett, ohne die Brieftasche umzustecken)*

VERKÄUFER I Sie erkennen es am Doppelfaden in der Knopfloch-Verarbeitung ...

GATTE Ach ja ...

GATTIN *(betrachtet ihn und schüttelt den Kopf)*

VERKÄUFER I *(reicht ihm die Hose)* ... und das Beinkleid ...

GATTE *(macht Anstalten, die Hose auszuziehen)*

VERKÄUFER I *(zeigt auf die Kabine)* Bitte schön ...

GATTE Ach so ... *(geht)*

GATTIN Wir wollten ja eigentlich gar keinen Anzug kaufen. Er hätte Wäsche viel nötiger ...

VERKÄUFER I So ...

GATTIN ... Sie sollten sich mal seine Unterhosen ansehen ... man glaubt es einfach nicht, wenn man's nicht gesehen hat ...

GATTE *(erscheint mit zu weitem Jackett und überlanger Hose)*

VERKÄUFER I Das ist reine Schurwolle ... Kunstfaser verstärkt ... sehr dankbar im Tragen ... *(greift an ihm herum)*

GATTIN Aber die Hose steht unten so auf ...

VERKÄUFER I Man trägt das Beinkleid jetzt gern etwas reichlicher ... es

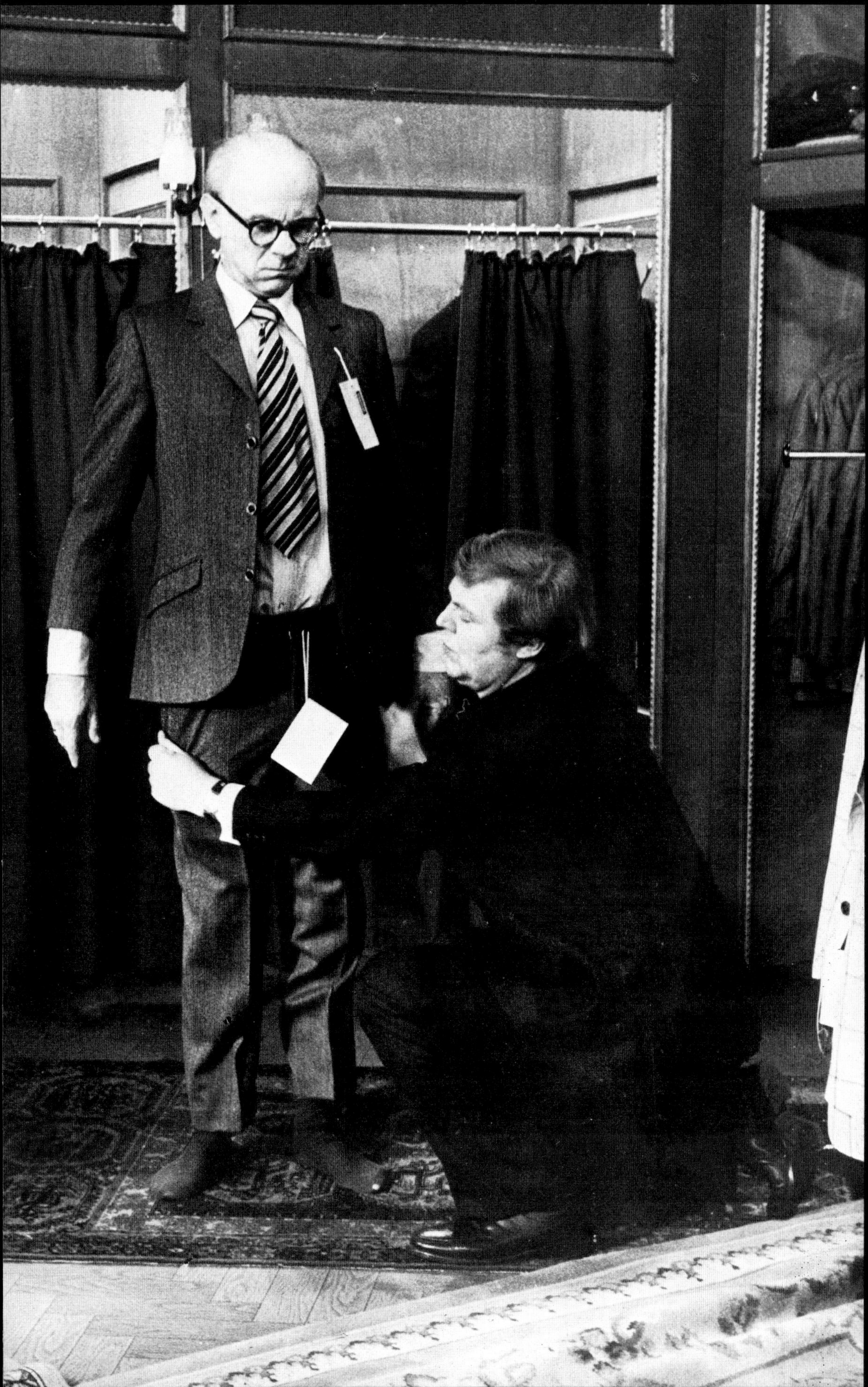

hebt sich ja auch noch durch das Eintragen der Sitzfalte im Knie . . . darf ich mal? . . . *(zieht die Hose gewaltsam nach oben)*

VERKÄUFER II Darf ich mal den Kammgarn-Mohair haben? *(greift nach dem Jackett, in das der Gatte seine Brieftasche gesteckt hat)*

VERKÄUFER I Bitte sehr . . .

GATTIN Geh doch mal ein bißchen . . . und laß deine Nase in Ruhe . . .

GATTE *(geht durch den Laden)*

VERKÄUFER I Einfach schick!

GATTE *(stolpert mit seiner langen Hose, hält sich an einem Herrn fest)* . . . Entschuldigen Sie . . . das kommt von meiner Hose . . .

HERR *(mustert ihn scharf)*

GATTIN Was machst du denn da?

VERKÄUFER I *(mit neuem Sakko)* . . . Das ist ein *ganz leichter* Topical im Golf-Schnitt . . . schlüpfen Sie da mal rein? Das wird *sehr* gern genommen . . .

GATTIN . . . Nimm die Brieftasche raus!

GATTE *(greift in das große Jackett)* . . . Da ist sie nicht . . .

VERKÄUFER I *(fingert herum)* . . . Schick!

GATTE Sie *muß* da sein!

VERKÄUFER I Einfach schick!

GATTIN Ich kann nicht mehr!

VERKÄUFER I Ich könnte Ihnen auch noch etwas in Tweed zeigen . . .

GATTE Ich hatte es in dieses karierte Jackett gesteckt . . .

GATTIN . . . und die Schlüssel?

GATTE Die hab ich in der Hose . . . *(greift in die Hosentaschen)* . . . Nee!

GATTIN Ich kann nicht mehr!

*(Ein Kunde mit kariertem Jackett betritt den Laden, seine Frau folgt ihm)*

GATTE Da! *(greift dem Herrn erst ins Jackett und dann in die Hose)* . . . Entschuldigen Sie . . .

KUNDE *(geniert)* . . . Lassen Sie das doch!

GATTE Ich will nur die Brieftasche und die Autoschlüssel . . .

KUNDE Was?! . . . Jutta!

GATTE *(sucht weiter)* . . . Ich muß darauf bestehen . . .

KUNDE . . . Jutta!

GATTE Ich habe alles hier reingesteckt!

JUTTA *(tritt dazu) Was* haben Sie *wo* reingesteckt?!

GATTE Alle meine Sachen habe ich hier reingesteckt!

JUTTA In die Hose von meinem Mann?!

KUNDE Das müßte ich doch gemerkt haben, mein Gott!

GATTE *(sieht einen Herrn, der auch ein kariertes Jackett anprobiert)* ... Moment! ... *(geht hin)* ... Entschuldigen Sie, ich hätte gern meine Brieftasche ... und meinen Personalausweis ...

HERR *(sieht ihn starr an)*

GATTE Wenn ich mal so frei sein darf ... *(greift ihm in eine Brusttasche)*

HERR *(leise, aber bestimmt)* ... Nehmen Sie die Hand aus meinem Jackett!

GATTE ... und meine Autoschlüssel? Entschuldigen Sie ... *(greift ihm in die Hose)*

HERR Nehmen Sie die Hand aus meiner Hose!

GATTIN *(stürzt sich auf Verkäufer III, der ein kariertes Jackett und mehrere Anzüge auf dem Arm trägt)* ... Hier, Herbert ... hier!

GATTE *(hält eine Brieftasche hoch, die ihm nicht gehört)* ... Ich hab sie ...!

GATTIN *(die in das karierte Jackett auf dem Arm des Verkäufers III gegriffen und die Brieftasche gefunden hat)* ... Ich auch!

GATTE *(gibt verlegen dem Herrn seine Brieftasche zurück)*

GATTIN *(hat in eine Hose gegriffen)* ... und die Schlüssel ...!

VERKÄUFER I *(kommt mit weiteren Jacketts)* ... Ich habe hier noch eine erstklassige italienische Ware ... Perlon verstärkt ... mit Gesäßfalte ... trage ich selbst gern ...

GATTIN Neinnein ... ich glaube, wir nehmen diesen ... *(zeigt auf den Gatten)*

VERKÄUFER I Gern ... da sind Sie hervorragend bedient ... möchten Sie ihn gleich anbehalten?

GATTE *(nach Blick auf Gattin)* ... Jawohl ...

GATTIN ... Und die Hose hebt sich noch im Schritt?

VERKÄUFER I Im Knie, gnä' Frau ... im Knie ... durch das Eintragen der Sitzfalte *(hockt sich hin)* ... hier ... sehn Sie! ... In der Bewegung ... *(macht einen Schritt in der Hocke)*

GATTIN *(zum Gatten)* Mach doch mal!

GATTE *(hockt sich hin)*

GATTIN Du mußt dich bewegen!

GATTE *(macht zögernd einen Schritt in der Hocke)*

GATTIN Weiter!

GATTE *(geht in der Hocke eine Runde durch den Laden)*

VERKÄUFER I *(kommt mit großer Tüte, Mantel, Hut und Rechnung)* ... So, bitte sehr ... die Kasse ist vorn links ...

GATTIN Wann ist die Hose denn nun eingetragen?

VERKÄUFER I Tja ...

GATTE *(hockend)* ... so etwa ...

VERKÄUFER I *(hilft dem hockenden Gatten in den Mantel)* Wie weit haben Sie's denn zu Fuß nach Hause?

GATTE ... vielleicht eine gute Stunde ...

VERKÄUFER I Dann sitzt die Hose wie angegossen!

GATTE Ach was!

GATTIN Komm ...

GATTE *(nimmt die Tragetasche, lüpft den Hut)* ... Vielen Dank für Ihre Mühe ...

VERKÄUFER I *(verneigt sich)* Wir haben zu danken!

GATTE *(verläßt in der Hocke gehend den Raum. Seine Gattin folgt ihm)*

# *Bettenkauf*

*Ein älteres Ehepaar betritt ein Bettengeschäft, in dem drei Doppelbetten nebeneinander ausgestellt sind.*

VERKÄUFER Womit kann ich dienen?

GATTIN Wir hätten gern ein Bett . . .

VERKÄUFER Haben Sie da an eine Schlaf-Sitz-Garnitur gedacht mit versenkbaren Rückenpolstern, an eine Couch-Dreh-Kombination oder das klassische Horizontal-Ensemble?
*(Die Gatten sehen sich verblüfft an)*

GATTE Wir schlafen im Liegen . . .

VERKÄUFER Ahja . . . da empfehle ich Ihnen die Kreationen aus dem Hause »Unisono« . . . Sie ruhen nebeneinander . . . oder rechtwinkelig?

GATTE Rechtwinkelig?

GATTIN Neinnein . . . ganz normal . . .

GATTE . . . im Bett

VERKÄUFER Also nebeneinander . . . parallel . . .

GATTE Müssen wir das hier so genau . . .?

VERKÄUFER *(geht nach links zu Bett 1)* Da haben wir das Modell »Allegro« mit doppeltem Federkern und Palmfaserauflage . . . Für das Bezugsmaterial der Matratze können Sie wählen zwischen einer imprägnierten Halbzwirnware oder gedrilltem Volon . . .

GATTE Ach . . .

GATTIN Und wie liegt es sich so?

VERKÄUFER Die Federmuffen sind einzeln aufgehängt und kreuzweise verspannt . . . also hüftfreundlich in der Seit- und Bauchlage . . . Sie dürfen gerne einmal probeliegen, ich bediene inzwischen die anderen Herrschaften . . .

GATTE Richtig hinlegen?

GATTIN Auch in Rückenlage?

VERKÄUFER Ganz wie Sie wünschen . . .

GATTIN Zieh doch die Schuhe aus!

*(Die Gatten legen sich auf das Modell »Allegro«)*

VERKÄUFER *(zu einem Herrn und einer Dame)* Womit kann ich dienen?

HERR Betten . . . Doppelbetten!

DAME *(kichert albern. Herr stößt sie an)*

VERKÄUFER Ruhen die Herrschaften parallel oder rechtwinkelig? *(deutet die Lage mit Handbewegungen an)*

HERR Was?

DAME *(kichert)*

VERKÄUFER Ich meine, ruhen Sie in der klassischen Doppelbettposition, oder ist die Schlafposition über Eck gestaltet?

HERR Klassisch . . . *(zur Dame)* . . . oder was?

DAME *(grinst verlegen)*

VERKÄUFER Da haben wir hier die Doppelliege »Presto« . . . *(zeigt auf das rechte Doppelbett)* . . . Dreifacher Federkern mit Polyester-Auflage und Stützsperre . . . bei unruhigem Schlaf . . .

HERR Wieso?

VERKÄUFER Für den Fall, daß die Herrschaften häufiger die Position wechseln . . .

HERR *(sieht kurz auf die Dame, die sich auf die Lippen beißt)* Sagen Sie mal . . .

VERKÄUFER Preisgünstiger ist natürlich das Modell »Allegro«, wenn ich Sie dort herüber bitten darf . . . *(geleitet Herrn und Dame nach links zum Modell »Allegro«, in dem Gatte und Gattin zur Wand gedreht liegen)* . . . doppelter Federkern mit Palmfaserauflage

und kreuzweise verspannten Federmuffen ... also hüftfreundlich in der Seit-, Bauch- und Rückenlage ... Sie können gern probeliegen ... wenn diese Herrschaften ...

GATTE Wir hätten nur eben gern noch die Bauchlage ...

HERR Bitte sehr ... bitte sehr ...

*(Die Gatten drehen sich auf den Bauch)*

VERKÄUFER ... hier kann ich Ihnen noch das Modell »Andante« zeigen, zweiteilig, zur individuellen Raumgestaltung ... *(zeigt auf das daneben stehende Modell in der Mitte)*

DAME Da is so ne Ritze in der Mitte ...

VERKÄUFER Ganz recht, gnä' Frau ...

HERR *(winkt ab)* Nee-nee ... *(zur Dame)* Aber vielleicht sind die Herrschaften jetzt ausgeschlafen ...

VERKÄUFER *(zu Gatte und Gattin)* ... Sie könnten ja schon mal im Modell »Presto« probeliegen ...

GATTE ... Bitte schön ... Aber »Allegro« bleibt in engerer Wahl!

VERKÄUFER Bitte hier herüber! Modell »Presto« mit dreifachem Federkern und Stützsperre!

*(Während Herr und Dame sich auf das freigewordene Modell »Allegro« legen, steigen die Gatten über das mittlere Bett in das rechte Modell »Presto«)*

GATTE *(zur Gattin)* Laß es uns zunächst mal in der Bauchlage probieren!

*(Sie drehen sich auf den Bauch)*

GATTIN Ich schlafe nie auf dem Bauch ... *(dreht sich zur Seite)*

GATTE Du sollst jetzt auch nicht schlafen!

HERR *(liegt mit der Dame noch im Modell »Allegro«)* Also, wir nehmen dies hier!

VERKÄUFER Sehr gern!

GATTE Moment! Das Bett dort hatten wir zuerst belegt! Ich sagte gerade zu meiner Frau: *Hier* schlafen wir *nicht!* Herr ... äh ... wie ist Ihr Name?

VERKÄUFER Hallmackenreuter ...

GATTE Herr Hallmackenreuter, das Modell »Allegro« war in engerer Wahl! Packen Sie das Bett ein, wir nehmen es mit!

VERKÄUFER Gern ...

HERR Ich sagte gerade, das Bett ist gekauft, Herr ...

VERKÄUFER Hallmackenreuter ...

GATTE Na schön, Sie werden ja wohl zwei von der Sorte haben!

VERKÄUFER Wir führen nur Einzelstücke ...

GATTE Dann fordere ich den Herrn auf, unser Bett zu verlassen!

HERR Das fällt mir nicht im Traum ein!

GATTE Hertha . . . hör doch mal!

GATTIN *(im Halbschlaf)* Kannst du dir nicht *ein*mal all*ein* Frühstück machen?

VERKÄUFER Vielleicht könnten sich die Herrschaften eventuell für das Modell »Andante« entscheiden . . . wenn Sie mal probeliegen wollen . . . *(zeigt auf das mittlere Doppelbett)*

GATTE *(zögert)*

DAME Na dann probiere *ich's* eben mal! *(macht Anstalten aufzustehen)*

GATTE Nein-nein! Herr Hackenreiter . . .

VERKÄUFER Hallmackenreuter . . .

GATTE Herr Hallmackenreuter hatte ausdrücklich *mich* aufgefordert! *(Er springt auf und legt sich in das mittlere Bett »Andante«, während die Dame davor stehenbleibt)*

DAME Er läßt mich nicht rein!

HERR Sie lassen *sofort* meine Frau in das Bett!

GATTE Ich werde jetzt die Rücken-, Seit- *und* Bauchlage ausprobieren . . . und zwar *ohne* Ihre Gattin! Hertha!

GATTIN *(schläft)*

HERR Wenn Sie nicht sofort meine Frau in das Bett ...

GATTE Also bitte schön ... bitte schön ... *(er rückt etwas)*

DAME *(legt sich neben ihn in das mittlere Bett)*

VERKÄUFER Die Doppelliege ist zweiteilig gestaltet ... mit Spannmuffenfederung in Leichtmetall ...

DAME *(probiert in rhythmischer Bewegung die Federung aus)*

GATTE Hopsen Sie doch nicht so!

DAME Ich kann hier hopsen, solange es mir paßt!

HERR Meine Frau hopst, wo sie will!!

GATTIN *(erwachend)* Fritz! ... Was *machst* du denn da?

GATTE Hertha, dies ist das Modell »Andante« ... mit Spannmuffenfederung ... Es ist in der Rückenlage etwas stramm ... komm doch mal ...

GATTIN *(steht auf)*

HERR Entschuldigen Sie, gnä' Frau, aber Sie waren an diesem Modell ja nicht interessiert! *(steigt über seine Frau und den Gatten in das Modell »Andante«)*

GATTIN *(steigt gleichzeitig von der rechten Seite in das Modell »Andante«, so daß alle vier nebeneinander liegen)* ... Ich habe wohl noch das Recht, mit meinem Mann ein *Bett* auszuprobieren!

DAME *(kichert)*

HERR Ganz recht! ... aber nicht *mein* Bett! ... Herr Heckmullenreiter ...

VERKÄUFER Hallmackenreuter ...

HERR Das Bett ist gekauft!

VERKÄUFER Sehr wohl ...

HERR *(zur Gattin)* Darf ich Sie bitten, mein Bett zu verlassen!

GATTE Meine Gattin bleibt, wo sie ist ... Sie wollten das andere Bett nehmen!

HERR Das wollten Sie uns ja nicht überlassen ... Edith, so war's doch!

GATTE Nun rufen Sie bloß noch Ihre Frau zu Hilfe! Wie lange sind Sie eigentlich verheiratet?

HERR Wir sind nicht verheiratet!

GATTE *(starr)* Ach ... ach was! ... Und was wollen Sie dann mit einem Doppelbett, wenn ich fragen darf?

HERR Sag's ihm, Edith ...

VERKÄUFER Sie können die Matratzen auch in Matrosenblau oder Moosgrün ...

HERR Edith!

DAME *(schnarcht)*

GATTE Ihre Bekannte schläft ...

HERR *(flüstert)* Das geht Sie überhaupt nichts an! *(steht auf und macht sich leise davon)*

GATTE *(flüstert)* Ich werde wohl noch feststellen dürfen, wer in meinem Bett schläft!

VERKÄUFER Ich habe hier noch ...

GATTE *(mit Finger am Mund)* Pscht!

VERKÄUFER *(flüsternd)* Ich habe hier noch das gleiche Modell in Leichtmetall mit vernickelten Gelenkmuffen ...

GATTE *(flüstert)* Und wie ist da der Matratzenbezug? Ich habe immer gern etwas gedeckte Töne.

VERKÄUFER *(flüstert)* Moment ... ich schau mal nach ...

GATTE Hertha!

GATTIN *(schläft)*

GATTE *(sieht von einer Schlafenden zur anderen. Steht auf, verläßt behutsam das Bett, nimmt seine Schuhe in die Hand und trifft auf den Verkäufer)* ... Ach, wenn meine Frau aufwacht, nimmt sie gern eine Tasse Tee mit etwas Gebäck ... *(geht auf Strümpfen leise hinaus)*

# *Eheberatung*

*Herr und Frau Blöhmann, ein Ehepaar um die 50, betreten das Sprechzimmer der Psychotherapeutin. Herr Blöhmann klopft an den Türrahmen. Frau Dr. K. sitzt an ihrem Schreibtisch und weist auf zwei davor stehende Stühle.*

FRAU DR. K. Bitte, nehmen Sie doch Platz . . .

EHEPAAR *(setzt sich)*

FRAU DR. K. Mein Institut ist bemüht, den Ehegatten bei der Überwindung einer kritischen Phase auf psychologischem Wege behilflich zu sein und körperliche oder geistige Kontaktschwächen auszugleichen. Wunder vollbringen wir nicht!

HERR BLÖHMANN Ach . . .

FRAU DR. K. Wo liegen Ihre Schwierigkeiten, schwerpunktmäßig?

FRAU BLÖHMANN Na, wenn *Sie* das nicht wissen . . .

HERR BLÖHMANN Wir hatten eigentlich gedacht, daß wir von Ihnen da irgendwas . . . wir kommen immerhin von auswärts . . .

FRAU DR. K. *(notiert etwas)* . . . Und Ihre Lieblingsfarbe?

FRAU BLÖHMANN Weiß . . . Schaumolweiß . . . das ist noch etwas weißer als weiß . . .

FRAU DR. K. . . . Und Herr Blöhmann, Ihre Lieblingsfarbe?

HERR BLÖHMANN Grau . . . aber nicht *so* grau . . . mehr grüngrau . . . ins Bräunliche. Eine Art Braungrau . . . mit Grün . . . ein Braungrüngrau . . .

FRAU DR. K. *(notiert)* Braungrüngrau . . .

HERR BLÖHMANN Es schadet auch nichts, wenn es ein bißchen ins Bläuliche hinüberspielt, Hauptsache, es ist grau . . .

FRAU DR. K. *(notierend)* Danke . . .

HERR BLÖHMANN . . . Braungrau . . .

FRAU DR. K. Vielen Dank, Herr Blöhmann . . .

HERR BLÖHMANN Etwas Rot könnte auch anklingen . . .

FRAU DR. K. Das genügt, Herr Blöhmann!

HERR BLÖHMANN Ein Braunrot . . . im ganzen Grau . . .

FRAU DR. K. Jaja . . .

HERR BLÖHMANN Also ein grünlich-blaues . . . Rotbraun-Grau . . .

FRAU DR. K. Es kommt nicht *so* genau darauf an, Herr Blöhmann . . .

HERR BLÖHMANN Doch-doch, Sie sehen nachher in so einer Tabelle nach, und da steht dann bei »Grau«: Herr Blöhmann schlägt seine Gattin oder etwas Ähnliches . . .

FRAU DR. K. Herr Blöhmann, ich versichere Ihnen . . .

HERR BLÖHMANN Nein-nein, ich kenne diese modernen psychologischen Tricks . . .

FRAU DR. K. Herr Blöhmann . . .

HERR BLÖHMANN Man sagt irgendeine Farbe, und schon wird man schuldig geschieden!

FRAU DR. K. Ich möchte zunächst nur . . .

HERR BLÖHMANN . . . Aber haben Sie bemerkt, wie oft meine Frau ihre Handtasche auf- und zuknipst und hineinguckt . . . Haben Sie das bemerkt? Ja? Wie? Was? . . . Nein! Natürlich nicht!

FRAU BLÖHMANN Ich hätte . . .!

FRAU DR. K. Herr Blöhmann, Ihre Gattin kann ihre Handtasche auf- und zuknipsen und hineinsehen, so oft sie will!

FRAU BLÖHMANN Siehste . . . *(guckt in die Handtasche und knipst sie zu)*

HERR BLÖHMANN Aber nicht 8 mal in 6 Minuten . . .

FRAU BLÖHMANN Siehste . . . siehste . . . siehste . . . *(knipst und guckt)*

HERR BLÖHMANN Das sind im Jahr fast 350 000 mal geknipst und geguckt . . .

FRAU DR. K. Herr Blöhmann, vielleicht, daß *Sie* bei *sich* auch öfter mal irgendwas auf- und zumachen?

FRAU BLÖHMANN Siehste . . . *(knipst und guckt)*

HERR BLÖHMANN Ja-ja, aber ich gucke nicht jedesmal hinein, nicht wahr!

FRAU DR. K. Darf ich jetzt in der Untersuchung fortfahren?

BLÖHMANNS *(gleichzeitig)* Bitte sehr . . .

FRAU DR. K. Ich zeige Ihnen jetzt . . .

FRAU BLÖHMANN *(knipst und guckt)*

FRAU DR. K. Frau Blöhmann, würden Sie jetzt *einmal* das Knipsen und Gucken unterlassen!

HERR BLÖHMANN Siehste . . .

FRAU DR. K. Ich zeige Ihnen jetzt ein Bild . . .

HERR BLÖHMANN Siehste . . .

FRAU DR. K. Ich zeige Ihnen jetzt ein Bild, und Sie sagen mir, was es darstellt. *(läßt Rouleau nach oben. Das Rubenssche Gemälde »Der Raub der Töchter des Leukippos« wird sichtbar)* Zuerst Herr Blöhmann, bitte.

HERR BLÖHMANN *(mit halbgeöffnetem Mund das Bild betrachtend)* Tja . . .

FRAU DR. K. Was sagt Ihnen das Bild . . . ganz kurz . . .

HERR BLÖHMANN Reiter . . . zwei Reiter . . . und Pferde . . .

FRAU DR. K. Sonst nichts?

HERR BLÖHMANN Nein . . . ach ja . . . zwei Damen . . .

FRAU DR. K. Reiten die auch?

HERR BLÖHMANN Nein . . .

FRAU DR. K. Ihr Gesamteindruck . . .

HERR BLÖHMANN Zwei Herren ... geben zwei Damen ... Reitunterricht ...

FRAU DR. K. *(notierend)* ... und Frau Blöhmann, sind Sie anderer Meinung?

FRAU BLÖHMANN Ja ... das ist mehr so Urlaub ... Abenteuerurlaub ... mit Reiten ...

HERR BLÖHMANN Die Herren sind den Damen irgendwie behilflich ...

FRAU DR. K. Herr Blöhmann, helfen *Sie* Ihrer Gattin gelegentlich?

HERR BLÖHMANN Wir reiten nicht ...

FRAU BLÖHMANN Wir haben einen Wellensittich, ein entzückender kleiner Kerl ... ich glaube, ich habe das Farbfoto mit ...

FRAU DR. K. Frau Blöhmann, Sie *lassen* jetzt Ihre Tasche zu!

HERR BLÖHMANN Wie reden Sie denn mit meiner Frau?

FRAU BLÖHMANN Ich wollte Ihnen nur eben Spatzis Farbfoto zeigen ...

FRAU DR. K. Ihr Wellensittich interessiert jetzt nicht!

HERR BLÖHMANN Ach was!

FRAU BLÖHMANN Er gibt mir jeden Morgen einen Kuß ...

FRAU DR. K. Herr Blöhmann, küssen *Sie* Ihre Gattin gelegentlich?

HERR BLÖHMANN Weniger ...

FRAU DR. K. Warum nicht?

HERR BLÖHMANN *(sieht seine Frau an)* ... Es ist zeitlich immer etwas ungünstig ...

FRAU DR. K. Und Sie, Frau Blöhmann?

FRAU BLÖHMANN Mein Gott, ich habe auch meinen Haushalt ...

FRAU DR. K. Ah ja ... Herr Blöhmann, darf ich Sie bitten, Ihre Gattin zu küssen ...

HERR BLÖHMANN Was ist los?

FRAU DR. K. Der Kuß als Ausdruck menschlich-ehelicher Beziehung ist zur Behebung einer chronischen Kontaktschwäche von großer Bedeutung ... bitte, küssen Sie jetzt Ihre Gattin ...

HERR BLÖHMANN Wohin?

FRAU DR. K. Wo Sie wollen ...

FRAU BLÖHMANN *(öffnet ihre Tasche, betupft Mund mit ihrem Taschentuch)*

HERR BLÖHMANN *(nach einem Blick auf seine Gattin)* Nein ... neinein ...

FRAU DR. K. Dann müssen wir die Grundformen des Kusses ganz neu erarbeiten ... *(stellt einen Kunststoffkopf, der auf einer Spirale leicht hin und her pendelt, vor Herrn Blöhmann)* ... Sie nähern sich dem Partnermodell auf etwa 8 bis 12 Zentimeter und sagen »Hallo Schatz« ... dann berühren Sie mit den Lippen die Mundpartie ...

HERR BLÖHMANN Hallo Schatz ... *(küßt)*

FRAU DR. K. Mehrmals bitte. *(Herr Blöhmann küßt)* ... Frau Blöhmann,

Sie sollten Ihren Gatten öfter mal mit einer hübschen Bluse überraschen, einem anderen Lippenstift oder mit einer neuen Frisur . . . Das genügt, Herr Blöhmann . . . bitte Frau Blöhmann . . .

FRAU BLÖHMANN Auf'n Mund?

FRAU DR. K. Sie verhalten sich ganz passiv . . . Sie *lassen* sich küssen *(biegt den Kopf mit der Spirale zurück, so daß er mehrfach auf die Lippen von Frau Blöhmann schnellt)*

HERR BLÖHMANN Was kostet denn so ein Gerät . . .

FRAU DR. K. Das ist im freien Handel nicht erhältlich . . .

HERR BLÖHMANN Auch nicht gebraucht?

FRAU DR. K. Nein . . .

HERR BLÖHMANN Ach . . .

FRAU DR. K. So . . . für heute ist es genug . . .

FRAU BLÖHMANN Einmal noch!

FRAU DR. K. *(setzt es noch einmal in Bewegung)* . . . Und nun üben Sie daheim weiter . . . der leichte Kuß aus der Grundhaltung . . . aneinander-miteinander . . . täglich dreimal . . . *(Alle gehen zur Tür)*

HERR BLÖHMANN Vor oder nach den Mahlzeiten?

FRAU BLÖHMANN . . . Komm jetzt!

FRAU DR. K. *(schließt die Tür, geht auf den Kußkopf zu, wirft sich über ihn und küßt ihn leidenschaftlich)*

# ERWACHSENEN-
# BILDUNG

# *Deutsch für Ausländer*

*In unserer 8. Lektion für die Mittelstufe behandeln wir zunächst den Unterschied zwischen dem unbestimmten Artikel und dem Possessiv-Pronomen, wobei wir gleichzeitig das Konjugieren im Präsens üben.*

*(Ein Herr und eine Dame liegen unbekleidet im Ehebett)*

ER Wie heißen Sie?
SIE Ich heiße Heidelore.
ER Heidelore ist ein Vorname.
SIE Ja, Schmoller ist mein Nachname. Mein Mann heißt Viktor.
ER Ich heiße Herbert.

*Die Endungen der starken und schwachen Verben sind im Präsens gleich. Beachten Sie die Verwendung der Hilfsverben ›sein‹ und ›haben‹ und den richtigen Gebrauch der Zahlwörter.*

SIE Wir besitzen ein Kraftfahrzeug. Mein Mann fährt mit der Bahn ins Büro.
ER Ich bin 37 Jahre alt und wiege 81 Kilo.
SIE Viktor ist fünf Jahre älter und ein Kilo schwerer. Sein Zug fährt morgens um 7 Uhr 36.
ER Mein Onkel wiegt 79 Kilo. Sein Zug fährt um 6 Uhr 45.
SIE Mein Mann ist fest angestellt. Er arbeitet bis 17 Uhr 30.
ER Ich habe drei Cousinen. Sie wiegen zusammen 234 Kilo.

*... und nun bilden wir den Konjunktiv durch Umlaut aus dem Imperfekt des Indikativs und üben das bisher Gelernte.*

SIE Wenn Viktor eine Monatskarte hätte, käme er um 18 Uhr 45.
ER Würde ich vier Cousinen haben, wögen sie 312 Kilo.

*(Der Ehemann betritt das Schlafzimmer)*

VIKTOR Ich heiße Viktor. Ich wiege 82 Kilo.
ER Ich heiße Herbert. Mein Zug fährt um 19 Uhr 26.
SIE Das ist mein Mann.
ER Das ist meine Hose.
VIKTOR Das ist meine Aktentasche.

# *Anstandsunterricht*

*In der Mitte eines kahlen Unterrichtsraumes steht ein länglicher, für drei Personen gedeckter Tisch. Davor befindet sich der Stuhl von Dr. Dattelmann, dem Leiter und einzigen Lehrer des Instituts zum Erlernen kultivierter Umgangsformen. Herr Blühmel ist Mitte Fünfzig und betont korrekt gekleidet.*

DR. DATTELMANN Darf ich bitten . . .

BLÜHMEL *(betritt unsicher den Unterrichtsraum, in dem zwei Damen stehen)*

DR. DATTELMANN Darf ich bekannt machen, das ist Herr Blühmel . . . Frau Schuster, Frau Krakowski, zwei Mitarbeiterinnen unseres Instituts.

BLÜHMEL *(begrüßt beide linkisch mit Handschlag)* Guten Tag.

DR. DATTELMANN Herr Blühmel, Sie haben die Aufgabenstellung in unserem Lehrbuch theoretisch durchgearbeitet.

BLÜHMEL Jawohl.

DR. DATTELMANN *(setzt sich)* In der jetzt folgenden Lehrstunde haben Sie Gelegenheit, das theoretisch Erlernte in der Praxis anzuwenden. Es geht um das kultivierte Verhalten bei Tisch. Frau Schuster und Frau Krakowski stellen Ihre Gattin und eine Bekannte dar während der Einnahme einer gemeinsamen Mahlzeit. Die angebotenen Speisen und Getränke werden nur von Ihnen eingenommen.
Es handelt sich um Aperitif, Vorspeise, Hauptgericht, Dessert und Champagner entsprechend Kapitel eins bis fünf unseres Lehrbuches.
Wir beginnen mit dem korrekten Vorstellen. Darf ich bitten.

BLÜHMEL Na ja, die Damen kennen sich ja.

DR. DATTELMANN Herr Blühmel, die Damen kennen sich eben *nicht!*

BLÜHMEL Ach, die *kennen* sich nicht? Entschuldigung – das ist Frau Schuster . . . Frau Krakowski.

FRAU SCHUSTER Angenehm.

FRAU KRAKOWSKI Angenehm.

DR. DATTELMANN Herr Blühmel, Frau Schuster ist doch Ihre Gattin!

BLÜHMEL Was? Ah so! Frau Krakowski, darf ich Ihnen meine Gattin, Frau Schuster, vorstellen . . .?

FRAU SCHUSTER Angenehm.

FRAU KRAKOWSKI Angenehm.

DR. DATTELMANN *(schüttelt den Kopf, macht eine Notiz)* Den Aperitif bitte!

*(Eine Angestellte bietet auf einem Tablett drei gefüllte Gläser an. Jeder nimmt ein Glas mit abgespreiztem kleinem Finger)*

DR. DATTELMANN Text!

BLÜHMEL Es ist etwas kühl für diese Jahreszeit.

FRAU KRAKOWSKI Dafür hatten wir im Mai drei schöne Tage.

FRAU SCHUSTER Man muß ja auch an die Landwirtschaft denken.

BLÜHMEL Zum Wohl!

*(Blühmel trinkt, die Damen markieren)*

BLÜHMEL Vielleicht möchten Sie sich noch etwas frisch machen vor dem Essen?

FRAU KRAKOWSKI Vielen Dank.

FRAU SCHUSTER Dann darf ich zum Essen bitten.

*(Blühmel nimmt zwischen den Damen Platz)*

DR. DATTELMANN Vorspeise: Hummercocktail mit Weißwein ... Hauptgericht ...

*(Die Angestellte serviert einen Hummercocktail sowie drei gefüllte Weißweingläser)*

BLÜHMEL Wäre ein Glas Weißwein angenehm?

FRAU KRAKOWSKI Ein Gläschen Mosel kann nicht schaden.

BLÜHMEL *(erhebt das Glas)* Meine Gattin und ich freuen sich, daß Sie, sehr verehrte gnädige Frau, uns heute abend die Ehre erweisen. Zum Wohl!

*(Blühmel trinkt, die Damen markieren)*

FRAU SCHUSTER Zum Wohl.

FRAU KRAKOWSKI Zum Wohl. Ein gutes Tröpfchen.

FRAU SCHUSTER Köstlich!

BLÜHMEL *(das Glas gegen das Licht haltend)* Nicht zu schwer und nicht zu leicht. *(setzt ab und beginnt zu essen)*

DR. DATTELMANN Herr Blühmel . . .

BLÜHMEL Ja bitte?

DR. DATTELMANN Sie müssen jetzt mit der Konversation beginnen.

BLÜHMEL Jawohl. *(sieht starr geradeaus)* Gnädige Frau, ich habe einen . . .

DR. DATTELMANN Zu Frau Krakowski bitte!

BLÜHMEL *(zu Frau Krakowski)* Gnädige Frau, ich habe einen verwitweten Schwippschwager Ihres Namens in Elberfeld.

FRAU KRAKOWSKI Das ist interessant. In Elberfeld gibt es eine erstklassige Kunstgewerbeschule.

BLÜHMEL *(zu Frau Schuster)* Erstklassig sind auch die Hummercocktails, meine Liebe . . .

FRAU SCHUSTER Als Hauptgang gibt es Pökelzunge in Burgunder mit Klößen . . .

*(Die Angestellte serviert Herrn Blühmel einen gefüllten Teller und eine Flasche Rotwein mit eingedrehtem Korkenzieher)*

BLÜHMEL Das ist mein Leibgericht . . . ich glaube, da wäre eine Flasche Rotwein angebracht. *(versucht vergeblich, die Flasche zu entkorken)*

FRAU SCHUSTER Rotwein ist sehr bekömmlich. *(zieht für ihn den Korken heraus)*

FRAU KRAKOWSKI Sie sind ein Kenner . . .

BLÜHMEL *(riecht an Korken und Flasche, gießt ein, probiert und liest das Etikett)* Ein 64er Sch . . . *(sieht unsicher zu Dr. Dattelmann)* Sch . . .

DR. DATTELMANN Château Lafite.

BLÜHMEL Château Lafite. *(gießt den Damen ein, beginnt zu essen; erhebt sein Glas)*

DR. DATTELMANN Finger!

BLÜHMEL *(spreizt kleinen Finger)* Ich trinke auf unseren verehrten Gast, die Hausfrau und das, was wir lieben. *(trinkt und ißt)*

FRAU KRAKOWSKI Mein Bekannter und ich waren im letzten Sommer auf einem Campingplatz bei Saarbrücken. Dort war es sehr sauber.

BLÜHMEL *(weiter essend)* Auf dem Campingplatz in Bozen liegen die Toiletten separat . . .

DR. DATTELMANN Waschräume, Herr Blühmel, Waschräume . . .

BLÜHMEL . . . die Waschräume . . . liegen die Waschräume separat . . .

FRAU SCHUSTER Ich dachte, die Waschräume auf ausländischen Campingplätzen seien weniger gepflegt als in Deutschland.

BLÜHMEL Mit Ihnen trinke ich am liebsten . . . *(erhebt sein Glas, trinkt)* Wenn meine Gattin Klöße zubereitet, sind sie leicht und bekömmlich. *(ißt zu Ende)*

DR. DATTELMANN Kapitel vier, Obst.
*(Ein Teller mit einem Pfirsich wird aufgetragen)*

FRAU SCHUSTER Köstlich.

FRAU KRAKOWSKI Wie erfrischend!

BLÜHMEL *(schält Pfirsich, teilt ihn, ißt ein Viertel)* Das Beste sitzt unter der Haut . . .

DR. DATTELMANN Champagner!
*(Drei Gläser werden serviert)*

FRAU KRAKOWSKI Sie verwöhnen uns! *(erheben die Gläser)*

BLÜHMEL Meine Damen, es war mir ein Vergnügen.

*(trinkt sein Glas aus und sieht erwartungsvoll auf Dr. Dattelmann)*

DR. DATTELMANN Vielen Dank, Herr Blühmel, gar nicht schlecht, gar... nicht... so... schlecht!
Es sind da noch einige Unebenheiten in der Konversation, aber das kriegen wir schon hin. Darf ich um den zweiten Durchlauf bitten?

BLÜHMEL *(irritiert)* Den zweiten...?! *(Blühmel erhebt sich mit den beiden Damen und ergreift den erneut angebotenen Aperitif)*

DR. DATTELMANN Aperitif, Vorspeise, Hauptgericht, Dessert und Champagner. Sie können den Ablauf etwas rascher gestalten. Und bitte während der Konversation das Leeren des Tellers nicht vergessen!

BLÜHMEL Jawohl... Es ist etwas kühl für diese Jahreszeit...

FRAU KRAKOWSKI Dafür hatten wir im Mai drei schöne Tage.

FRAU SCHUSTER Man muß ja auch an die Landwirtschaft denken.

BLÜHMEL *(trinkt; die Damen markieren)*

BLÜHMEL *(leicht angetrunken)* Vielleicht möchten Sie sich noch etwas frisch machen?

FRAU KRAKOWSKI Vielen Dank.

FRAU SCHUSTER Dann darf ich zum Essen bitten.
*(Alle drei nehmen Platz)*

DR. DATTELMANN Hummercocktail mit Weißwein, Hauptgericht!
*(Angestellte serviert drei Hummercocktails und drei Gläser Weißwein)*

BLÜHMEL Wäre ein Glas Weißwein angenehm?

FRAU KRAKOWSKI Ein Gläschen Mosel kann nicht schaden.

BLÜHMEL *(erhebt das Glas)* Meine Gattin und ich freuen sich, daß Sie, sehr verehrte gnädige Frau, uns heute abend die Ehre erweisen. Zum Wohl!

FRAU SCHUSTER Zum Wohl!

FRAU KRAKOWSKI Zum Wohl!
*(Blühmel trinkt. Die Damen markieren)*

FRAU KRAKOWSKI Ein gutes Tröpfchen.

FRAU SCHUSTER Köstlich.

BLÜHMEL *(hält das Glas gegen das Licht)* Nicht zu schwer und nicht zu leicht... *(ißt und trinkt appetitlos)*
*(zu Frau Krakowski)* Ich habe einen verwitweten Schwippschwager Ihres Namens in Elberfeld.

FRAU KRAKOWSKI Das ist interessant, in Elberfeld gibt es auch eine erstklassige Kunstgewerbeschule.

BLÜHMEL Erstklassig sind auch die Hummercocktails, meine Liebe.

FRAU SCHUSTER Als Hauptgang gibt es Pökelzunge in Burgunder mit Klößen.

*(Das Essen wird aufgetragen und eine Flasche Rotwein mit Korkenzieher)*

BLÜHMEL Das ist mein Leibgericht. *(sieht auf das Essen, unterdrückt einen Schluckauf, entkorkt, riecht an Korken und Flasche)* Ich glaube, da wäre eine Flasche Rotwein angebracht.

FRAU SCHUSTER Rotwein ist sehr bekömmlich.

FRAU KRAKOWSKI Sie sind ein Kenner.

BLÜHMEL *(gießt sich ein, probiert)* Ein 64er Sch ... Sch ...

DR. DATTELMANN Château Lafite ...

BLÜHMEL Château Lafite. *(gießt den Damen ein, erhebt sein Glas)* Ich trinke auf unseren verehrten Gast, die Hausfrau und das, was wir lieben. *(trinkt und ißt gequält)*

FRAU KRAKOWSKI Mein Bekannter und ich waren im letzten Sommer auf einem Campingplatz bei Saarbrücken. Dort war es sehr sauber.

BLÜHMEL *(das Sprechen beginnt ihm Schwierigkeiten zu machen)* Auf dem Campingplatz in Bozen liegen die Toiletten ... äh ... Waschräume ... die Waschräume separat.

FRAU SCHUSTER Ich dachte, die Waschräume auf ausländischen Campingplätzen seien weniger gepflegt als in Deutschland.

BLÜHMEL *(erhebt sein Glas)* Mit Ihnen trinke ich am liebsten. *(trinkt; ißt mit starkem Widerwillen)* Wenn meine Gattin Klöße zubereitet, sind sie leicht und bekömmlich.

*(Teller wird abgeräumt)*

DR. DATTELMANN Kapitel vier, Obst! *(Der Pfirsich wird aufgetragen)*

FRAU SCHUSTER Köstlich!

FRAU KRAKOWSKI Wie erfrischend!

BLÜHMEL *(schält den Pfirsich, der Pfirsich rutscht ihm aus der Hand in den Schoß und auf den Fußboden; er hebt ihn auf, ißt im Auftauchen)* Das Beste sitzt unter der Haut.

DR. DATTELMANN Champagner! *(Drei Gläser Champagner werden serviert)*

FRAU KRAKOWSKI Sie verwöhnen uns!

BLÜHMEL Meine Damen, es war mir ein Vergnügen.

*(Blühmel trinkt aus und sieht Dr. Dattelmann verschwommen an)*

DR. DATTELMANN Ja ... Im großen ganzen nicht übel – nur vermisse ich noch beim Genuß der Speisen die Gewandtheit des passionierten Feinschmeckers. Das werden Sie jetzt beim dritten Durchlauf korrigieren ...

BLÜHMEL Was ... was werd ich ...?

DR. DATTELMANN Aperitif und Vorspeise bitte ...

BLÜHMEL Sie meinen ... *(steht schwankend auf und leert den angebotenen Aperitif in einem Zug)* Es ist etwas kühl für diese Jahreszeit.

FRAU KRAKOWSKI Dafür hatten wir im Mai drei schöne Tage.

FRAU SCHUSTER Man muß ja auch an die Landwirtschaft denken.

BLÜHMEL *(mit schwerer Zunge)* Vielleicht möchten Sie noch etwas machen ... frisch machen?

FRAU KRAKOWSKI Vielen Dank.

FRAU SCHUSTER Dann darf ich zum Essen bitten.

*(Hummercocktails und drei Gläser Weißwein werden serviert)*

DR. DATTELMANN Hummercocktails mit Weißwein, Hauptgericht.

BLÜHMEL Wäre ein Glas Weißwein angenehm?

FRAU KRAKOWSKI Ein Gläschen Mosel kann nicht schaden.

BLÜHMEL *(erhebt sein Glas)* Meine Gattin und ich freuen sich, daß Sie, verehrte gnädige Frau, uns heute abend die Ehre erweisen ... zumwohljawohl ...

FRAU SCHUSTER Köstlich!

FRAU KRAKOWSKI Ein gutes Tröpfchen!

BLÜHMEL *(ißt und trinkt angewidert. Spricht lallend)* Nicht zu schwer und

DR. DATTELMANN Herr Blühmel! Erstklassig ...

BLÜHMEL Hä . . .

DR. DATTELMANN *(scharf)* Erstklassig, Herr Blühmel, sind auch . . .

BLÜHMEL Erstklassig, Herr Blühmel, sind auch die Hummercocktails.

FRAU SCHUSTER Als Hauptgang gibt es Pökelzunge in Burgunder mit Klößen . . .

*(Das Essen und eine Flasche Rotwein werden aufgetragen)*

BLÜHMEL *(gegen Trunkenheit und Ekel ankämpfend)* Das . . . das . . . das ist mein Leibgericht . . . ich glaube, da wäre eine . . . eine . . . Flasche Rotwein angebracht.

FRAU SCHUSTER Rotwein ist sehr bekömmlich.

FRAU KRAKOWSKI Sie sind ein Kenner.

BLÜHMEL *(entkorkt schwankend die Flasche)* Ein 64er Sch . . .

DR. DATTELMANN Château Lafite . . .

BLÜHMEL Schlafit . . . Ich trinke auf unseren verehrten Gast, die Hausfrau und das . . . (Schluckauf) . . . Hoppsa! . . .

FRAU KRAKOWSKI Mein Bekannter und ich waren im letzten Sommer auf einem Campingplatz bei Saarbrücken. Dort war es sehr sauber.

BLÜHMEL Ach was?!

DR. DATTELMANN Herr Blühmel!

BLÜHMEL Hm? . . . äääh . . . auf dem Campingplatz in Bozen liegen die Waschräume separat . . . du fette Schnecke!

FRAU SCHUSTER Ich dachte, die Waschräume auf ausländischen Campingplätzen seien weniger gepflegt als in Deutschland.

BLÜHMEL *(spießt ein Stück Kloß auf die Gabel und tippt sich damit an die Brust)* Wenn *meine* Gattin Klößе zubereitet, sind *Sie* leicht und bekömmlich.

DR. DATTELMANN Herr Blühmel, entschuldigen Sie, wenn ich hier unterbreche . . .

BLÜHMEL Bittebitte.

DR. DATTELMANN Das ist schon ganz hervorragend, Herr Blühmel. Leider hatte eben Ihre Haltung etwas nachgelassen. Darf ich den Verzehr des Hauptgerichtes noch einmal sehen?

BLÜHMEL *(mit erhobenem Zeigefinger lallend)* Nein – neinnein! nicht zu leicht. . . . Übrigens! . . . Ich habe da noch einen erstklassigen Schwippschwager Ihres Namens in Pökelfeld.

FRAU KRAKOWSKI Das ist interessant, in Elberfeld gibt es auch eine erstklassige Kunstgewerbeschule.

BLÜHMEL *(starrt mit glasigen Augen auf Frau Krakowski)*

DR. DATTELMANN Erstklassig . . .

BLÜHMEL . . .

DR. DATTELMANN Das ist Ihr Einsatz, Frau Schuster.

BLÜHMEL *(steht taumelnd auf)* O ... O ... ohne mich ...

FRAU SCHUSTER Als Hauptgang gibt es Pökelzunge in Burgunder mit Klößen.

*(Essen und Rotweinflasche werden aufgetragen; Blühmel läßt sich auf seinen Stuhl fallen)*

BLÜHMEL *(schwer betrunken)* Das ist ... das ... das ist ... mm ... mein Leibgericht. Ich glaube ... ich *glau ... be,* da wäre eine Flasche Rotwein ange ... angebracht. *(entkorkt die Flasche mit dramatischer Bewegung, riecht lange an Korken und Flasche, schläft ein)*

FRAU SCHUSTER Rotwein ist sehr bekömmlich!

FRAU KRAKOWSKI Sie sind ein Kenner!

DR. DATTELMANN Herr Blühmel!

BLÜHMEL *(gießt planschend in sein Glas und den Damen über die Hände, die diese über ihre Gläser gehalten haben)* Das ist 64er Château Lafite! Ich trinke auf unseren verehrten Gast, die Hausfrau und das, was wir lieben ... *(kämpft gegen Schluckauf)*

FRAU KRAKOWSKI Mein Bekannter und ich waren im letzten Sommer auf einem Campingplatz bei Saarbrücken. Dort war es sehr sauber.

BLÜHMEL *(gereizt)* Aber auf dem Campingplatz in Bozen liegt mein Schwippschwager parat, mein eingepökelter Schwippschwager!

FRAU SCHUSTER Ich dachte, die Waschräume auf ausländischen Campingplätzen seien weniger gepflegt als in Deutschland.

BLÜHMEL Hast du gedacht ... was!? ... und an die Landwirtschaft hast du mal wieder überhaupt nicht gedacht! ... Hab ich mir gedacht, du sauberer gepflegter Campingkloß ... ha!! ... mit Ihnen ... mit ... mit Ihnen trinke ich am liebsten ... wirklich ... am allerallerallerliebsten ...

DR. DATTELMANN Vielen Dank, Herr Blühmel, darf ich Sie nun bitten, Ihr Diplom in Empfang zu nehmen.

# *Die Jodelschule*

*Etwa fünfundzwanzig Schüler im Alter zwischen dreißig und zig Jahren sitzen im Unterrichtsraum eines Instituts für Erwachsenenbildung. Der Lehrer diktiert, die Schüler schreiben mit.*

LEHRER Holleri di dudl jö ... *(langsam wiederholend)* Holleri di dudl jö ...

DR. SUDERMANN Wie schreibt man »di dudl«?

LEHRER Wie man's spricht: Di – du – dl ... *(fährt fort)* Diri di di dudl dö ... *(langsam wiederholend)* Diri di di dudl dö ...

LILIENCRON Du – del?

LEHRER Dl ... dudl ... *(fährt fort)* Hollera di dadl do ... *(langsam wiederholend)* ... Hollera di dadl do ... Holleri du dödl di ... *(langsam wiederholend)* ... Holleri du dödl di ... Diri diri dudl dö ... *(langsam wiederholend)* ... Diri ... diri dudl dö ... das genügt ... Wir wollen versuchen, die bisher erarbeiteten Grundmotive des Erzherzog-Johann-Jodlers frei vorzutragen ... bitte Herr Doktor Sudermann ... Holleri ...

DR. SUDERMANN *(langsam)* Holleri ... di ...

LEHRER Dudl ...

DR. SUDERMANN Dudl ...

LEHRER Jö ...

DR. SUDERMANN Jö ...

LEHRER Herr v. Liliencron ... Hollera ...

LILIENCRON Hollera di dadl do ...

LEHRER Danke ... Frau Hoppenstedt ...

FRAU HOPPENST. Hollera da didl ...

LEHRER *(unterbricht)* Holleri ...

FRAU HOPPENST. Holleri di dudl du ...

LEHRER *(unterbricht)* Du dödl di ...

FRAU HOPPENST. Äh ... Holleri du dödl du ...

LEHRER Du dödl di ... im ganzen Satz ...

FRAU HOPPENST. Hollerö dö dudl dö ...

LEHRER Du dödl di! Dö dudl dö ist zweites Futur bei Sonnenaufgang ... Holleri du didl do ...

FRAU HOPPENST. *(verbessernd)* ... Di dudl dö ...

LEHRER Äh ... du dödl di ...

FRAU HOPPENST. Hollahi . . .

LEHRER Holleri . . .

FRAU HOPPENST. Holleri . . . dö didl . . .

LEHRER Du dödl . . .

FRAU HOPPENST. Du dödl di . . .

LEHRER Und alle bitte . . .

SCHÜLER Holleri du dödl di . . . diri diri dudl dö . . .

LEHRER Danke, das war's für heute . . . Wir sehen uns wieder am Donnerstag um 15 Uhr 30 . . .

*(Die Schüler verlassen den Schulraum. Reporter Schmoller vertritt Frau Hoppenstedt den Weg. Der Lehrer tritt dazu.)*

SCHMOLLER Entschuldigen Sie, ich komme von Radio Bremen . . . würden Sie so freundlich sein und für unser Frauenjournal ganz kurz ein paar Fragen beantworten . . .?

FRAU HOPPENST. Wenn es nicht zu lange dauert . . .

SCHMOLLER Wie ist Ihr Name?

FRAU HOPPENST. Hoppenstedt . . .

SCHMOLLER Herr Dr. Vogler, wie erklären Sie sich den ständig wachsenden Zulauf Ihres Institutes?

LEHRER Ja, da haben Sie ganz recht . . . Herr . . . Schmoller . . . ich habe das Vogler-Institut . . . das Institut für modernes Jo-

deln ... persönlich ins Leben gerufen ... Das Jodeln ... also das Diplomjodeln ... das Jodeln mit Jodeldiplom ... also mit Jodelabschluß ... mit Jodeldiplomabschluß unterscheidet sich vom Jodeln ohne Jodeldiplom. Das Diplomjodeln ist also nicht zu vergleichen mit dem Normaljodeln ohne Diplom ... Also ohne Jodelabschluß ... Jodeldiplomabschluß ...

SCHMOLLER *(zu Frau Hoppenstedt)* Frau Hoppenstedt, was hat Sie als Frau veranlaßt, in eine Jodelschule einzutreten?

FRAU HOPPENST. Da regt mich ja die Frage schon auf! Was heißt denn »Sie als Frau«?! Eine Berufsausbildung ist doch nicht grundsätzlich von Männern gepachtet!

SCHMOLLER ... Ich meine ja auch nicht ...

FRAU HOPPENST. ... Ich finde, gerade eine Hausfrau mit Familie sollte eine abgeschlossene Berufsausbildung haben. Wenn mal die Kinder aus dem Haus sind oder es passiert irgendwas ... dann habe ich nach zwei Jahren Jodelschule mein Jodeldiplom ... da hab ich was in der Hand ... und ich habe als Frau das Gefühl, daß ich auf eigenen Füßen stehe ... Da hab ich was Eigenes ... da hab ich mein Jodeldiplom. Ich möchte auch als Frau eine sinnvolle Tätigkeit ausüben und nicht nur am Kochtopf stehen und meinem Mann die Hausschuhe hinterhertragen ...

SCHMOLLER Ist Ihr Gatte auch dieser Ansicht?

FRAU HOPPENST. Mein Mann möchte eine echte Partnerin haben, die ihre eigenen geistigen Fähigkeiten entwickelt ... für die Familie, für die Gesellschaft ...

SCHMOLLER Holleri du dödl do ...

FRAU HOPPENST. Di dudl dö ...

LEHRER Du dödl di!

*Herr Hoppenstedt tritt dazu, um seine Frau abzuholen.*

FRAU HOPPENST. Das ist mein Mann ... Herr Schmoller ...

HERR HOPPENST. Hoppenstedt ...

SCHMOLLER Angenehm ...

HERR HOPPENST. Angenehm ... Sie jodeln mit meiner Frau?

SCHMOLLER Nein, ich bin von Radio Bremen ...

HERR HOPPENST. Ach! ... meine Frau jodelt beruflich ...

FRAU HOPPENST. Herr Schmoller hat gerade ein Interview für den Frauenfunk ...

HERR HOPPENST. *(unterbricht)* ... Sie studiert hier Jodeln an der Fachschule für Jodeln ...

SCHMOLLER Ich habe gerade mit Ihrer Frau ...

HERR HOPPENST. *(unterbricht)* ... und macht dann in zwei Jahren ihr Jodeldiplom ...

FRAU HOPPENST. Das habe ich eben ...

HERR HOPPENST. Dann ist sie selbständig ... eine Frau sollte heutzutage eine abgeschlossene Ausbildung haben und auf eigenen Füßen stehen ...

SCHMOLLER Ich habe das ...

HERR HOPPENST. ... Man braucht als Mann eine Partnerin ... eine Frau mit eigenem Lebensbereich ...

FRAU HOPPENST. Jaja ...

HERR HOPPENST. Sie muß ihre persönlichen Fähigkeiten entwickeln, damit sie was Eigenes hat ...

SCHMOLLER Ja ...

HERR HOPPENST. ... Wenn die Kinder mal aus dem Haus sind, dann hat sie ihr Jodeldiplom ... dann hat sie was Eigenes ... *(betretenes Schweigen)*

SCHMOLLER Tja ... dann also ... *(verabschiedet sich durch Kopfnicken und entfernt sich)*

HERR HOPPENST. Die tun immer so, als wüßten sie alles ...

FRAU HOPPENST. Ich habe ihm das alles doch eben schon ...

HERR HOPPENST. *(unterbricht)* ... Du solltest mich vor allem nicht unterbrechen, wenn ich einem Herrn etwas mitzuteilen habe ...

# POLITIK UND WIRTSCHAFT

# *Bundestagsrede*

MODERATOR Guten Abend, meine Damen und Herren, seit kurzem hat sich die Szene in Bonn verändert. Der zur Zeit parteilose Abgeordnete Werner Bornheim hielt eine Rede, die für einen neuen politischen Stil richtungweisend sein könnte. Werner Bornheim gehörte in der Weimarer Republik der Deutschen Volkspartei an, wurde nach dem Kriege Mitglied der L.A.P., wechselte 1952 aus Gewissensgründen zur CDU und stieß 1957 zur F.D.P. 1961 legte er jedoch sein Mandat nieder und wurde Landtagsabgeordneter der SPD. 1964 überwarf er sich mit dieser Partei und zog als CSU-Abgeordneter in den Bundestag ein. Danach war er noch je zweimal Abgeordneter der SPD und der CDU, bevor er aus Gewissensgründen vorerst die Parteilosigkeit wählte. Die Rede, die Werner Bornheim am vergangenen Montag im Bundestag hielt, stellt durch ihre Unbestechlichkeit und ihre politische Linie, so meine ich, alles in den Schatten, was man an Äußerungen von seiten der Regierung gehört hat.

W. BORNHEIM Meine Damen und Herren, Politik bedeutet, und davon sollte man ausgehen, das ist doch – ohne darumherumzureden – in Anbetracht der Situation, in der wir uns befinden. Ich kann meinen politischen Standpunkt in wenige Worte zusammenfassen: Erstens das Selbstverständnis unter der Voraussetzung, zweitens, und das ist es, was wir unseren Wählern schuldig sind, drittens, die konzentrierte *Beinhaltung* als Kernstück eines zukunftweisenden Parteiprogramms.

Wer hat denn, und das muß vor diesem hohen Hause einmal unmißverständlich ausgesprochen werden. Die wirtschaftliche Entwicklung hat sich in keiner Weise ... Das wird auch von meinen Gegnern nicht bestritten, ohne zu verkennen, daß *in* Brüssel, *in* London die Ansicht herrscht, die Regierung der Bundesrepublik habe da – und, meine Damen und Herren ... warum auch nicht? Aber *wo haben* wir denn letzten Endes, ohne die Lage unnötig zuzuspitzen? *Da,* meine Damen und Herren, liegt doch das Hauptproblem.

Bitte denken Sie doch einmal an die *Alters*versorgung. *Wer war* es denn, der seit 15 Jahren, und wir wollen einmal davon

absehen, daß niemand behaupten kann, als hätte sich damals – so geht es doch nun wirklich nicht!
Wir haben immer wieder darauf hingewiesen, daß die Fragen des Umweltschutzes, und ich bleibe dabei, wo kämen wir sonst hin, wo bliebe unsere Glaubwürdigkeit? Eins steht doch fest und darüber gibt es keinen Zweifel. Wer das vergißt, hat den Auftrag des Wählers nicht verstanden. Die Lohn- und Preispolitik geht *von* der Voraussetzung aus, daß die mittelfristige Finanzplanung, und *im* Bereich der Steuerreform ist das schon immer von ausschlaggebender Bedeutung gewesen . . .
Meine Damen und Herren, wir wollen nicht vergessen, draußen im Lande, und damit möchte ich schließen. Hier und heute stellen sich die Fragen, und ich glaube, Sie stimmen mit mir überein, wenn ich sage . . . Letzten Endes, wer wollte das bestreiten! Ich danke Ihnen . . .

# *Kulturaustausch*

Zur Intensivierung des internationalen Kulturaustausches traf der französische Kultusminister Jean-Jacques Fouquin in Moskau ein.

Auf dem Flugplatz Sheremtyevo wurde die französische Delegation vom sowjetischen Kultusminister Wassili Nikitschenko erwartet. Dem Treffen wird diesseits und jenseits des Eisernen Vorhangs größte Bedeutung beigemessen. Nach den ersten Bemühungen General de Gaulles in den sechziger Jahren gilt diese Begegnung als entscheidender Schritt zur Normalisierung der Beziehungen der beiden Kulturnationen.

Wassili Nikitschenko gehört seit 1932 zum inneren Führungsring des Zentralkomitees der KPdSU, er leitete von 1947 bis 1949 den Planungsstab der Schwerindustrie, reorganisierte von 1950 bis 1952 die Agrargenossenschaften der Sowjetrepublik Kasachstan und ist seit 1967 Mitglied des Obersten Sowjet. Er gilt als zäher Verhandler.

Minister Fouquin ist seit 1954 ununterbrochen im Amt und damit Frankreichs dienstältester Minister. Rang und Qualifikation beider Politiker lassen vermuten, daß die Gespräche mit ebensoviel Sachkenntnis wie Beharrlichkeit geführt werden.

BOEING

# *Staatsbesuch*

*Ein Filmbericht über den Besuch des neuen Machthabers der Republik Olivia beim Bundespräsidenten.*

SPRECHER Seit dem erfolgreichen Putsch vom 29. Juni durch General Carlos Alberto Rodriguez Algeciras ist die südamerikanische Republik Olivia Militärdiktatur. Als neuer Staatspräsident machte General Algeciras heute vormittag mit seiner Gattin, Maria Mercedes Menendez Paz, einen ersten offiziellen Besuch in der Villa Hammerschmidt.

Das Spezialfahrzeug des Diktators stammt aus einer Untertürkheimer Automobilfabrik, wurde jedoch in Südamerika umgebaut. Eine 8 mm starke Panzerung, kugelsicheres Glas und einbruchsichere Stahlschlösser garantieren absolute Sicherheit gegen ein Attentat auf das Staatsoberhaupt. Das Fahrzeug ist eigens zum Bonner Besuch des Diktators in die Bundesrepublik eingeflogen worden.

Als zeitraubend erwies sich jedoch der Umstand, daß die Limousine nicht protokollgerecht zu öffnen war.

Ein Versuch, den Fehler im Türverriegelungssystem auf handwerkliche Weise zu beheben, schlug fehl.

Als es auch durch energischen Einsatz der Polizeiorgane nicht gelang, die verklemmten Türen zu lockern, trafen auf Anordnung des Bundespräsidialamtes gegen 11.20 Uhr Mechaniker einer nahegelegenen Kfz-Werkstätte mit Spezialgeräten ein.

Sie wurden ermächtigt, das gepanzerte Fahrzeug an seiner schwächsten Stelle, nämlich von unten aufzuschweißen.

Schon nach etwa 8 Minuten wurden der Staatspräsident und seine Gattin unter den Klängen der Nationalhymne stark verschmutzt ins Freie gezogen. Wie aus gut unterrichteten Kreisen der Militärdiktatur verlautet, ist eine Säuberung des Präsidenten im Hinblick auf seine bevorstehende Erschießung nicht erforderlich.

A - 001

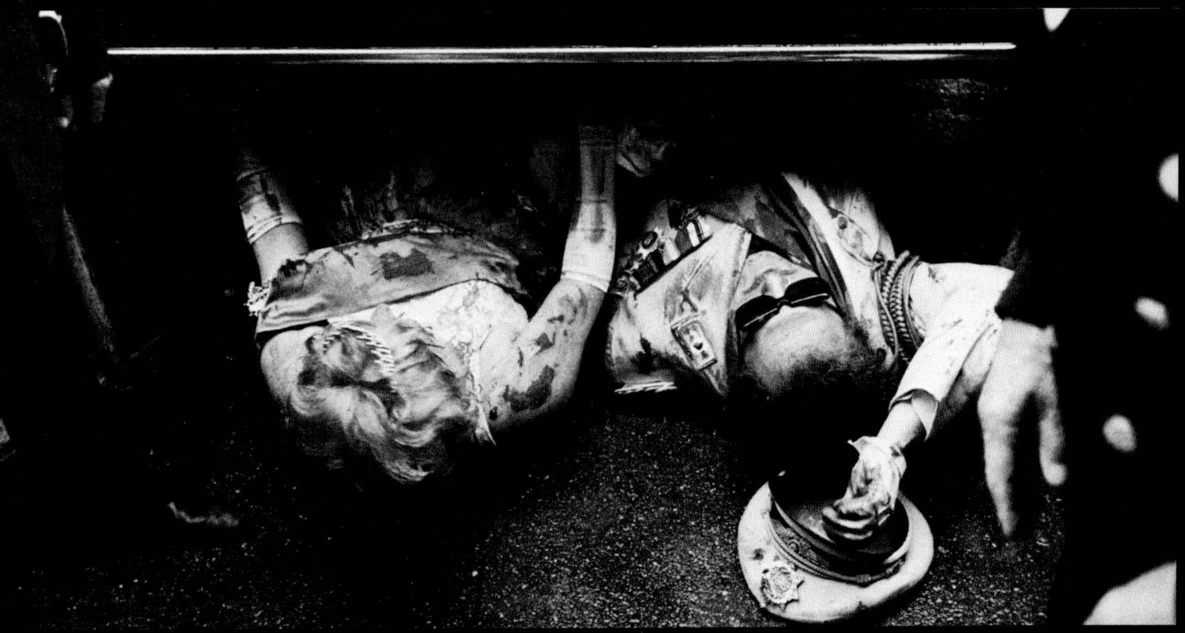

# *Olympia-Boykott 1980*

*Fernsehstudio. Im Hintergrund befindet sich das Wahrzeichen der Olympischen Spiele in Moskau. Davor sitzt der Moderator, links Dr. Klemm, rechts Heidi Winkler.*

MODERATOR Guten Abend, meine Damen und Herren, in unserem Olympia-Studio haben wir heute Heidi Winkler zu Gast, die deutsche Meisterin im Zehnkampf und Führerin unserer Olympia-Damen-Mannschaft. Als Gesprächspartner begrüßen wir Herrn Ministerialdirigent Dr. Klemm, persönlicher Referent für Leibesübungen im Bonner Krisenstab. Herr Doktor Klemm ... ich möchte einmal ganz direkt fragen: Eine bundesdeutsche Olympia-Mannschaft in Moskau ... ja oder nein ...

DR. KLEMM Das ist richtig, Herr Jensen ...

MODERATOR Heidi, Sie gelten als sichere Anwärterin auf eine Medaille, was würden Sie dazu sagen, wenn Sie nicht nach Moskau fahren dürften?

HEIDI Spitze! Dann hätte ich bis zur nächsten Olympiade noch vier Jahre Zeit, meine Leistung zu steigern. Wir Leichtathleten sind ja sowieso erst mit Anfang 50 so richtig in Hochform ...

MODERATOR Ach! Dann ist der Olympia-Boykott eigentlich eine kluge sportliche Entscheidung ...

DR. KLEMM Ganz recht ... außerdem hat die große gemeinsame Enttäuschung aller Nationen etwas sehr Völkerverbindendes ...

MODERATOR Mehr als die Olympischen Spiele?

DR. KLEMM Ich bitte Sie, Herr Jensen, dieses verbissene Kämpfen, Schlagen und Siegen paßt einfach nicht mehr in unsere Welt des friedlichen Nebeneinanders ...

HEIDI ... Aber wenn die Russen in Afghanistan einmarschieren, können wir Sportler doch auch in Moskau einmarschieren ...

DR. KLEMM Frau Winkler, wir wollen doch nicht zum letzten Mittel greifen, bevor wir nicht alle anderen Möglichkeiten zu einer friedlichen Lösung ausgeschöpft haben ...

HEIDI Ich dachte, wir Sportler könnten dazu beitragen! ...

MODERATOR Heidi meint, dazu könnten die Sportler beitragen ...

DR. KLEMM Im Gegenteil, Frau Winkler, zur Zeit stören die Sportler den reibungslosen Ablauf der Weltpolitik ...

MODERATOR Herr Dr. Klemm meint, daß die Sportler eher . . .

HEIDI Ach so . . . und wie soll die Olympiade in Zukunft . . .

DR. KLEMM Künftig werden die Wettkämpfe jeweils an einem kleinen unbekannten Ort ausgetragen, der geheimgehalten wird . . .

MODERATOR . . . Und wer nimmt daran teil?

DR. KLEMM Das wird ebenfalls geheimgehalten. Auch die Sieger bleiben geheim und alle Wettkampfergebnisse . . .

HEIDI Das ist Spitze . . .

DR. KLEMM . . . Und die klassische Olympische Idee, das friedliche Kräftemessen, das wird auf der politischen Ebene ausgetragen . . .

MODERATOR . . . Da geht es ja häufig auch um Sekunden . . .

HEIDI . . . Und wir Sportlerinnen freuen uns darauf, wenn wirklich die besten Männer der großen Politik aus den Vereinigten Staaten und der Sowjetunion zeigen, was sie können . . . wer ist als erster in Pakistan, wer marschiert schneller in Jugoslawien ein, wo sind die Agenten eher am Ball . . . und wer

gewonnen hat, steht auf dem Siegerpodest, und überall in der Welt müssen sie seine Nationalhymne singen . . .

MODERATOR *(gedämpft zu Dr. Klemm)* . . . Gibt es denn irgendwelche Pläne für den Fall, daß Sportler aus dem Westen an den Spielen teilnehmen wollen?

DR. KLEMM *(flüsternd)* . . . Ja . . . aber das ist vorläufig noch vertraulich . . . Es ist daran gedacht, die olympiawilligen Sportler aus den USA, der Bundesrepublik und anderen Nationen ohne viel Aufhebens nachts mit Hubschraubern in der Nähe von Moskau abzusetzen . . .

MODERATOR *(flüsternd)* . . . Ah . . . ja . . . vielen Dank . . .

# *Der Wähler fragt*

*Fernsehstudio. An einem länglichen Tisch sitzen die Vertreter der Parteien, ein älterer Herr und die Moderatorin.*

MODERATORIN Zu unserem ersten Gespräch »Der Wähler fragt – Politiker antworten« begrüßen wir vier prominente Politiker der im Bundestag vertretenen Parteien: Herrn Dr. Ziesemann von der CDU, Professor Ludwig Brommert, SPD, Herrn Dr. Langkofel, CSU, Claus-Hinrich Wöllner von den Freien Demokraten und als Wähler Herrn Wilhelm Hoppenstedt. Meine Herren, eine Wahl erinnert mich immer an die Ehe: Vorher wird viel versprochen, hinterher wenig gehalten ... *(sie lacht übertrieben, die Politiker fixieren sie eisig)* Heute hat nun ein Wähler Gelegenheit, Antwort auf seine Fragen zu erhalten. Gewissermaßen stellvertretend für viele Millionen Bundesbürger, die ähnliche Fragen auf dem Herzen haben. Herr Hoppenstedt, stellen Sie nun Ihre erste Frage, und bitte nicht zu lang, damit wir heute abend möglichst viele Themen besprechen können.

HOPPENSTEDT *(sieht ratlos hin und her)* Können Sie die Frage nochmal wiederholen?

MODERATORIN Herr Hoppenstedt, *Sie* sollen diesen *Herren* eine Frage stellen!

HOPPENSTEDT Ach so ... *(zögert)* ... äh ... Was ist der Unterschied ...

MODERATORIN Ein bißchen lauter ...

HOPPENSTEDT ... zwischen einem Eichhörnchen und einem Klavier?

ZIESEMANN Ja wissen Sie, Herr Hoppenstedt, aus der Sicht der CDU ...

MODERATORIN Wir hatten eigentlich mehr an eine Frage aus dem politischen Bereich gedacht ...

HOPPENSTEDT Na ... denn ... was ist der Unterschied zwischen ... CDU und SPD?

MODERATORIN Herr Professor Brommert, vielleicht würden Sie ...

BROMMERT Das ist ganz einfach. Die SPD, Herr Hoppenstedt, hat den Blick auf die Zukunft und den Fortschritt gerichtet, während die CDU/CSU sich noch völlig im weltanschaulichen Mustopf befindet ...

LANGKOFEL Wo bin i?

ZIESEMANN Diese unqualifizierte Äußerung, Herr Brommert, entspricht

noch ganz dem Hintertreppen-Niveau Ihres Wahlkampfes . . .

LANGKOFEL Gell . . .

ZIESEMANN Herr Hoppenstedt, die CDU garantierte jahrzehntelang Wohlstand, während die SPD seit hundert Jahren den Wählern Sand in die Augen streut!

LANGKOFEL Gell . . .

MODERATORIN . . . und die Freien Demokraten, Herr Wöllner?

WÖLLNER Im liberalen Sinne heißt liberal nicht nur liberal . . .

HOPPENSTEDT *(hebt den Finger)*

MODERATORIN Herr Hoppenstedt . . .

HOPPENSTEDT . . . und die Mädels . . . was is mit die Mädels?

MODERATORIN Herrn Hoppenstedt interessiert die Stellung der Frau in der Gesellschaft . . .

ZIESEMANN . . . und mich interessiert, was Sie veranlaßt hat, uns von 41,6 Millionen wahlberechtigten Bundesbürgern Herrn Hoppenstedt als typischen Durchschnitt zu präsentieren!

LANGKOFEL Gell . . .

MODERATORIN Wir haben in unseren Computer zwanzigtausend Wählerfragebögen eingespeist, und der Computer hat Herrn Hoppenstedt ausgeworfen . . .

HOPPENSTEDT *(unkonzentriert)* Was? *(beginnt seinen Tascheninhalt vor sich auszubreiten und darin herumzusuchen)*

WÖLLNER Im liberalen Sinne heißt liberal nicht nur liberal . . .

MODERATORIN Herr Hoppenstedt, liegt Ihnen eine bestimmte Frage am Herzen?

HOPPENSTEDT Nee . . .

MODERATORIN . . . aus Politik, Wirtschaft und Kultur . . .

HOPPENSTEDT Nee . . .

MODERATORIN . . . wir haben ja auch Ihre erste Frage noch gar nicht beantwortet . . .

HOPPENSTEDT Mädels . . .

MODERATORIN Bitte, Herr Wöllner . . .

WÖLLNER Liberal heißt im liberalen Sinne . . .

ZIESEMANN *(unterbricht)* Herr Wöllner, steht Ihnen eigentlich keine andere Äußerung zur Verfügung?

WÖLLNER Nein . . . ehe ich dumme Sachen sage . . .

LANGKOFEL Wos bin i?

BROMMERT Herr Hoppenstedt, die Frau hätte in unserer Gesellschaft längst die ihr zukommende Stellung! Aber die CDU/CSU setzt sich ja über diese Frage wie ein Karnickel hinweg!

ZIESEMANN Wenn Sie das nicht *sofort* zurücknehmen, verlasse ich den Raum!

BROMMERT Ich denke nicht daran!

ZIESEMANN Sie nehmen das Kaninchen zurück!

BROMMERT Nö . . .

ZIESEMANN *(springt auf und verläßt seinen Platz)*

WÖLLNER Herr Dr. Ziesemann, zufällig habe ich das Protokoll der Ausschußsitzung vom 16. April 1958 zur Hand, es wird Sie interessieren, was Sie damals wörtlich gesagt haben, ich zitiere: . . . *(das Blatt fällt ihm unter den Tisch, er angelt mit dem Fuß danach und verschwindet dann völlig)*

LANGKOFEL I kann jederzeit ohne weiteres den TEE nach München nehmen . . .

MODERATORIN Herr Dr. Ziesemann . . .

LANGKOFEL . . . das bleibt mir völlig unbenommen . . .

MODERATORIN Herr Dr. Ziesemann, ich muß Sie bitten, sofort wieder Platz zu nehmen!

ZIESEMANN Erst wenn Herr Brommert vollinhaltlich das Kaninchen zurücknimmt!

| | |
|---|---|
| BROMMERT | Nö ... |
| ZIESEMANN | Dann nehmen Sie irgendwas zurück! |
| LANGKOFEL | Gell ... |
| MODERATORIN | Herr Brommert! |
| BROMMERT | Also gut, nicht ohne Bedenken nehme ich irgendwas zurück ... |
| ZIESEMANN | Mit Bedauern ... |
| BROMMERT | Nicht ohne Bedenken nehme ich mit Bedauern irgendwas zurück ... |
| ZIESEMANN | Na bitte ... *(setzt sich auf seinen Platz)* |
| WÖLLNER | *(taucht auf)*... Ich zitiere:... |
| MODERATORIN | *(unterbricht)* ... Und jetzt hat Herr Hoppenstedt Gelegenheit für sein Schlußwort ... |
| HOPPENSTEDT | *(entfaltet einen kleinen Zettel)* ... Ich grüße meine Schwester und meinen Schwager aus Recklinghausen, meine Nichten Susi, Hilde und Ingeborg, meinen Cousin in Hannover und Tante Erika in der DDR. Wir wünschen uns die Melodie »Alte Kameraden«! |
| MODERATORIN | *(winkt entsetzt ab)* |
| | *(Marschmusik, Hoppenstedt dirigiert mit und schlägt der Moderatorin begeistert auf die Schulter)* |

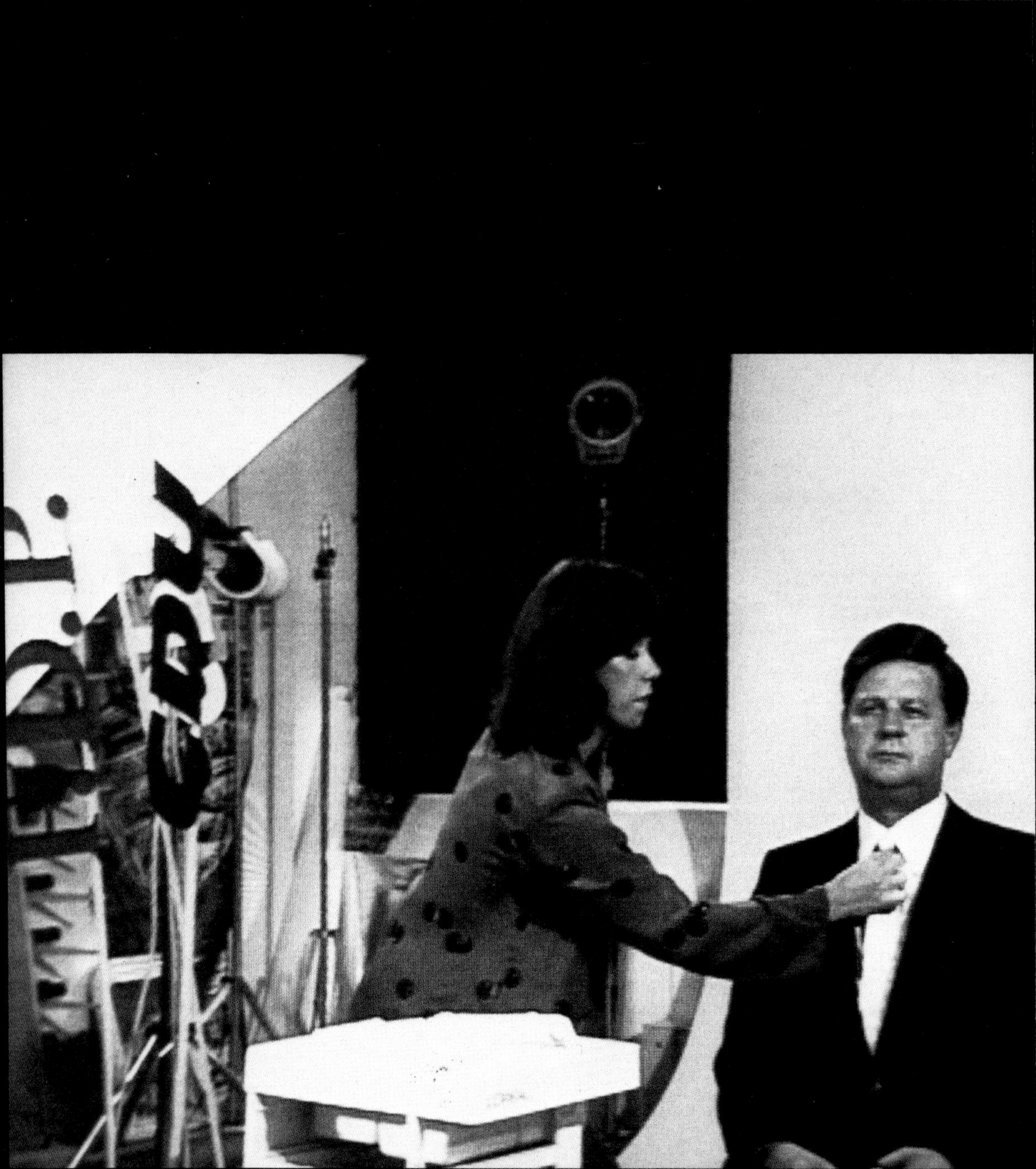

# *Das Wahlplakat*

*Fotoatelier. Der Fotograf steht hinter der Kamera, neben ihm die Stylistin. Sie reden auf einen Herrn ein, der vor der Kamera auf einem Drehstuhl sitzt.*

STYLISTIN Herr Fröbel, bitte machen Sie ein zielbewußtes Gesicht und denken Sie an »Sicherheit für Deutschland« . . .

FRÖBEL *(grimassiert)*

FOTOGRAF Nicht grinsen, Herr Fröbel, lassen Sie doch die Mundwinkel fallen . . .

FRÖBEL *(grimassiert)*

FOTOGRAF *Fal-len-las-sen!* . . . Nein, nein, nein!!

STYLISTIN Herr Fröbel, ich erkläre es Ihnen nochmal: Wir machen hier ein gemeinsames Wahlplakat für die drei großen Parteien, und *Sie* verkörpern *den* sympathischen, vertrauenerweckenden Politiker. Jeweils mit einem anderen Gesichtsausdruck, entsprechend dem Wahlmotto der SPD, der CDU/CSU und der FDP.

FOTOGRAF Wieso eigentlich immer derselbe Mann?

STYLISTIN Die Parteien wollen gemeinsam die Wahlkosten senken. Außerdem soll keine Partei durch einen besonders gut aussehenden Politiker irgendwelche Vorteile haben.

FOTOGRAF Aber dieser Mann *ist* überhaupt kein Politiker!

STYLISTIN Auf einem Wahlplakat geht es um Krawatte, Brille, Frisur und Ausdruck. Um nichts anderes. Bitte, Herr Fröbel, wir machen jetzt das SPD-Plakat. Denken Sie an »Sicherheit für Deutschland«. Nehmen Sie das Kinn etwas höher und lassen Sie die Mundwinkel fallen . . .

FOTOGRAF Mit *der* Unternehmerbrille kriegt Herr Fröbel überhaupt keinen sozialistischen Arbeitnehmer-Ausdruck . . .

STYLISTIN Die SPD ist ja auch keine Partei für einfache Leute . . .

FOTOGRAF Aber ansprechen müssen wir sie doch . . .

STYLISTIN Gut . . . Also, Herr Fröbel, nehmen Sie die Brille ab und denken Sie an gar nichts! »Sicherheit für Deutschland!« *(hält SPD-Emblem ins Bild)*

FOTOGRAF Ja! . . . Ja! *(blitzt)*

STYLISTIN Danke . . . Herr Fröbel . . . und jetzt das Wahlplakat für die CDU/CSU . . .

FOTOGRAF Da kann er doch gleich so bleiben . . .

STYLISTIN Nein, dann kann er eben *nicht* so bleiben . . . der Wahlspruch der CDU/CSU lautet »Für Frieden und Freiheit« . . .

FOTOGRAF Das ist doch alles dasselbe . . .

STYLISTIN Mein Gott, die SPD ist für *Sicherheit,* also *nicht* für *Frieden und Freiheit* . . .

FOTOGRAF Ach so . . .

STYLISTIN . . . Und die CDU/CSU ist für Frieden und Freiheit . . . also *nicht* für Sicherheit . . . das ist ein völlig anderes Programm!

FOTOGRAF Also dann den Scheitel nach rechts . . . das Taschentuch raus . . . und die randlose Brille . . .

STYLISTIN Herr Fröbel, lächeln Sie . . . lächeln . . . nicht so intelligent . . . ganz unverbindlich . . . für Frieden und Freiheit . . . *(hält CDU/CSU-Emblem ins Bild)*

FOTOGRAF Und! . . . Denken Sie an Ihren Wohnwagen . . . Ja! . . . Ja! *(blitzt)* . . . Danke!

STYLISTIN . . . Und jetzt die FDP . . .

FOTOGRAF Was haben die denn für'n . . . für'n Dingsda . . . äh . . .

SPD
CDU
F.D.P.

STYLISTIN »Diesmal geht's ums Ganze . . .«

FOTOGRAF Um was?

STYLISTIN Ums Ganze!

FOTOGRAF Toll . . . ganz toll . . . und um *was* geht es?

STYLISTIN Ums Ganze!

FOTOGRAF Toll!

STYLISTIN Herr Fröbel, sehn Sie mal wild aus . . . *(sie verwüstet seine Frisur, öffnet das Hemd)*

FOTOGRAF Wild, Herr Fröbel, nicht doof!

FRÖBEL *(fletscht die Zähne)*

FOTOGRAF *(zur Stylistin)* . . . Also, es geht nicht um Sicherheit oder Frieden und Freiheit?

STYLISTIN *Nein*, ums Ganze!

FOTOGRAF Was is'n das?

STYLISTIN Nu drück schon drauf! *(hält FDP-Emblem ins Bild)*

FOTOGRAF *(blitzt)* Tausend Dank, Herr Fröbel . . .

STYLISTIN . . . Wir hätten anschließend ganz gern noch ein Werbefoto für einen Markenartikel gemacht, Sie können gleich so sitzen bleiben . . .

FOTOGRAF . . . Und worauf kommt's jetzt an?

STYLISTIN *(hält eine Markenwurst ins Bild)* . . . das ist Wurst . . .

FOTOGRAF *(blitzt)* Danke!

# *Das Wahlkampfabkommen*

*Eine Reporterin des Fernsehens interviewt Herrn Professor Klöbner im Politologischen Institut Flensburg.*

FRAU BERGNER *(in die Kamera)* Vor kurzem haben die Generalsekretäre der vier großen Parteien das sogenannte Wahlkampfabkommen unterzeichnet. Herr Professor Klöbner vom Politologischen Institut Flensburg hat an der Formulierung der insgesamt 29 Paragraphen mitgearbeitet und sich bereit erklärt, uns einige Fragen zu beantworten.
*(zu Prof. K.)* Herr Professor Klöbner, was ist Sinn und Zweck des Wahlkampfabkommens?

PROF. KLÖBNER In erster Linie, Frau ... äh ... Bergner, haben die vier großen Parteien, vertreten durch Herrn Bahr, Herrn Geissler, Herrn Stoiber und Herrn Verheugen, sich verpflichtet, einen fairen Wahlkampf zu führen.

FRAU BERGNER Wie wird sich dieses Abkommen auf das Verhalten der Politiker auswirken?

PROF. KLÖBNER Laut Vertrag werden die Herren darauf verzichten, sich zu beleidigen, zu verleumden, zu lügen oder strafbare Handlungen zu begehen, sondern sich statt dessen sauber und anständig verhalten.

FRAU BERGNER Haben die Politiker denn nicht schon vor Jahren Gesetze verabschiedet, nach denen es verboten ist, sich zu beleidigen?

PROF. KLÖBNER Gesetze werden von Politikern erlassen ... nicht gelesen.

FRAU BERGNER ... und woher kommt es, daß viele ... Normalbürger glauben, sich auch ohne spezielle Verträge gut benehmen zu können?

PROF. KLÖBNER Politiker, Frau Bergner, sind eben keine Normalbürger, sondern Spezialisten ohne Privatleben, mit einer aufreibenden Tätigkeit für Staat und Gesellschaft ... ein ernsthafter Politiker, Frau ... Bergner, *kann* keine Zeit gehabt haben, ein Gefühl für Anstand zu entwickeln.

FRAU BERGNER Ah ... ja ... aber nun *müssen* die Herren sich laut Vertrag *monate*lang anständig benehmen, ohne es gelernt zu haben!

PROF. KLÖBNER Es sind Schnellkurse unter der Leitung eines Bundeswehrgenerals vorgesehen, um die am Wahlkampf beteiligten Politiker mit den einfachsten Grundregeln menschlicher Umgangsformen vertraut zu machen.

| | |
|---|---|
| FRAU BERGNER | . . . Zur Vermeidung von Beleidigungen . . . |
| PROF. KLÖBNER | Nicht nur . . . die Kurse setzen überall dort an, wo Mängel zu beheben sind . . . also unsaubere Fingernägel, Sprechen mit vollem Mund, das Entwenden fremder Brieftaschen im Wahlkampfgedränge und ähnliches . . . |
| FRAU BERGNER | Aber Herr Strauß und Herr Schmidt werden sich doch wohl nicht gegenseitig die Brieftaschen . . . |
| PROF. KLÖBNER | Ich bitte Sie, Frau Bergner, wir rechnen ja auch mit Beleidigungen, Verleumdungen und anderen strafbaren Delikten . . . Es ist Wahlkampf, und Politiker sind auch Menschen . . . |
| FRAU BERGNER | Ach! . . . Herr Professor Klöbner, befürchten Sie nicht, daß der Wahlkampf zu oberflächlich wird, wenn *alles* verboten ist? |
| PROF. KLÖBNER | Nicht alles, Frau Bergner, der Tritt in das Gesäß ist vertraglich nicht erfaßt . . . |
| FRAU BERGNER | *(sieht starr geradeaus)* |
| PROF. KLÖBNER | . . . Natürlich, wenn auch diese Form der Auseinandersetzung überhand nehmen sollte, müßte sowohl der Tritt als auch . . . äh . . . das Gesäß durch einen . . . äh . . . |
| FRAU BERGNER | . . . Vertrag . . . |

PROF. KLÖBNER ... ja, durch ein Zusatzabkommen geregelt werden.

FRAU BERGNER Herr Professor, was gilt als Verleumdung im Sinne des Wahlkampfabkommens?

PROF. KLÖBNER Eine nachweislich unwahre Behauptung in der Absicht, den politischen Gegner verächtlich zu machen ...

FRAU BERGNER ... Also wenn Herr Geissler Herrn Bahr einen alten Quatschkopf nennen würde ...

PROF. KLÖBNER ... Dann wäre das eine Verleumdung ... Herr Bahr ist nachweislich unter 65, also nicht alt ...

FRAU BERGNER ... Und wenn Herr Bahr zu Herrn Stoiber »Blöder Hund« sagt ...

PROF. KLÖBNER Ich bitte Sie, Frau Bergner, ein Hund geht auf vier Beinen und kann nicht sprechen, Herr Stoiber geht aufrecht ... das ist eine Verleumdung ...

FRAU BERGNER ... Aber angenommen, Herr Genscher ginge auf allen vieren und würde dabei nicht sprechen, darf dann Herr Stoiber »Blöder Hund« zu Herrn Genscher sagen?

PROF. KLÖBNER Solche Fälle entscheidet das Schiedsgericht unter dem Vorsitz von Herrn Bischof Kunst.

FRAU BERGNER Ich danke Ihnen für dieses Gesäß ... äh ... für dieses Gespräch ...

# *Politik und Fernsehen*

MODERATORIN Es wird immer wieder behauptet, das Fernsehen beeinflusse durch seine Berichterstattung den Wahlkampf und damit auch das Wahlergebnis. Wir haben heute zwei prominente Funktionäre der beiden großen Parteien zu uns ins Studio gebeten, um über diesen sehr ernsten Vorwurf sachlich zu diskutieren. Herr Graupner gehört zum inneren Führungsstab der SPD ... Herr Müller-Meisenbach ist leitender Wahlkampf-Koordinator der CDU/CSU, und ich als Redakteurin einer Dokumentarabteilung vertrete das Fernsehen.

M.-MEISENBACH Frau Dr. Plötzmann, ehe Sie mir gleich das Wort abschneiden, ich möchte in aller Deutlichkeit folgendes feststellen: Erstens wird die CDU/CSU diese Wahl gewinnen, zweitens liegt es mit Sicherheit an der verzerrten Berichterstattung des Fernsehens, wenn wir diese Wahl *nicht* gewinnen, außerdem möchte ich ...

MODERATORIN *(unterbricht)* ... Niemand wird Ihnen hier das Wort abschneiden, Herr Müller-Meisenbach ...

GRAUPNER Ich möchte da etwas richtigstellen: Die *SPD* wird diese Wahl gewinnen, und zwar *trotz* der Unausgewogenheit des Fernsehens ...

M.-MEISENBACH Ich bitte Sie, Herr Graupner, ich habe die Statistik zufällig bei mir ... *(liest ab)* ... In den letzten 14 Tagen wurden die Politiker der SPD/FDP 41mal im Fernsehen gezeigt mit insgesamt 502 Sekunden, die CDU/CSU-Politiker dagegen 40mal mit 484 Sekunden, also 18 Sekunden weniger, das sind fast drei Minuten!

GRAUPNER Sekunden, Herr Müller-Meisenbach, Sekunden!

M.-MEISENBACH 18! ... 18 Sekunden, also drei ... na, wir müssen ja nicht kleinlich werden ... jedenfalls profitiert die *Regierungskoalition* von dieser skandalösen Unausgewogenheit der Berichterstattung ...

GRAUPNER Profitieren? Haha! Frau Dr. Plötzmann, vielleicht können *Sie* mir erklären, warum Sie während des SPD-Parteitages Ihre Kamera 14 Sekunden auf den Genossen Kriegel gerichtet haben, der grade seinen Finger an der Nase hatte ...

MODERATORIN *In* der Nase, Herr Graupner, *in* der Nase, und das waren die

einzigen 14 Sekunden des SPD-Parteitages, mit denen wir unsere Zuschauer nicht gelangweilt haben.

M.-MEISENBACH Aha! 14 Sekunden für die SPD! Und warum haben Sie in Ihrem Filmbericht über die Europäische Energiekonferenz die Delegierten der CDU/CSU nur *12* Sekunden gezeigt?

MODERATORIN Weil die Herren schliefen, Herr Müller-Meisenbach. Dadurch wirkten sie auf einmal *so ungewohnt sympathisch*, daß die SPD außer sich geraten wäre, wenn wir die schlummernden CDU-Funktionäre länger als *12* Sekunden gezeigt hätten!

M.-MEISENBACH Natürlich! Kaum wirken CDU/CSU-Politiker mal sympathisch, schon schaltet das Fernsehen ab!

GRAUPNER *(sieht auf die Uhr)* . . . Frau Dr. Plötzmann, ich möchte Sie darauf hinweisen, daß Herr Müller-Meisenbach in dieser Sendung bisher etwa dreimal solange im Bild gewesen ist wie ich. Ich bestehe daher darauf, den Kernsatz des sozialdemokratischen Wahlkampfes jetzt ungestört über den Bildschirm verbreiten zu dürfen . . .

MODERATORIN Aber gern, Herr Graupner, Sie haben 4 Sekunden Zeit . . . und . . . bitte!

GRAUPNER *(in die Kamera)* . . . Sicherheit für Deutschland! . . .

M.-MEISENBACH Ich protestiere energisch dagegen, daß hier ein zwangloses Gespräch parteipolitisch mißbraucht wird . . .

MODERATORIN Herr Müller-Meisenbach, ich kann Ihnen noch 3 Sekunden für den Wahlspruch der CDU geben . . . und bitte!

M.-MEISENBACH *(in die Kamera)* Für Frieden und Freiheit! . . .

MODERATORIN Das war zu lang . . . Herr Graupner, Sie dürfen Ihr letztes Wort ganz kurz wiederholen . . .

GRAUPNER Deutschland?

MODERATORIN Ja, aber viel kürzer . . . bitte!

GRAUPNER *(in die Kamera)* . . . Dtschland . . .

MODERATORIN Das war eine Winzigkeit zu lang . . .

GRAUPNER *(in die Kamera)* . . .Dschld! . . .

MODERATORIN Herr Müller-Meisenbach, Sie haben jetzt noch eine Drittelsekunde für Frieden und Freiheit . . . bitte!

M.-MEISENBACH *(in die Kamera)* . . . Ff . . .

MODERATORIN *(in die Kamera)* . . . Und damit wünschen wir Ihnen einen ausgewogenen guten Abend . . .

# *Autofrei*

*Weite, hügelige Landschaft zwischen Hannover und Kassel. Auf einem Feldweg hastet mit letzter Kraft ein Herr von etwa 50 Jahren. Er trägt einen Koffer in der Hand und einen Mantel über dem Arm. Seine ursprünglich korrekte Kleidung hat stark nachgelassen. Kurz vor einer Wegegabelung erblickt er eine Radfahrerin.*

HERR Halt! . . . Halten Sie! . . .

RADFAHRERIN *(bremst, steigt ab, dreht sich um)*

HERR Fahren Sie nach Essen? *(erreicht sie atemlos)*

RADFAHRERIN Nach Essen?

HERR Ich komme vom Deutschen Katholikentag in Berlin und möchte zum SPD-Parteitag nach Essen . . .

RADFAHRERIN *(will weiterfahren)* . . . Ich fahre nur in die Apotheke . . .

HERR *(hält sie fest)* . . . Da könnten Sie doch über Essen fahren . . . das sind keine 250 Kilometer . . . und ich könnte auf Ihrem Gepäckständer . . .

RADFAHRERIN Warum fahren Sie denn nicht mit'm Auto?

HERR Warum fahren *Sie* denn mit dem *Fahrrad*?

RADFAHRERIN Weil ich kein Auto *habe* . . .

HERR Nein, weil heute Autofreier Sonntag ist!

RADFAHRERIN Wieso?

HERR Auf Anordnung des Bundesinnenministers, Herrn . . . äh . . . Born . . . nein, wie heißt er . . . Baum . . . des Herrn Bundesinnenministers Baum ist heute ein Autofreier Sonntag auf freiwilliger Basis . . .

RADFAHRERIN Das finde ich prima . . .

HERR . . . Und wir probieren jetzt alternative Möglichkeiten der Fortbewegung aus . . . unter dem Motto: »Autofrei – Spaß dabei!«

RADFAHRERIN Auf meinem Fahrrad? . . . Fahren Sie doch mit der Bahn oder mit dem Bus . . .

HERR Wissen Sie, öffentliche Verkehrsmittel sind nicht jedermanns Sache . . . ich fahre sonst ein Mercedes-Coupé . . .

RADFAHRERIN Toll . . .

HERR Aber heute möchte ich mit gutem Beispiel vorangehen . . . Also, geben Sie mir nun dieses Fahrrad oder nicht?

RADFAHRERIN Nein . . .

HERR Ich bitte Sie, heute verlassen neunundsiebzigtausend Katholiken Berlin, sechzigtausend Feuerwehrmänner fahren zum Feuerwehrtag nach Hannover, Tausende von Genossen fahren zum SPD-Parteitag nach Essen, und *Sie* wollen Ihr Fahrrad für *sich* behalten!

RADFAHRERIN Tausende von Feuerwehrmännern, Katholiken und Sozialdemokraten brauchen ausgerechnet *mein* Fahrrad?!

HERR *(enerviert)* Nein, es werden Hunderttausende von Fahrrädern gebraucht!

RADFAHRERIN Aber ich habe doch nur das eine!

HERR Sie brauchen mir ja auch nur dieses *eine* Fahrrad zu überlassen. Damit beweisen Sie sowohl dem deutschen Katholikentag als auch dem SPD-Parteitag Ihre Solidarität . . .

RADFAHRERIN Aber ich muß in die Apotheke!

HERR Dann setze ich mich hintendrauf, und wir fahren erst in die Apotheke und dann zum Parteitag nach Essen . . .

RADFAHRERIN Warum marschieren Sie denn nicht zum Feuerwehrtag nach Hannover, das sind nur 100 Kilometer . . .

HERR Mein Gott, weil ich kein Feuerwehrmann bin, sondern Delegierter des SPD-Parteitages . . .

RADFAHRERIN Das ist doch alles dasselbe . . .

HERR Na hören Sie mal! In Hannover geht es um Brandbekämpfung, in Essen nicht!

RADFAHRERIN Ach was! Überall hocken diese Männer auf ihren Kongressen und Parteitagen zu Tausenden zusammen, erzählen sich immer dieselben Geschichten und belasten die Umwelt . . .

HERR Bitte?

RADFAHRERIN . . . Hopsen *Sie* mal lieber schön umweltfreundlich nach Hause, mähen Sie Ihren Rasen und helfen Mutti beim Abwasch . . .

HERR *(mit erhobener Stimme)* Ich fordere Sie hiermit im Namen der sozialdemokratischen Partei und der katholischen Kirche letztmalig auf, mir zur Ausübung meiner öffentlichen Pflichten im Dienste der Umwelt und der Bundesrepublik Deutschland Ihr Fahrrad zu überlassen . . .

RADFAHRERIN Hiiilfee!

# *Steuerermäßigung*

MODERATOR Nach den neuen Gesetzen zur Entlastung mittelständischer Arbeitnehmer beträgt die Steuerermäßigung bei einem monatlichen Einkommen von 1 200,– DM für einen 30jährigen Angestellten mit zwei Kindern 846,– DM pro Jahr. Infolge der progressiven Staffelung kann ein 97jähriger Angestellter mit 53 Kindern und einem Einkommen von 1 400,– DM künftig mit einer Steuerermäßigung von jährlich 386 000,– DM rechnen. Die gleiche Summe ergibt sich rein rechnerisch für einen fünfjährigen Angestellten mit 126 Kindern.

# *Kleinsparer*

*Fernsehstudio. Drei Herren sitzen an einem Tisch, in der Mitte Viktor Schmoller, der Moderator.*

SCHMOLLER Die schwindende Kaufkraft der Mark droht das Vertrauen des Sparers zu erschüttern, und viele Veröffentlichungen über die komplizierte Materie tragen vollends zu seiner Unsicherheit und Verwirrung bei. Wir haben heute bei uns im Studio Herrn Ministerialdirigent Oldenburg ...

OLDENBERG Oldenberg.

SCHMOLLER ... Oldenberg ... vom Bundesfinanzministerium und Herrn Lauenfeld, den Aufsichtsratsvorsitzenden der Bank für Christliche Sozialwirtschaft. Meine Herren, unser Gespräch soll die Gesamtsituation einmal ganz ungeschminkt darstellen, wie sie ist. Auch der Laie kann sich dann einen klaren Überblick verschaffen und über die vernünftigste Anlage seiner Ersparnisse selbst entscheiden. Herr Oldenhoff ...

OLDENBERG Oldenberg ...

SCHMOLLER Herr Oldenberg, hat der Kleinsparer als solcher, oder besser gesagt, glaubt der Kleinsparer der Institution als solcher – oder hat ...

OLDENBERG Herr Schmoller, wenn man einmal von der Ertragsstabilität als restriktiver Notenbankpolitik im Sinne der Verminderung des realen Volumens der industriellen Bruttoanlageinvestitionen, die derzeit 5 3/4 Prozent unter dem Dow-Jones-Index liegen, absieht, kann ohne Wechselkursfreigabe oder stabilitive Selbstfinanzierungsmöglichkeit keine echte Kapazitätsauslastung ohne Inanspruchnahme paritativer Lombardkredite diskontiert werden ...

SCHMOLLER Mit anderen Worten ... Herr Offenberg ...

OLDENBERG Oldenberg

SCHMOLLER Herr Oldenberg, der Kleinsparer ...

LAUENFELD Der Kleinsparer, Herr Offenburg ...

OLDENBERG Oldenberg ...

LAUENFELD Herr Oldenberg, der Kleinsparer spart beim Abrutschen der Nettoselbstfinanzierungsquote auf dem Liquiditätsüberhang ohne Investitionsanreiz ... nicht wahr.

OLDENBERG Das Development Boom-Baisse-Hausse-Passe ...

LAUENFELD Ich meine, daß eine ...

OLDENBERG Boom-Baisse-Hausse-Passe ...

SCHMOLLER Meine Herren – ich fasse zusammen: der Kleinsparer spart also ...

LAUENFELD Aber Herr Oldendorf ...

OLDENBERG Oldenberg ...

LAUENFELD Herr Oldenberg, Sie werden doch nicht sagen wollen, daß mündelsichere Diskontreservesicherungen ohne jede ...

OLDENBERG Ich meine, unvermündelte Diskontsekrete oder vielmehr diskontierte Mündelgewinne bleiben ohnehin bis zur Mehrwerthalbierung unvermündelt.

LAUENFELD Aber Herr Offenbach ...

OLDENBERG Offenberg ... äh ... Oldenberg ...

SCHMOLLER Wer mündelt aber die unvermündelten ... die mündelunsicheren Mündelgewinne. Das interessiert doch den Kleinsparer ... Wer verunmündelt denn den kleinen ... den ... unsicheren ... klein ... Mündel?

LAUENFELD Aber Herr Mündel ...

OLDENBERG Oldenberg ...

LAUENFELD Herr Eulenberg, das Stabili ...

OLDENBERG Herr Lauenburg, Sie als ...

LAUENFELD Das Stabili ...

OLDENBERG Sie als Vorsitzender der ...

LAUENFELD Das Stabilitätsprinzip der Sparverbände garantiert dem Kleinsparer folgende Sicherheiten ...

SCHMOLLER Meine Damen und Herren, unsere Sendezeit ist momentan überschritten ... Zusammenfassend ... kann ich ... zusammenfassend denke ich ... danke ich Ihnen für dieses ... für dies und das ...

# *Marzipankartoffeln*

*In einer Fabrikhalle der Schwerindustrie interviewt der Reporter Schmoller einen der Direktoren. Beide Herren tragen Schutzhelme. Sie stehen neben HUNDERTEN von Stahlarbeitern, die damit beschäftigt sind, Marzipankartoffeln in Geschenkpackungen abzufüllen.*

SCHMOLLER Wir befinden uns hier in der Halle 3 der Rhein-Ruhrstahl AG Duisburg-Ruhrort. Dieser Betrieb ist der zweitgrößte Lieferant auf dem Spezialgebiet gepanzerter Gefechtsfahrzeuge und der fünftgrößte Rohstahlproduzent der Welt.
Herr Direktor Benzheimer, das Weihnachtsfest hat Sie veranlaßt, die Produktion vorübergehend umzustellen. Was wird hier im Rhein-Ruhrstahl-Zentralwerk zur Zeit produziert . . .

BENZHEIMER Marzipankartoffeln . . .

SCHMOLLER Marzipankartoffeln . . . Herr Direktor, das ist sehr interessant. Was war ausschlaggebend für die Entscheidung, von Schützenpanzerwagen auf Marzipankartoffeln umzusteigen?

BENZHEIMER Die Nachfrage, Herr Schmoller, die Nachfrage. Sie werden verstehen, daß der Schützenpanzerwagen MS 08-72 auf dem Gabentisch, auch in netter Form, nicht gern gesehen ist.
Unsere Herren im Außendienst haben festgestellt, daß seit Anfang Dezember grade in Bundeswehrkreisen das Interesse an gepanzerten Gefechtsfahrzeugen stark zurückgegangen ist, während im gleichen Zeitraum die Nachfrage nach Marzipankartoffeln um mehr als das Dreifache zugenommen hat.

SCHMOLLER Aber waren da nicht rein technisch gesehen gewisse Schwierigkeiten zu . . . äh . . .

BENZHEIMER Herr Schmoller, rein produktionstechnisch besteht zwischen dem Gefechtsfahrzeug MS 08-72 und einer hochqualifizierten Marzipankartoffel kein nennenswerter Unterschied. Es ist letzten Endes einfach eine Geschmacksfrage . . .

SCHMOLLER Ah ja . . . aber wenn ich richtig informiert bin, hat die Marzipankartoffel im Ernstfall einen geringeren Kampfwert als der Schützenpanzer MS 08-72.

BENZHEIMER Sehr richtig, die Marzipankartoffel läßt sich natürlich nicht so ohne weiteres in das westliche Verteidigungssystem eingliedern. Aber das darf an den Feiertagen selbstverständlich keine Rolle spielen.

SCHMOLLER Nein, nein. Wie hoch ist zur Zeit Ihre Tagesleistung?

BENZHEIMER Herr Schmoller, gegenüber 35 Schützenpanzern im Monat November haben wir jetzt einen Ausstoß von 48 Marzipankartoffeln *pro Tag*. Diese enorme Produktionssteigerung war nur möglich durch den zusätzlichen Einsatz von fast 2000 Gastarbeitern. Unsere Belegschaft ist damit bis kurz vor den Feiertagen auf rund 6000 angewachsen.

SCHMOLLER Phantastisch – und haben Sie den Eindruck, daß die Marzipankartoffel der Duisburger Ruhrstahl AG den Produkten anderer Süßwarenkonzerne gleichwertig gegenübersteht?

BENZHEIMER Herr Schmoller, ich kann Ihnen versichern, daß unser Angebot sogar die Lübecker Ware qualitativ übertrifft. Außerdem ist die Rhein-Ruhrstahl-Marzipankartoffel natürlich rostfrei.

SCHMOLLER Ah ja, aber die Produktion pflegeleichter Süßware ist offensichtlich nicht ungefährlich . . .

BENZHEIMER Das ist eine gute Frage – Herr Schmoller – beim Abstich der Marzipanmasse, die mit 2000 Grad den Hochofen verläßt, ist äußerste Vorsicht geboten. Die Männer sind verpflichtet, den Augenschutz zu tragen.

SCHMOLLER Und Helme ...

BENZHEIMER Jawohl. Die Helme bieten in der Montagehalle, auch gegen herabfallende Marzipankartoffeln, ausreichend Schutz.

SCHMOLLER Herr Direktor, wann wird der Schützenpanzer MS 08-72 wieder in Produktion gehen?

BENZHEIMER Das regelt die Nachfrage, Herr Schmoller. Wir können in 24 Stunden umstellen.

SCHMOLLER Ist daran gedacht ... ich meine ... wäre es denkbar, äh ... daß der Schützenpanzer ... der MS 08-72 ... künftig weniger als Stahlkonstruktion, sondern vielmehr ... äh ... mehr auf Marzipan-Grundlage ... ich weiß nicht, ob ich mich da richtig ausdrücke ...

BENZHEIMER Gewiß, Herr Schmoller, das Marzipan als Ausgangsmaterial für Panzerfahrzeuge *hat* seine Vorteile, nur haben wissenschaftliche Nachforschungen internationaler Friedenskommissionen ergeben, daß Marzipan in großen Mengen ebenso unbekömmlich ist wie Schützenpanzerwagen – aber bitte, Herr Schmoller, greifen Sie doch zu ...

SCHMOLLER Oh, sehr freundlich ... Herr Direktor Benzheimer, ich danke Ihnen für dieses Gespräch ...

# WISSENSCHAFT, TECHNIK UND VERKEHR

# *Professor E. Damholzer*

WALLNER Herr Professor Damholzer, Sie wissen, daß vor drei Jahren der Versuch Ihres Kollegen, Professor Mutzenberger, Frauen in Kaninchen zu verwandeln, zwar geglückt ist, aber doch, zumindest in wissenschaftlichen Kreisen, auf Bedenken stieß. Was hat Sie bewogen, dennoch an einer weiteren Mutation zu arbeiten, in diesem Fall an einer starken körperlichen Verkleinerung lebender Menschen?

DAMHOLZER Herr ... Wallner, zunächst einmal ist zum Mutzenbergerschen Versuch zu sagen, daß der Gedanke einer drastischen Einschränkung des derzeitigen Frauenüberschusses durchaus zu begrüßen war. Nur hat die massenweise Verwandlung von Frauen in Kaninchen ein neues, ernstes Problem aufgeworfen: die Kaninchenplage.

WALLNER Herr Professor, Sie meinen also ...

DAMHOLZER Ich konnte nachweisen, daß man die Frau als solche auch in Massen kaum noch als Belästigung betrachtet, wenn sie kleiner ist als 10 Zentimeter. Ich bewies darüber hinaus, daß durch biochemische Größenkorrektur, also künstliche Verklei-ne-rung aller Menschen – auch der Männer –, sämtliche Umweltprobleme zu lösen sind.

WALLNER Herr Professor, gestern ist Ihnen der Nobelpreis verliehen worden für die erste gelungene Verkleinerung eines niedersächsischen Ministerialrats von 1 Meter 78 auf 0 Komma 002 Millimeter. Können Sie uns, in vereinfachter Form, erklären, wie das gelang?

DAMHOLZER Natürlich ... Mit Hilfe von lauwarmer Askorbinsäure in Verbindung mit polarisiertem Diamethylentetramin.

WALLNER Natürlich ... Herr Professor, ist daran gedacht, sämtliche Ministerialräte stark zu verkleinern?

DAMHOLZER Nein, Herr Wallner, neinnein, es wird erwogen, alle Kraftfahrzeugbesitzer auf eine Durchschnittsgröße von 0 Komma 8 Millimeter zu bringen. Zunächst auf freiwilliger Basis.

WALLNER Befürchten Sie da für den Autofahrer nicht Schwierigkeiten beim Lenken des Kraftfahrzeugs?

DAMHOLZER Nun, Herr Wallner, einmal ist das wohl eine Gewohnheitssache und zum andern ein Problem der Automobilindustrie. Für uns ist entscheidend, daß rund fünfzigtausend Personen bequem in einem Mittelklassewagen Platz finden. Das heißt, daß sämtliche Einwohner der Bundesrepublik in etwa 200 Automobilen nach Italien reisen könnten.

WALLNER Herr Professor ...

DAMHOLZER Das heißt, daß in dieser Streichholzschachtel alle Bundestagsabgeordneten zu einer Plenarsitzung Platz nehmen könnten, ohne daß ihre geistige Regsamkeit merklich nachlassen würde.

WALLNER Herr Professor, es wäre also möglich ...

DAMHOLZER Es wäre möglich, auf Geburtenregelung völlig zu verzichten und einer lustbetonten, natürlichen Fortpflanzung weitere zwei Millionen Jahre ihren Lauf zu lassen, da unser Planet rund 146 Trilliarden Kleinstmenschen mühelos ernähren könnte. Allein der derzeitige Weltvorrat an Blattspinat böte eine ausreichende Sättigungsgrundlage für mehrere Millionen Jahre.

WALLNER Die Wissenschaft wäre demnach in der Lage ...

DAMHOLZER Die Wissenschaft garantiert den Fortschritt *und* ... die einzigen möglichen Auswege aus drohenden Katastrophen. Wissenschaft bedeutet Verantwortung. Über Wohl und Wehe der Menschheit entscheiden in Zukunft nicht die Politiker *(hebt Streichholzschachtel hoch)*, sondern wir Wissenschaftler.

WALLNER Herr Professor, wären Sie bereit, uns Ihre Entdeckung hier praktisch zu ... äh ... praktisch vorzuführen?

DAMHOLZER Selbstverständlich *(trinkt aus einem Reagenzglas ... sieht nach der Uhr ... verschwindet plötzlich)*

WALLNER *(sieht ratlos auf dem Tisch hin und her, entdeckt etwas sehr Kleines, schlägt mit der Hand drauf und sieht verstört in die Kamera)*

# *Der K 2000*

*In der drangvollen Enge eines Betonbunkers, dessen Innenmaße etwa 80 Zentimeter in der Höhe, Tiefe und Breite betragen, hockt eine Reporterin neben dem Direktor der Herstellerfirma.*

FRAU BERGNER Meine Damen und Herren, seit Monaten werden wir mit schlechten Nachrichten überhäuft. Heute haben wir eine gute: Der Bau von Luftschutzbunkern hat wieder Hochkonjunktur. Herr Dr. Rosenheim, Sie sind einer der führenden Unternehmer der Zivilschutzbranche. Wie erklären Sie sich dieses Phänomen?

DR. ROSENHEIM Durch ... äh ... gewisse Besonderheiten der politischen Weltlage ist die Nachfrage nach strahlensicheren Luftschutzräumen enorm gestiegen. Wir sind da in eine echte Marktlücke gestoßen.

FRAU BERGNER Der zweisitzige Kompaktschutzraum K 2000, in dem wir hier sitzen, war ja der Renner auf der Hannover-Messe. Aber er wirkt nicht so geräumig wie vergleichbare Modelle aus den vierziger Jahren ...

DR. ROSENHEIM Das ist richtig. Der moderne Kunde ist anspruchsvoller geworden. Er bevorzugt die raumsparende Kompaktbauweise, denken Sie nur an Stereoanlagen und Taschenrechner.

FRAU BERGNER Sind alle Modelle so eng?

DR. ROSENHEIM Nicht eng, Frau Bergner ... kompakt! Es war ja unsere Absicht, einen Schutzraum zu erstellen mit einer betont privaten Atmosphäre, in der man sich wohl fühlt. Die niedrige rustikale Decke erhöht die Stabilität, und das bedeutet Sicherheit und Selbstvertrauen für die kritischen ... die kritischen Wochen.

FRAU BERGNER Wie stark kann dieser Schutzraum denn belastet werden?

DR. ROSENHEIM Praktisch unbegrenzt. Durch einen nuklearen Volltreffer gerät der K 2000 allenfalls in eine ruhige erdnahe Umlaufbahn, verglüht jedoch nicht beim Wiedereintauchen in die Erdatmosphäre ...

FRAU BERGNER Nicht ... aha ... und landet weich ...

DR. ROSENHEIM Äh ... sportlich ... er landet sportlich ...

FRAU BERGNER Ah – ja ... und schon kann man den Schutzraum wieder verlassen ...

DR. ROSENHEIM *Wenn* das Umfeld strahlenfrei ist. Das kann eine knappe Woche, aber auch zweitausend Jahre dauern ...

FRAU BERGNER Befürchten Sie nicht, Herr Dr. Rosenheim, daß auch zufriedene Besitzer nach so vielen Jahren plötzlich keine Freude mehr an ihrem K 2000 haben könnten?

DR. ROSENHEIM Ich bitte Sie, Frau Bergner, wenn draußen ganze Kontinente unbewohnbar werden, dann sitzt man hier ganz ungestört im K 2000 und hat sein privates kleines Reich, das einem keiner nehmen kann ...

FRAU BERGNER Es ist ja auch alles in freundlichen Farben gehalten ...

DR. ROSENHEIM ... Gegen Aufpreis lieferbar in Russischgrün, Schilf, Eierschale und Mauve ...

FRAU BERGNER Bitte?

DR. ROSENHEIM Mauve, ein blasses Lila ...

| | |
|---|---|
| FRAU BERGNER | . . . Und wie ist es mit der Verpflegung? |
| DR. ROSENHEIM | An Bord genügt eine Tagesration an Speisen und Getränken. Sie . . . äh . . . zirkuliert . . . |
| FRAU BERGNER | Zirkuliert? . . . Ach ja, natürlich . . . und der Preis, was kostet der K 2000? |
| DR. ROSENHEIM | Dieser Schutzraum kostet nicht mehr als ein Geschirrspülautomat. Aber wir hoffen, daß durch weitere bedrohliche Krisenherde die Nachfrage steigt und wir dadurch den Preis noch konsumfreundlicher gestalten können . . . |
| FRAU BERGNER | . . . Und was ist, wenn sich die politische Lage plötzlich entspannt? |
| DR. ROSENHEIM | Na, wir wollen ja nun nicht gleich mit dem Schlimmsten rechnen . . . |
| FRAU BERGNER | Neinnein . . . vielen Dank, Herr Dr. Rosenheim . . . |

# *Die H.S. zwo*

*Nächtlicher Großbrand. Die Löscharbeiten der Feuerwehr sind in vollem Gange. Verstörte Einwohner versuchen Leben und Besitz zu retten. Ein notdürftig bekleideter Vater mit Kind stürzt auf die Straße.*

VATER *(ruft nach oben)* Mutti! ... Laß die Koffer stehn und komm ... es brennt schon im zweiten Stock!

FEUERWEHRMANN *(hantiert an Schlauch und Spritze)* ... Gehn Sie da weg, Sie sind in der Wasserschußlinie!

VATER Meine Frau ist noch oben ...

KIND Mutti!!

VATER *(erregt)* ... Da oben ... im dritten Stock ... da wo die Flammen aus dem Fenster schlagen ... und wenn erst die Gardinen im Schlafzimmer Feuer fangen ... na dann gute Nacht ...

FEUERWEHRMANN *(werkelt an der Spritze)* ... Moment!

VATER ... und versuchen Sie die Treppe freizuhalten, sonst kommt da kein Mensch mehr raus ... Claudia, halt die Puppe fest! Meine Frau kommt da nicht mehr durch!! Mein Gott, bringen Sie doch Ihre Spritze in Gang!

FEUERWEHRMANN Das ist die neue H.S. zwo!

VATER Was?!

FEUERWEHRMANN Die neue Hochdruck-Spritze zwo Strich 75 ...

VATER Na, dann drehn Sie das Ding doch auf, Mann!

FEUERWEHRMANN Aufdrehen ... einfach so aufdrehen ... die ist vollautomatisch!

VATER Aber es funktioniert ja nicht!

FEUERWEHRMANN Die funktioniert nicht?!

VATER Na, es kommt doch nichts raus ...

FEUERWEHRMANN Kann ja auch nicht ... ich muß doch erst die Drucksperre lösen ...

*(Die Flammen drohen auf das Nachbarhaus überzugreifen)*

VATER Na, dann tun Sie das doch, mein Gott!

FEUERWEHRMANN Die H.S. zwo arbeitet elektronisch mit sechs verschiedenen Programmen, die vorher wahlweise eingespeist werden ...

VATER *(enerviert)* ... Was für Programme?

FEUERWEHRMANN Wasserdruck, Temperatur, Enthärter, Spareinstellung, Zielautomatik und Strahlkrümmung ...

| | |
|---|---|
| VATER | Strahlkrümmung? |
| FEUERWEHRMANN | Normalerweise geht der Strahl geradeaus, wenn ich ihn krümmen will, verstelle ich hier Wasserdruck und Strömungswinkel ... |
| VATER | *Was* verstellen Sie da? |
| KIND | Mutti!!! |
| FEUERWEHRMANN | Wasserdruck und Strömungswinkel! ... Hier an der Drehskala ... und dem Kipphebel ... |
| VATER | *(mit beginnendem Interesse)* Und das? ... Was ist das? |
| FEUERWEHRMANN | Das ist der Enthärter für kalkhaltiges Wasser ... da kann man auch verschiedene Möbelpflegemittel beigeben ... |
| VATER | Ach ...! |
| FEUERWEHRMANN | Hier ... sehen Sie ... Was haben Sie denn für Möbel? |
| KIND | Mutti!! |
| VATER | Pscht! ... Die Schrankwand ist Eiche furniert und die Polstergarnitur ... das ist so Schaumstoff ... rustikal bezogen ... |

FEUERWEHRMANN Normalerweise brennt das wie Zunder . . .

VATER So!

FEUERWEHRMANN . . . Und mit klarem Wasser quillt das Furnier auf . . . da nehmen wir also Möbelpflege CM 96 halbmatt . . . *(legt einen Schalter um)*

VATER Halbmatt . . .

FEUERWEHRMANN . . . und mit der Strahlkrümmung komme ich überall ran . . .

VATER Aber nicht automatisch?!

FEUERWEHRMANN *Voll*automatisch . . .

*(Der Dachstuhl stürzt ein. Funken und Qualm wirbeln über die Szene)*

KIND Mutti!!

VATER Komm, geh schön spielen! *(schiebt das Kind weg)*

FEUERWEHRMANN Die H. S. zwo arbeitet mit elektronischer Zielvorrichtung . . . die trifft die Flamme im Flug . . .

VATER Das ist ja phantastisch!

EIN HERR *(atemlos)* Herr Lohmeier, haben Sie meine Frau gesehen?

VATER *(sieht nur kurz auf)* Nein . . . *(Der Herr stürzt davon)*

FEUERWEHRMANN . . . und hier haben wir die hydropneumatische Drosselklappe, das macht den Strahl weich für Ölgemälde und Geschirr . . .

VATER Mit Zusatz für *Möbel*pflege?

EIN HERR *(atemlos)* Ist *Ihre* Frau denn schon raus?

VATER *(uninteressiert)* Neinnein . . .

FEUERWEHRMANN Der Möbelpflegezusatz schaltet sich automatisch ab bei Auftreffen auf Geschirr . . .

EIN HERR Jetzt brennt schon das Treppenhaus . . . *(verschwindet im nächtlichen Chaos)*

VATER *(sieht kurz hin)*

FEUERWEHRMANN Vor allen Dingen liegt das Gerät gut in der Hand . . . Möchten Sie mal?

VATER Wenn es keine Umstände macht . . .

FEUERWEHRMANN Bitte schön . . .

VATER *(nimmt die Spritze in die Hand und hält sie auf den Feuerwehrmann)*

FEUERWEHRMANN Nicht auf Menschen! . . . immer nach unten halten!

KIND Ich will auch mal!

VATER Das ist nichts für Kinder!

*(Kind läuft in das nächtliche Chaos)*

FEUERWEHRMANN Rechte Hand hinter die Drucksperre, linke Hand unter den Rohrstutzen . . . *(führt dem Vater die Hände)* . . . jetzt mit

7

dem Daumen der linken Hand die Wasserdruckvorwahl ... nein ... andersrum ...

MUTTI *(von weitem)* Kurt!

KIND Mutti!

VATER *(dreht sich nur kurz um)* ... mit der *rechten* Hand?

FEUERWEHRMANN Nein, mit der linken ... und mit der rechten Hand den Strömungswinkel auf 45 Grad ...

MUTTI *(taucht mit Kind rußgeschwärzt aus einer Qualmwolke auf)* Kurt! ... Ich bin raus!

VATER Schau mal, Elsbeth ... die neue H.S. zwo ... mit Wasserdruckvorwahl ... und Weichmacher!

FEUERWEHRMANN ... Enthärter!

VATER Äh ... Enthärter ... alles elektronisch gesteuert ... *(zum Feuerwehrmann)* ... und bei den alten Spritzen lief das Wasser einfach so raus?

FEUERWEHRMANN Jawohl ...

MUTTI Ach ...

*(Verschreckte Einwohner bleiben stehen)*

FEUERWEHRMANN Bitte, meine Herrschaften, gehen Sie doch weiter ... Sie stören die Löscharbeiten! *(zur Mutter)* Das vorzeitige Ausströmen des Wassers verhindert die Drucksperre ... ich habe es dem Herrn schon erklärt ...

VATER Entschuldigen Sie, das ist meine Gattin ... Herr, äh ...

FEUERWEHRMANN Hertwig ...

VATER ... und das ist Brandmeister Hertwig ...

FEUERWEHRMANN Oberbrandmeister ...

VATER ... Oberbrandmeister Hertwig ...

MUTTI Angenehm ...

FEUERWEHRMANN Angenehm ... wie gesagt ... ich habe es Ihrem Gatten schon erklärt, das ist die neue H.S. zwo mit Strahlkrümmer und automatischer Möbelpflege ...

MUTTI Wir haben keine Möbel mehr ...

VATER Elsbeth!

FEUERWEHRMANN Ölgemälde oder Geschirr?

MUTTI Nichts . . .

FEUERWEHRMANN Dann entfällt automatisch der Pflegezusatz . . . soll ich mal einschalten auf vollen Strahl?

VATER Gern . . .

FEUERWEHRMANN *(schaltet)* . . . Wasserdruck . . . Temperatur . . . Enthärter . . . Zielautomatik . . . Strahlkrümmer . . . und Drucksperre . . . Achtung! *(ein dünner, müde gekrümmter Strahl tritt aus der Spritze)* . . . der Strahl ist vorläufig noch zu stark gekrümmt . . .

VATER Ach . . .

MUTTI . . . und wann wird er steif . . . gerade meine ich?

VATER Elsbeth!

FEUERWEHRMANN Das regelt sich elektronisch . . .

MUTTI Das ist ja drollig . . .

FEUERWEHRMANN Drollig?!

VATER Meine Frau versteht nichts von Technik . . .

# *Parkgebühren*

*Ein Herr mit Aktentasche tritt an seinen Wagen, der an einer Parkuhr abgestellt ist. Eine Politesse kontrolliert die Parkzeit.*

HERR Was is' denn?

POLITESSE *(ihren Formular-Block ziehend)* Sie haben die Parkzeit überschritten. Sind Sie mit einer Verwarnung einverstanden? *(sieht nach der Wagennummer und vergleicht die Uhrzeit)*

HERR Das ist gar nicht möglich, ich habe ja grade erst ein Zehnpfennigstück eingeworfen! Dann war ich drüben in der Bank und bin sofort wieder zurück ...

POLITESSE Dann hat es wohl ein bißchen länger gedauert ... *(schreibt)*

HERR Neinnein ... ich habe nur einen Umschlag abgeholt ...

POLITESSE ... Die zulässige Parkzeit ist überschritten, da die rote Kontrollscheibe seit 20 Minuten im Sichtfenster der Parkuhr sichtbar ist ...

HERR Dann ist die Parkuhr kaputt ...

POLITESSE *(sieht ruhig auf den Herrn)*

HERR Sie muß kaputt sein ...

POLITESSE Das ist ja festzustellen ... *(greift in die Tasche, entnimmt Portemonnaie und Münze)* Wenn die Uhr nach Einwurf der Münze zurückrastet, ist sie nicht beschädigt. *(wirft die Münze ein, die Uhr springt zurück. Sie überreicht den Verwarnungsschein)* Die Parkuhr ist *nicht* beschädigt! Sind Sie mit einer Verwarnung einverstanden?

HERR Ja ... ich ... *(sieht ratlos auf die Parkuhr, dann in den Wagen)* Halt! ... Das ist überhaupt nicht mein Wagen ... *(sieht nach rechts und links)* Da! ... *Das* ist mein Wagen! Ich war im Moment ganz ... ist ja auch dasselbe Modell! *(sieht kurz hinein und zeigt auf die Parkuhr)* ... und erst 10 Minuten abgelaufen! *(steigt ein und fährt ab)*

POLITESSE *(sieht verblüfft von einem Wagen zum anderen und steckt die Verwarnung hinter den Scheibenwischer)*

*In diesem Augenblick erscheint ein Ehepaar und geht auf den Wagen zu.*

POLITESSE Sind Sie die Wagenbesitzer?

GATTE Jawohl ...

POLITESSE Sie haben die Parkzeit überschritten. Sind Sie mit einer Verwarnung einverstanden?

GATTIN Wir haben nur ganz schnell ein paar Einkäufe gemacht ...

GATTE Hier in unmittelbarer Umgebung ... Es kann gar nicht länger als eine Viertelstunde gedauert haben ...

POLITESSE Wenn die rote Kontrollscheibe im Sichtfenster sichtbar wird, ist die Parkzeit mindestens um 10 Minuten überschritten ...

GATTIN Wo ist eine rote Kontrollscheibe?

POLITESSE Hier im Sichtfenster ...

GATTIN Da ist keine rote Scheibe ...

GATTE Na, bitte!

POLITESSE Ja, jetzt natürlich nicht ... es ist ja eine Münze eingeworfen ...

GATTE Dann ist doch alles in Ordnung ...

POLITESSE Neinnein ... *Sie* haben ja keine Münze eingeworfen ...

GATTE Ha, wer denn sonst?

POLITESSE Ich ...

GATTE Bitte?

*(Zwei Polizisten treten dazu)*

POLITESSE *(zu den Polizisten)* Diese Herrschaften haben die zulässige Parkzeit überschritten . . .

POLIZIST *(zum Gatten)* Darf ich mal Ihren Führerschein und die Wagenpapiere sehen?

GATTE *(holt sie aus der Tasche)*

GATTIN Wir waren nur 5 Minuten weg . . .

POLIZIST Wenn die rote Kontrollscheibe im Sichtfenster sichtbar wird, ist die Parkzeit überschritten . . .

GATTE Aber die rote Kontrollscheibe ist eben *nicht* im Sichtfenster sichtbar!

POLITESSE *(zu den Polizisten) Ich* habe eine Münze eingeworfen!

DIE POLIZISTEN *(sehen verblüfft auf die Politesse)*

GATTE Ach was! . . .

POLITESSE *(zu den Polizisten)* Ein unbekannter Verkehrsteilnehmer wollte sich mit diesem Wagen entfernen . . . er hatte jedoch in die andere Parkuhr eine Münze eingeworfen . . .

POLIZIST Wo hatte der Herr eine Münze eingeworfen?

POLITESSE In die andere Parkuhr . . . in die andere dort . . . *(Passanten treten dazu)*

GATTIN . . . Und er wollte mit unserem Wagen fahren . . .?

POLIZIST *(zur Politesse)* Kennen Sie den unbekannten Verkehrsteilnehmer?

POLITESSE Nein, der Verkehrsteilnehmer hatte nur irrtümlich angenommen, die Parkuhr sei beschädigt . . .

POLIZIST Welche?

POLITESSE Diese . . .

POLIZIST Aber der Verkehrsteilnehmer hatte sein Parkgeld ordnungsgemäß in den Münzeinwurf der *anderen* Parkuhr eingeworfen . . .

POLITESSE Jawohl . . .

POLIZIST . . . Und hatte dann irrtümlich angenommen, der Münzeinwurf *dieser* Parkuhr sei beschädigt . . .

POLITESSE Er hatte unrichtig behauptet, in *diese* Parkuhr die Parkgebühr ordnungsgemäß entrichtet zu haben, und wollte sich irrtümlich mit *diesem* Fahrzeug entfernen . . .

GATTE *(erregt)* Irrtümlich, haha!

POLIZIST Bitte, bewahren Sie Ruhe, Ihr Fahrzeug befindet sich ja in Ihrem Besitz . . . *(zu den gedrängt stehenden Passanten)* Gehen Sie doch weiter, meine Herrschaften.

POLITESSE Es war so: Ich habe eine Münze in den für den Münzeinwurf bestimmten Münzeinwurf eingeworfen, weil der Verdacht bestand, daß der unbekannte Verkehrsteilnehmer die Parkmünze nicht ordnungsgemäß in den Münzeinwurf der Parkuhr eingeworfen hatte. Der unbekannte Verkehrsteilnehmer hatte unrichtig auf die Beschädigung *dieser* Parkuhr hingewiesen, in die er ordnungsgemäß keine Parkmünze eingeworfen hatte, da er in den für den Münzeinwurf bestimmten Münzeinwurf der *anderen* Parkuhr ordnungsgemäß eine Münze eingeworfen hatte. Die bei versäumter rechtzeitiger Nachzahlung im Sichtfenster sichtbare rote Kontrollscheibe dieser Parkuhr war daher sichtbar . . .

DIE POLIZISTEN *(sehen starr auf die Politesse)*

POLITESSE *(irritiert)* Die Behauptung, die Münzautomatik dieser Parkuhr sei beschädigt, erwies sich als unrichtig, da der unbekannte Verkehrsteilnehmer ordnungsgemäß die Münze nicht in den hierfür bestimmten Münzeinwurf eingeführt hatte. Er wollte sich mit diesem Fahrzeug entfernen, unterließ es jedoch, da es ihm nicht gehörte . . .

POLIZISTEN *(sehen starr auf die Politesse)*

POLITESSE *(in zunehmender Verwirrung)* . . . Durch die deutlich sichtbare rote Kontrollscheibe im Sichtfenster der Parkuhr war ersichtlich, daß der Einwurf der Münze in den für den Münzeinwurf bestimmten Münzeinwurf der Park . . . der Münzparkautomatik im Sinne des § 13, Absatz 1 der Straßenverkehrsordnung nicht erfolgt war. Eine Verwarnung des unbekannten Verkehrsteilnehmers brauchte nicht zu erfolgen, da er im Begriff war, sich dieses Fahrzeug *irrtümlich* anzueignen.

*(Das Ehepaar starrt die Politesse an)*

POLIZIST *(zum Ehepaar)* Sie können Ihr Fahrzeug jetzt mitnehmen . . .

*(Das Ehepaar steigt verblüfft ein und fährt ab)*

POLITESSE *(hysterisch kichernd)* . . . Nach Einwurf der Münze in den für den Münzeinwurf bestimmten Münzeinwurf und Zurückrasten der im Sichtfenster sichtbaren roten Kontrollscheibe war der Fahrzeughalter der ordnungswidrigen Unterlassung des rechtzeitigen Münzeinwurfs in den für den Münzeinwurf bestimmten Münzeinwurf . . .

*(Die Polizisten nehmen die Politesse behutsam, aber fest zwischen sich und gehen mit ihr davon)*

# *Fluggepäck*

*Gepäckförderband auf einem Flughafen. Unter den wartenden Fluggästen, die den herangleitenden Gepäckstücken entgegensehen, befinden sich fünf Herren des gehobenen Managements. Sowohl ihre Kleidung als auch ihre Flugkoffer sind von der üblichen, verblüffenden Ähnlichkeit.*

HERR 1 *(greift nach dem Koffer 1)*

HERREN 2 UND 3 *(greifen auch zu)*

HERR 2 Entschuldigen Sie, aber Sie haben da wohl versehentlich meinen Koffer . . .

HERR 1 Oh, Pardon . . .

HERR 3 Wenn Sie erlauben, ich glaube, das ist meiner . . .

HERR 2 Also, ich kenne doch meinen Koffer! *(nimmt Koffer)*

HERR 1 Ach, da kommt meiner schon!
*(Koffer 2 fährt heran)*

HERR 4 *(greift auch zum Koffer 2)* Verzeihen Sie, aber dies ist . . .

HERR 1 *(greift zu, nimmt den Koffer vom Band)* Neinnein, ich habe schon den anderen durchgelassen . . .

HERR 4 Aber ich versichere Ihnen . . .

HERR 1 Sie müssen sich irren . . .

HERR 4 Ah ja, Sie haben recht . . . ich bitte um Verzeihung . . . *(greift zum Koffer 3)*

HERR 5 *(greift auch zum Koffer 3 und nimmt ihn)* Entschuldigen Sie . . .

HERR 4 Moment . . . ich habe grade den anderen Koffer diesem Herrn überlassen . . .

HERR 5 Das mag schon sein, aber ich müßte mich schon *sehr* irren, wenn *das* nicht *mein* Koffer ist.

HERR 3 Wenn Sie erlauben, ich sehe grade, Sie haben da versehentlich meinen Koffer . . .

HERR 5 Ach!

HERR 4 *(nach rechts)* Entschuldigen Sie . . .

HERR 2 *(will mit Koffer 1 gehen)*

HERR 1 *(will mit Koffer 2 gehen)*

HERR 4 *(zum Herrn 2)* . . . könnte es wohl sein, daß Sie meinen Koffer . . .

HERR 2 Oh, das täte mir leid . . . *(gibt Koffer 1 an Herrn 4)* Aber dann . . . Hallo . . . *(Herr 1 bleibt stehen)* Darf ich mal Ihren Koffer sehen?

HERR 1 *(bleibt stehen)* Ja, bitte schön . . .

HERR 5 *(gibt Koffer an Herrn 3, sieht Koffer 4 kommen)* Ach, dann ist *das* jetzt meiner! *(ergreift Koffer 4)*

HERR 1 *(greift auch nach Koffer 4)* Also, meinen erkenne ich ganz leicht . . .

HERR 5 *(hat Koffer 4 in der Hand)* Tja . . . Jawohl . . . Das muß er sein!

HERR 1 Pardon . . . sehen Sie die Druckstelle . . . daran erkenne ich ihn unter Tausenden . . . es tut mir leid, aber . . .

HERR 5 Oh bitte . . . *(zu den Herren 2 und 4, die sich grade entfernen wollen)* Ach, entschuldigen Sie, aber wäre es möglich, daß einer der Herren den falschen Koffer . . .

HERR 3 Nein . . . nein, ich fliege seit Jahren mit diesem Koffer . . .

HERR 4 Wie sieht Ihrer denn aus?

HERR 5 So etwa wie diese . . .

HERR 4 Etwa?

HERR 5 Genau . . . etwa genau . . .

HERR 2 *(tritt mit Koffer 2 heran)* Verzeihung, ich bin doch nicht ganz sicher *(zu Herren 1 und 5)* . . .

HERR 1 Merkwürdig ...

HERR 5 *(zu Herrn 2) Das* könnte meiner sein! Ja, *das* ist er!

HERR 2 Was haben *Sie* denn für einen?

HERR 5 Im Moment überhaupt keinen!

HERR 2 Ja *dann* kann ich Ihnen diesen auch nicht geben ...

HERR 5 Aber ich bitte Sie!

HERR 3 Da kommt ja noch einer!

*(Herr 5 ergreift den letzten Koffer. Alle Herren vergleichen ihre Koffer)*

HERR 5 Meiner ist verhältnismäßig schwer ...

HERR 1 Ich habe einen ziemlich langen ...

HERR 4 Na, kürzer ist meiner auch nicht!

HERR 1 Es könnte auch der hier sein ... das linke Schloß geht etwas schwer auf ... erlauben Sie mal ...

HERR 2 Meiner ist etwas dunkler, glaube ich ... hier dieser! ... Moment ... würden Sie mal so freundlich sein ...

HERR 3 Entschuldigen Sie bitte ... *(hebt einen Koffer nach dem anderen an)* ... im allgemeinen täusche ich mich nicht so leicht ... aber in diesem Falle ...

HERR 4 Neinnein ... neinnein ... neinnein ... neinnein ...

HERR 5 Dieser hier ... erlauben Sie ... warten Sie mal ... ich glaube ... Entschuldigung ...

*(Der Koffer von Herrn 1 öffnet sich, der Inhalt fällt halb heraus)*

HERR 2 Ah ... ja!

*(Blick auf teils schmutzige, teils saubere Wäsche sowie einige gewagte Herrenjournale)*

HERR 3 Ist das Ihr Koffer?

HERR 1 Es ist alles so durcheinander ... ich glaube nicht ...

HERR 3 *(zu Herrn 4)* Darf ich mal in diesen Koffer hineinsehen?

HERR 4 Bitte sehr ... *(Sie öffnen gemeinsam den Koffer)*

HERR 1 *(zu Herrn 5)* Ich hätte ganz gern mal einen Blick in *diesen* hineingeworfen ...

HERR 5 Gern ... *(Sie öffnen den Koffer)*

HERR 1 *(greift unsicher in den Inhalt)* ... Tja ... *(sieht von einem Koffer zum anderen)*

HERR 2 *(zu Herrn 1)* Das war Ihr Koffer?

HERR 1 Ja ...

HERR 2 Darf ich mal ganz kurz ...?

HERR 1 Oh bitte ... *(Herr 2 wühlt im Inhalt)*

HERR 4 *(öffnet mit Herrn 3 dessen Koffer)* Sind das Ihre Zeitschriften?

HERR 3 Neinnein ... aber diese Hemden! ...

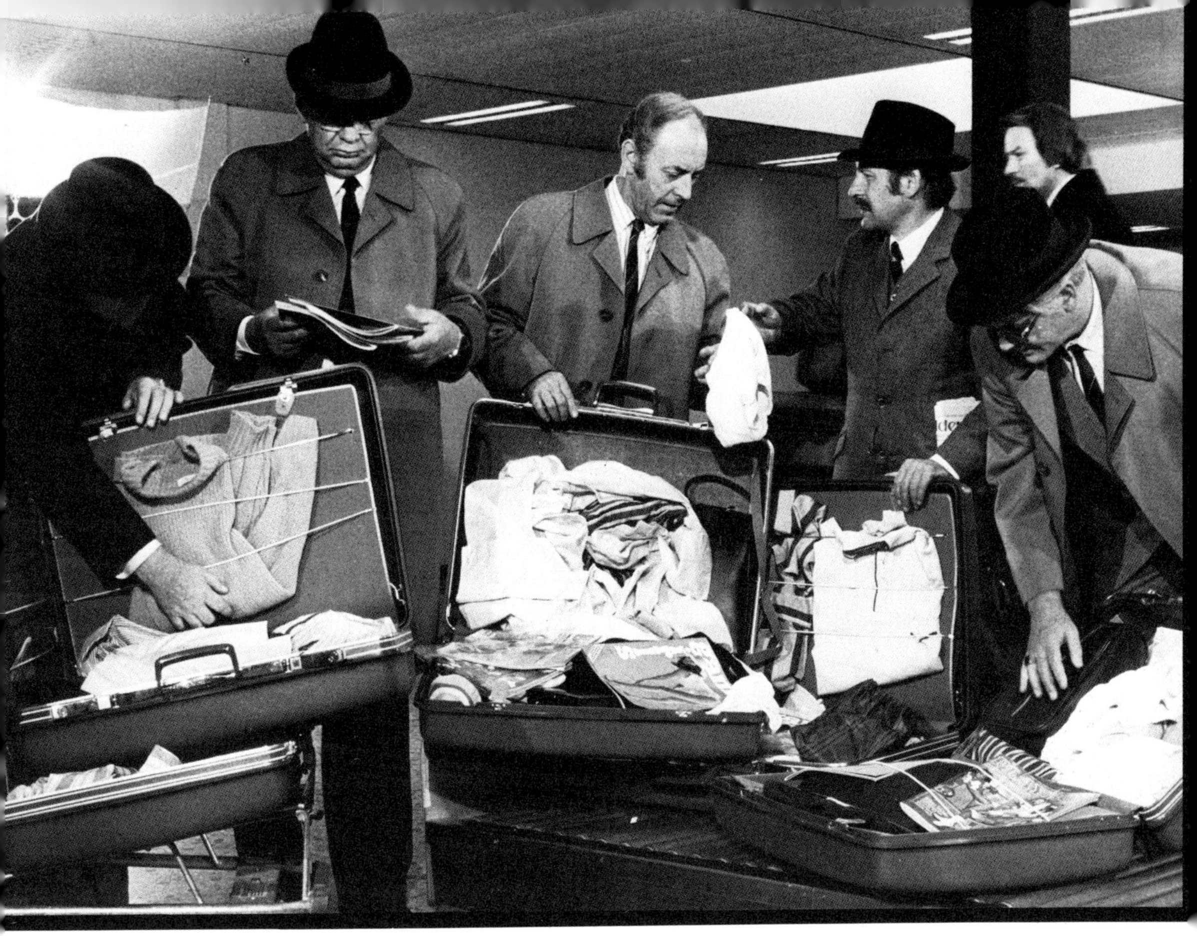

HERR 5 *(betrachtet gemeinsam mit Herrn 2, der vom Koffer des Herrn 1 kommt, den Inhalt dessen Koffers)* Ich hatte noch eine saubere Unterhose und einen hellblauen Slip, das weiß ich genau.

HERR 1 Dieser hier?

HERR 5 Nein! *(wühlt in vielen getragenen)* . . . Da! Ja . . . ja! . . . Da ist er . . . *(behält ihn in der Hand, nimmt auch die schmutzigen hoch)*

HERR 2 Sind Sie sicher?

HERR 5 Ganz sicher . . . aber dieser Kulturbeutel gehört mir nicht . . .

HERR 1 Zeigen Sie mal . . .

HERR 4 *(zu Herrn 5)* Gehören Ihnen diese Magazine?

HERR 5 Neinnein . . . aber ich vermisse noch etwas Leibwäsche . . . *(sieht die Hemden auf dem Arm von Herrn 3)* . . . oh, Verzeihung, Sie haben da freundlicherweise meine Hemden . . . sehen Sie . . . mit Namenszeichen!

HERR 3 Ach, das ist mir sehr unangenehm . . .

HERR 5 Aus welchem Koffer waren die?

HERR 3 *(ratlos)* Da bin ich momentan überfragt . . .

HERR 4 *(zu Herrn 3)* Gehören diese Zeitschriften Ihnen?

HERR 3 Nein ... aber sind in Ihrem Koffer halblange Socken ... halblange graue Socken ... getragen ...

HERR 4 Wenn Sie selbst nachsehen wollen ...

HERR 1 Wenn die Herren irgendwo ein braunes Reisenecessaire ... *(nimmt es irgendwo heraus und sieht hinein)* ... das könnte es ...

HERR 2 Könnte es dieses sein? *(hat 6 Hemden und ein braunes Necessaire)*

HERR 1 Erlauben Sie bitte ... *(nimmt das Necessaire)* ... Ich bin da grade im Zweifel ... *(sieht hinein)* ...

HERR 2 Bitte sehr ...

HERR 1 Hatten Sie eine weiße Zahnbürste? *(hält beide Zahnbürsten vor Herrn 2)*

HERR 2 Das kann ich sehr schlecht sagen ... *(sieht in das Necessaire von Herrn 1)* ... aber das ist mein Aftershave ...

HERR 1 Sind das vier getragene und zwei saubere Hemden?

HERR 2 Zählen Sie doch mal nach ...

HERR 1 *(zählt)*

HERR 2 *(zu Herrn 5)* Jetzt fehlen mir noch Hemden ...

HERR 5 Ich kann Ihnen drei von diesen geben ...

HERR 3 *(hat einen Haufen graue und schwarze Socken auf dem Arm. Zu Herrn 4)* Aber ich hatte doch nicht *nur* Socken ... da waren noch verschiedene Hemden, ein Necessaire, Unterhosen und ein kurzärmeliger Pullover ...

HERR 4 Und diese Hefte ...?

HERR 3 Eins vielleicht ... aber nehmen Sie mir doch ein paar Socken ab ... *(sie tauschen)*

HERR 4 *(geht zu einem Koffer, an dem Herr 5 steht. Herr 4 packt Socken und Hefte ein)* Ich glaube, so stimmt es ...

HERR 5 *(hat noch seine Hemden auf dem Arm)* Nur dieses karierte Taschentuch ... erlauben Sie? *(nimmt es)*

HERR 1 Oh, bitte sehr ...

HERR 5 *(geht zu einem anderen Koffer und wirft die Sachen hinein)*

*Die Herren schließen je einen Koffer, greifen unsicher nach den Duty-Free-Tüten, verlassen das Transportband, gehen durch den Ausgang und treffen dort auf ihre fünf Gattinnen, die kaum zu unterscheiden sind.*

KLM

# *Der Astronaut*

*Fernsehstudio. Dem Moderator Schmoller sitzt ein Herr mittleren Alters gegenüber.*

SCHMOLLER Die drei amerikanischen Astronauten Perdy, Elden und Brown sind zu dieser Stunde Gäste des Bundespräsidenten. Ab morgen werden sie auf einer Tournee die größten Städte der Bundesrepublik besuchen. Da keiner der drei Astronauten für ein Interview zur Verfügung stand, baten wir Raumpilot Major Gary Wickliff zu uns ins Studio, der sich seit 1964 bereits zweimal auf einer Mondumlaufbahn befand. Wir möchten ihm Fragen stellen, die uns weniger der technischen als der menschlichen Seite der Raumfahrt näherbringen sollen.
Mr. Wickliff, you are, I understand, an astronaut with considerable experience in deep space flight and have in fact been twice around the moon . . .

W. Wie bitte?

SCHMOLLER Oh – Sie sprechen deutsch?

W. Jawohl . . .

SCHMOLLER Ja, dann ist ja alles viel einfacher! Also – Sie waren bereits zweimal auf einer Mondumlaufbahn . . .

W. Nein.

SCHMOLLER Nicht, aha, ah-so, aber schließlich sind Sie ja Astronaut, nicht wahr?

W. Nein.

SCHMOLLER Nicht. Aber nach meiner Information . . . äh . . . Sind Sie sicher, daß Sie nicht Astronaut sind?

W. Ja.

SCHMOLLER Aha – und Sie sind nicht früher mal Astronaut gewesen?

W. Nein, ich bin Verwaltungsinspektor.

SCHMOLLER Bitte?

W. Ich bin Verwaltungsinspektor.

SCHMOLLER Ah ja! Verwaltungsinspektor, Herr . . .

W. Wieland.

SCHMOLLER Herr Wieland . . . Verwaltungsinspektor, das ist ein erregender, abenteuerlicher Beruf . . .

W. Jaaa-eh . . .

SCHMOLLER Um als . . . Verwaltungsinspektor unter Tausenden von Be-

werbern in die engere Wahl zu kommen, mußten Sie sich ungewöhnlich harten körperlichen Tests unterziehen.

W. Nein.

SCHMOLLER Nicht – aha – und die Schwerelosigkeit ist auch wohl nicht das Hauptproblem der . . . des Verwaltungsapparates . . .

W. Nein.

SCHMOLLER Herr Wieland, was war bisher die äußerste Beschleunigung, der Sie ausgesetzt waren?

W. Ja, alles in allem, in 18 Sekunden auf 100 . . . Mein Wagen . . .

SCHMOLLER Und Ihr Kreislauf hat bisher nicht darunter gelitten?

W. Nein.

SCHMOLLER Nicht . . . aha . . . das . . . das ist erstaunlich . . . Herr Wieland, Sie sind verheiratet . . .

W. Ja.

SCHMOLLER Sie haben nicht den Eindruck, daß Ihr Beruf für Ihre Gattin eine unzumutbare Belastung darstellt . . .

W. Nein.

SCHMOLLER Sie vertreten also auch nicht die Ansicht, daß Verwaltungsbeamte grundsätzlich unverheiratet bleiben sollten . . .

W. Nein.

SCHMOLLER Nicht . . . hm-hm . . . ja . . . was war bisher die äußerste Entfernung von der Erdoberfläche, in der Sie gearbeitet haben?

W. Ja, wir arbeiten jetzt im . . . äh . . . dritten Obergeschoß.

SCHMOLLER Mhm, mhm . . . haben Sie jemals befürchtet, einmal von dort oben nicht mehr zurückzukehren?

W. Nein.

SCHMOLLER Nicht . . . aber trotzdem können Sie wohl fest damit rechnen, daß Ihnen nach dem . . . daß Ihnen nach dem Ausscheiden aus der . . . aus dem . . . aus dem Verwaltungsdienst eine repräsentative Stellung in der Industrie angeboten wird?

W. Was?!

SCHMOLLER Herr Wieland, wir danken Ihnen für dieses Gespräch.

# DAS TIER
# ALS SOLCHES

# *Der sprechende Hund*

*Fernsehinterview. Ein Reporter spricht mit Herrn Dr. Sommer und seinem Hund. Es handelt sich um ein großes, dickes, langhaariges Tier, das zwischen den beiden Herren sitzt.*

REPORTER Guten Abend, meine Damen und Herren ... als Gast im Studio begrüßen wir heute Herrn Dr. Sommer, den Gründer und Leiter der Tierpädagogischen Hochschule in Cuxhaven und seinen besten Freund und Schüler ...

HUND *(macht ein unanständiges Geräusch mit der Zunge)*

REPORTER Herr Dr. Sommer, Sie erteilen diesem Hund seit Jahren Sprechunterricht ...

DR. SOMMER Jawohl ...

REPORTER In deutscher Sprache ...

DR. SOMMER Richtig ...

REPORTER ... Und Ihre Bemühungen hatten Erfolg ...

DR. SOMMER So ist es ...

REPORTER Der Hund kann also sprechen?

DR. SOMMER Jawohl ...

REPORTER Richtig sprechen wie ein Mensch?

DR. SOMMER Ja ...

REPORTER Das ist sen-sa-tio-nell! Wie heißt denn das Tier?

DR. SOMMER Bello ...

REPORTER ... Und was kann er sprechen?

DR. SOMMER Was Sie wollen ...

REPORTER Ja, was denn so zum Beispiel?

DR. SOMMER Na, sagen Sie irgendwas ...

REPORTER Ich soll was sagen?

DR. SOMMER Ja ...

REPORTER Äh ... *(denkt nach)* ... mein Gott, *ich kann* doch sprechen! Der *Hund* soll irgendwas sagen!

DR. SOMMER Jaja, aber sagen *Sie* doch, was er sagen soll!

REPORTER Äh ... na zum Beispiel den Namen von irgendeinem berühmten Schauspieler ...

DR. SOMMER ... Und welchen?

REPORTER ... Irgendeinen ... wie heißt denn dieser Blonde?

DR. SOMMER Heinz Rühmann ...

REPORTER Nein, der andere ...

DR. SOMMER Curd Jürgens ...

REPORTER Neinnein ... irgendwas mit »F« ...

DR. SOMMER Mit »F« ...

REPORTER ... oder »P« ...

DR. SOMMER Marlene Dietrich ...

REPORTER So ähnlich ...

DR. SOMMER Hat er nicht in dem Film mitgespielt?

REPORTER In welchem?

DR. SOMMER ... von diesem italienischen Regisseur ... ich komme jetzt nicht auf den Namen ...

REPORTER ... mit »I«?

DR. SOMMER Er heißt so ähnlich wie eine Autofirma ...

REPORTER BMW ...

DR. SOMMER Neinnein ... äh ... dieser Fußballspieler fährt so einen ...

REPORTER Welcher Fußballspieler?

DR. SOMMER ... Der das Tor in dem Endspiel geschossen hat ...

REPORTER Wo? In Hamburg?

DR. SOMMER Nein ...

REPORTER In Bremen?

DR. SOMMER Nein ... äh ...

REPORTER Herr Dr. Sommer, mit welcher Methode haben Sie dem Hund Sprechen beigebracht, und wie lange hat es gedauert?

DR. SOMMER Über vier Jahre habe ich das Tier täglich acht Stunden unterrichtet, durch langsames Vorsprechen, Zungenübungen und intensive Atemtechnik ...

HUND *(macht ein unanständiges Geräusch mit der Zunge)*

REPORTER Sen-sa-tio-nell! Herr Dr. Sommer, könnte der Hund jetzt mal irgendwas sprechen?

DR. SOMMER Gern ... *(zum Hund)* ... Bello! ... Sag mal »Wo« ...

HUND Ho ...

REPORTER Ah ... ja ... Jetzt vielleicht etwas Längeres ...

DR. SOMMER ... Und was für ein Thema hätten Sie gern ...

REPORTER Das ist ganz egal ...

DR. SOMMER Vielleicht etwas Politisches ...

REPORTER Neinnein ...

DR. SOMMER ... Oder aus dem kirchlichen Bereich?

REPORTER Ach nein ...

DR. SOMMER Ja, was denn nun?

REPORTER Irgendwas Nettes, Normales ...

DR. SOMMER Bitte sehr ... *(zum Hund)* ... Bello ... sag mal ... Otto holt große rote Rosen ...

HUND Hoho ho hoho hoho hoho ...

| | |
|---|---|
| REPORTER | Man muß schon sehr genau hinhören! |
| DR. SOMMER | Botanische Themen liegen ihm nicht so . . . |
| REPORTER | Also meinetwegen etwas aus dem kirchlichen Bereich . . . |
| DR. SOMMER | Gern . . . *(zum Hund)* Bello . . . sag mal . . . Neun Nonnen holen Kohlen zum Kohleofen . . . |
| HUND | Ho hoho hoho hoho ho hohohoho . . . |
| REPORTER | Ich weiß nicht, Herr Doktor, ich weiß nicht, ob das Tier diesem Thema gewachsen ist . . . Vielleicht sollten wir religiöse Bereiche überhaupt ausklammern . . . |
| DR. SOMMER | Wie Sie wünschen . . . dann eventuell doch noch eine politische Äußerung? |
| HUND | *(macht ein unanständiges Geräusch mit der Zunge)* |
| REPORTER | Neinnein . . . |
| DR. SOMMER | . . . Oder etwas aus der Wirtschaft? |
| REPORTER | Ja bitte . . . |
| DR. SOMMER | . . . Über Atomstrom . . . |
| REPORTER | Nein, das sagt er nicht! Politische Äußerungen von Hunden sind auf dem Bildschirm unerwünscht . . . |

DR. SOMMER Aber ich versichere Ihnen, das ...

REPORTER Neinnein ...

DR. SOMMER Ich versichere Ihnen, das Tier äußert sich rein privat ... ohne jeden politischen Aspekt ...

REPORTER Atomstrom *ist* ein politischer Aspekt ...

DR. SOMMER Na wenn schon ...

REPORTER ... Und nicht Hunde, sondern Politiker haben darüber zu sprechen!

DR. SOMMER Bello hat das Recht, über Atomstrom zu sprechen ... wie ein Politiker!

HUND *(macht ein unanständiges Geräusch mit der Zunge)*

REPORTER Aber er weiß ja nicht, wovon er spricht!

DR. SOMMER ... wie ein Politiker!

REPORTER Also gut ... aber nicht länger als eine Minute ...

DR. SOMMER Bello ... sag mal ... Herr Otto Mohl fühlt sich unwohl am Pol ohne Atomstrom ...

HUND Ho Hoho ho ho ho hoho ho ho hoho hohoho ...

REPORTER Solche Äußerungen heizen die Diskussion wieder ganz unnötig an ...

DR. SOMMER Also gut ... Bello ... sag mal ... Otto Kohl fühlt sich wohl bei der Oberpostdirektion ...

HUND Hoho ho ho ho ho hoho Hohohohohoho ...

REPORTER Na, das hat ja nun wieder überhaupt keinen aktuellen Bezug! Kann er nichts aus dem Themenkreis des Fernseh-Programms ...

DR. SOMMER ... Bello ... sag mal ... Talkshow ...

HUND Hoho ...

REPORTER Herr Dr. Sommer, darf ich offen sprechen?

DR. SOMMER Na und ...?

REPORTER Der Hund *kann* überhaupt nicht sprechen!

DR. SOMMER Das ist eine unverschämte Behauptung!

REPORTER Der Hund beherrscht nur einen einzigen Buchstaben ... so etwas wie »O« ...

HUND *(stößt einen langgezogenen, jaulenden Klagelaut aus)*

REPORTER Was hat er denn jetzt wieder gesagt?

DR. SOMMER Fischers Fritze fischt frische Fische ...

HUND *(macht ein unanständiges Geräusch mit der Zunge)*

# *Die weiße Maus*

*Ein korrekt gekleideter, älterer Herr steht etwas ratlos in einer Kleintierhandlung.*

HERR *(sieht in ein Aquarium)* ... Ich hätte gern einen Vogel oder sowas ...

VERKÄUFER Wie wär's denn mit'm Meerschweinchen?

HERR Jaa ... aber es sollte mehr wie eine Ente sein ...

VERKÄUFER *(tonlos)* Eine Ente ...

HERR Nur nicht zu klein ...

VERKÄUFER ... Und ein Zwergpudel ... ein Riesenzwergpudel?

HERR Haben Sie nicht irgendwas ohne Haare?

VERKÄUFER Einen Fisch wollen Sie keinen?

HERR Doch ... auch ... aber vielleicht sind Fische nicht so anschmiegsam ... wissen Sie, ich bin unverheiratet ... ich lebe allein ... und da dachte ich, eine Ente ...

VERKÄUFER Eine Ente ...

HERR So als guter Kamerad, mit dem man so richtig durch dick und dünn ... wissen Sie ...

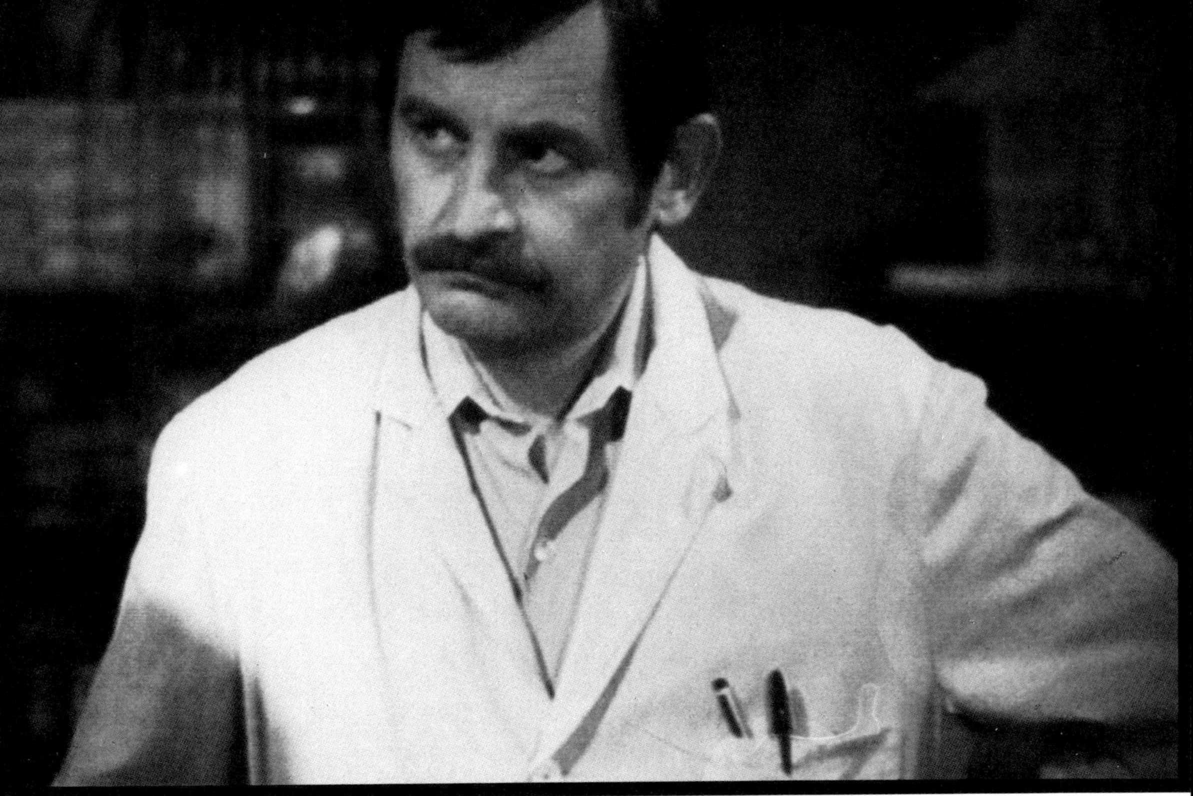

VERKÄUFER Ja . . . aber ich habe keine Ente . . .
HERR Überhaupt keine?
VERKÄUFER *(sieht in einen kleinen Karton)* Nein!
HERR Schade . . . *(betrachtet ein Terrarium mit weißen Mäusen)* . . . und das hier?
VERKÄUFER Das sind weiße Mäuse . . .
HERR Ach, *das* sind weiße Mäuse!!
VERKÄUFER Ganz frische Ware . . .
HERR Ich denke, es gibt gar keine weißen Mäuse!
VERKÄUFER *(sieht den Herrn starr an)*
HERR . . . ich dachte, »weiße Mäuse« ist mehr so ein geflügeltes Wort!
VERKÄUFER *(unsicher)* Das ist mir neu . . .
HERR Goldig . . . aber wieder ganz anders als Enten, gell?
VERKÄUFER Will ich nicht sagen . . .
HERR Aber die huschen so . . . die watscheln nicht!
VERKÄUFER . . . die watscheln nicht? . . .

HERR Mein Gott, das sieht man mit bloßem Auge . . . Sie sind doch Zoologe . . .

VERKÄUFER Wollen Sie lieber 'n Papagei? . . . der watschelt!

HERR Neinnein . . . jetzt will ich eine Maus . . . aber nicht so nervös wie diese . . . haben Sie keine anderen?

VERKÄUFER Nein . . . leider . . .

HERR Führen Sie wirklich nur diese *nervöse* Sorte?

VERKÄUFER *(unsicher)* Ich hätte da noch ein Einzelstück . . . aber das wird Ihnen auch nicht gefallen . . . *(holt unter dem Ladentisch eine tote Maus hervor und legt sie auf den Ladentisch)*

HERR Goldig . . . die ist nicht so nervös wie die andern, gell . . .

VERKÄUFER Neinnein . . .

HERR Ich liebe Tiere . . . aber sie müssen charakterlich in Ordnung sein. Vor allen Dingen sauber. Ich kaufe nämlich keine Katze im Sack . . .

VERKÄUFER So!

HERR Macht die viel Schmutz?

VERKÄUFER Nein, überhaupt nicht . . .

HERR Laufen weiße Mäuse im allgemeinen gern?

VERKÄUFER Ja . . . den ganzen Tag!

HERR Ich gehe nämlich täglich zwei Stunden spazieren . . . Diese ist doch nicht *zu* lebhaft?

VERKÄUFER Momentan weniger . . .

HERR Aber sie bewegt sich so gut wie überhaupt nicht!

VERKÄUFER Doooоch . . . *(bewegt die tote Maus mit dem Zeigefinger)* . . . aber wenn Sie lieber eine von den nervösen hätten . . .

HERR Neinnein . . .

VERKÄUFER Is auch tadellos im Fell . . .

HERR . . . Und charakterlich?

VERKÄUFER Sehr anständig . . .

HERR Wissen Sie, Tiere müssen gehorchen können, sonst muß man hart durchgreifen, ganz hart! Schnarcht die?

VERKÄUFER Nein . . . wolln Sie sie nun mitnehmen?

HERR Na schön . . .

VERKÄUFER *(beginnt die tote Maus einzuwickeln)*

HERR . . . Aber vielleicht hätte ich doch lieber so eine bewegliche . . .

VERKÄUFER *(wickelt die Maus enerviert wieder aus)*

HERR . . . Aber wenn Sie meinen . . .

VERKÄUFER *(wickelt sie wieder ein)* Das ist erstklassige Ware . . . tadellos im Fell . . . Dreiachtzig . . . *(schiebt das Päckchen rüber)*

HERR *(zahlt)* Machen weiße Mäuse eigentlich irgendwas?

VERKÄUFER Wie . . . machen?

HERR Ich meine, können die was nachpfeifen oder nachsprechen oder so?

VERKÄUFER Piepen . . . die piepen . . .

HERR Ach, die piepen . . . *(hält das Päckchen ans Ohr)* Piept die?

VERKÄUFER Nein . . . im Moment nicht . . .

HERR *(mit dem Päckchen am Ohr)* Goldig . . .

# *Der wilde Waldmops*

Der Mops genießt heute einen zweifelhaften Ruf als ringelschwänziges Schoßtier. Das war nicht immer so. Rekonstruktionen nach jüngsten Knochenfunden beweisen, daß der Mops durch blinden Züchter-Ehrgeiz in den letzten 500 Jahren nicht nur seine Nase völlig eingebüßt hat. Wenn wir die Entwicklung einmal zurückverfolgen, stoßen wir schon im 16. Jahrhundert auf einen Mops, dessen edler Körperbau das Herz des Tierfreundes höher schlagen läßt. Als Herr des Waldes durchstreifte der Mops einst Europa zwischen Ural und Fichtelgebirge. Heute weiden nur wenige wilde Möpse in unbewohnten Waldungen Nordschwedens.

Ende des 16. Jahrhunderts galten die mächtigen Mopsschaufeln noch als beliebte Jagdtrophäe. Im Lauf des 17. Jahrhunderts hat man sie jedoch rücksichtslos zurückgezüchtet, da sich 14-Ender im Schoße älterer Damen als hinderlich erwiesen hatten. Der Mops wurde gefahrlos und damit konsumgerecht.

In Deutschland hat lediglich der scheue Waldmops die freiheitliche Würde seiner Vorfahren bewahrt. Er führt zwar ein zurückgezogenes Höhlendasein, richtet jedoch im deutschen Wald jährlich pro Kopf Schaden von rund 40 000,– DM an. Auf Nahrungssuche verwüstet er Quadratkilometer wertvollen Waldbestandes, nimmt Vogelnester aus, reißt Rotwild und stellt Singvögeln nach, wobei ihm sein kurzes, aber kräftiges Gehörn wertvolle Dienste leistet.
Den Winter verbringt der Waldmops mit Hunderttausenden seiner Artgenossen in Südafrika, während er im Frühjahr die Wesermündung aufsucht, um sich dort zu paaren. Die rasch ausschlüpfenden Jungen streben eiligst dem Wasser zu, um den gierigen Schnäbeln der Kohlmeisen zu entgehen. Wer überlebt, schwimmt nach rätselhaften uralten Naturgesetzen stromaufwärts, um an den Laichplätzen der Lachse schwere Schäden anzurichten. Wir meinen, daß falsch verstandene Romantik hier fehl am Platze ist.

# KULTUR UND FERNSEHEN

# *Literaturkritik*

*Der Literaturkritiker einer Fernsehanstalt erscheint auf dem Bildschirm und beginnt mit der Geziertheit des intellektuellen Fernsehschaffenden zu sprechen.*

Die Frankfurter Buchmesse liegt nun drei Monate zurück, aber diese Zeit war erforderlich, das Angebot zu sichten, Wesentliches von Überflüssigem zu trennen, Bedeutendes von Unbedeutendem zu scheiden.

Lassen Sie mich aus der Fülle der wichtigen Neuerscheinungen ein Werk herausgreifen. Hier werden Dinge in einer Eindringlichkeit und Präzision beschrieben, die bisher in der schöngeistigen Literatur nicht zu finden waren. Der Autor zieht es vor, anonym zu bleiben. Das überrascht, denn bei aller Offenheit zeigt das Werk eine ungewöhnliche Reinheit der Sprache, und man sollte nicht zögern, es gerade der heranreifenden Jugend in die Hände zu legen, um sie mit den ganz natürlichen Vorgängen des Lebens vertraut zu machen. Keine deutsche Fernsehanstalt hat es bisher gewagt, eine Leseprobe der zu Unrecht umstrittenen Stellen zuzulassen. Aber bitte urteilen Sie selbst. Ich beginne auf Seite 294:

| | |
|---|---|
| Germersheim ab | 12.36 Uhr |
| Westheim | 12.42 Uhr |
| Lustadt an | 12.46 Uhr |

Schon diese Stelle ist ein kleines Meisterwerk. Ein nur scheinbar harmloses Zeugnis für die bestürzende Sachkenntnis des Verfassers. Und kurz darauf steigert sich das Werk zu einem seiner vielen dramatischen Höhepunkte:

| | |
|---|---|
| Landau ab | 12.32 Uhr |
| Anweiler | 12.47 Uhr |
| Pirmasens an | 13.13 Uhr |

Das ist fein beobachtet. Jedermann weiß, wie peinlich solche Stellen gerade bei Literaten minderer Qualität wirken können.

Mit den Worten »in Saarbrücken Hauptbahnhof kann mit Anschluß nicht gerechnet werden« schließt das Werk. Es sollte in keinem Bücherschrank fehlen.

# *An der Opernkasse*

*Ein Herr tritt an den Schalter und spricht durch das niedrige Schiebefenster. Hinter ihm seine Gattin, dann 2. und 3. Herr, weitere Wartende.*

GATTE Ich hätte gern für zwei Personen – für »Siegfried« – am Donnerstag . . .

KASSIERER Donnerstag ist ausverkauft . . .

GATTE Ach . . .

GATTIN Was is?

GATTE Donnerstag ist ausverkauft . . . *(zum Kassierer) Völlig* ausverkauft?

KASSIERER Völlig . . . seit zwei Wochen . . .

GATTE *(zur Gattin)* Seit zwei Wochen völlig ausverkauft . . . *(zum Kassierer)* Auch nicht ganz hinten oder im Rang?

KASSIERER Nein, leider . . .

GATTE . . . Oder so zwölfte Reihe, Mitte?

KASSIERER Nein . . .

GATTIN . . . Und im Rang oder ganz hinten . . . frag doch mal . . .

GATTE . . . Wieso ist denn grade »Siegfried« ausverkauft?

KASSIERER »Siegfried« ist nicht ausverkauft . . .

GATTE Aber Sie sagten doch grade, »Siegfried« ist ausverkauft . . .

KASSIERER Nein, Donnerstag . . . ich sagte Donnerstag . . .

GATTE Jawohl . . . »Siegfried« am Donnerstag . . .

KASSIERER Donnerstag ist ausverkauft . . . »Siegfried« ist heute, Donnerstag ist »Martha«.

GATTE Wieso Martha?

GATTIN Was is?

GATTE Donnerstag ist »Martha«.

GATTIN Nee, Martha kommt heute . . .

KASSIERER Heute ist »Siegfried« . . .

GATTE *(zum Kassierer)* Martha ist meine Schwägerin . . .

KASSIERER Ach?

GATTIN Was is?

GATTE Martha ist meine Schwägerin . . .

GATTIN Mein Gott, *das* weiß ich auch, und was ist mit »Siegfried«?

GATTE »Siegfried« is heute . . .

GATTIN *(zum Gatten)* . . . aber heute geht nicht wegen Martha . . .

KASSIERER Entschuldigen Sie, ich werde jetzt abgelöst. Mein Kollege bedient Sie gleich weiter. *(schließt das Kassenfenster)*

GATTE Ah ja . . .

2. HERR Sehen Sie, da haben Sie's!

GATTE Wieso?

2. HERR Jetzt ist er weg, und in einer halben Stunde fängt die Vorstellung an . . .

GATTE Na und . . .

2. HERR Da möchte ich nämlich noch rein, wenn Sie nichts dagegen haben . . .

KASSIERER *(öffnet die Kasse)* Bitte, wer ist der nächste?

2. HERR Ich hätte meine Karte längst, wenn *Sie* wüßten, was sie wollen . . .

GATTE *(macht Platz)* Bitte sehr, bitte sehr, wenn Sie es so eilig haben . . .

GATTIN Unerhört!

2. HERR *(drängt an die Kasse)* . . . Ich hätte gern fünf Plätze für heute abend, so sechste bis neunte Reihe Mitte . . .

KASSIERER *(sieht nach)* . . . Tut mir leid, ich habe noch vier in der dritten und einen hinten . . .

2. HERR Aha . . .

KASSIERER Oder zwei in der ersten und drei in der elften.

2. HERR . . . Und weiter vorn?

KASSIERER . . . drei in der zwoten, einen in der vierten und einen in der neunten.

2. HERR . . . Und fünf in der sechsten?

KASSIERER Nein . . . leider . . .

2. HERR Es gingen auch zwei in der sechsten, zwei in der siebten und einer in der achten.

KASSIERER Nein, aber zwo in der ersten, einen in der zwoten und zwo in der zehnten . . .

2. HERR Hm . . .

KASSIERER Sie können es sich ja noch überlegen, damit wir hier weiterkommen . . .

2. HERR *(nachdenklich)* Tja . . . *(tritt beiseite)*

GATTE Ich hatte mit Ihrem Kollegen alles schon besprochen, vielleicht könnten Sie uns . . .

GATTIN Laß mich mal *(drängt sich an den Schalter)* . . . eigentlich hätten wir gern zweimal »Siegfried« für Donnerstag . . .

KASSIERER »Siegfried« ist heute . . . Donnerstag ist »Martha« . . .

GATTE Das ist meine Schwägerin . . .

KASSIERER Bitte?

GATTIN Wir können wegen meiner Schwester heute nicht in »Siegfried« . . .

GATTE Aber den Drachen hätte ich doch ganz gern gesehen . . .

GATTIN Wir lieben Opern mit Tieren . . .

KASSIERER Ach . . .

3. HERR Ich habe einen Riesenschnauzer, wenn ne Oper im Fernsehen is, dann hält der immer den Kopf schief . . .

GATTE Goldig . . . *(zur Gattin)* . . . gibt es eigentlich eine Oper mit Hunden?

GATTIN Ich weiß nicht . . . *(zum Kassierer)* Gibt es Opern mit Hunden?

KASSIERER Nein . . .

GATTIN Die ganze Woche nicht?

KASSIERER Nein . . . und nächste Woche auch nicht . . .

2. HERR Entschuldigen Sie . . . darf ich mal?

GATTIN Bitte sehr . . .

2. HERR Ich hätte jetzt gern für heute abend fünf Plätze im ersten Rang, erste Reihe Mitte . . .

KASSIERER *(sieht nach)* . . . Da kann ich Ihnen nur noch drei Plätze im zwoten Rang, vierte Reihe Mitte anbieten und zwo im dritten Rang erste Reihe Seite.

2. HERR . . . und zwo im ersten Rang, vierte Reihe Mitte und drei zwote Reihe Seite?

KASSIERER Nein . . .

2. HERR Na, dann in Gottes Namen fünf Plätze vierter Rang, erste Reihe Mitte . . .

KASSIERER Da habe ich noch zwo erste Reihe Seite und drei vierte Reihe Mitte . . .

2. HERR Tja . . .

GATTE Entschuldigen Sie, daß ich mich da einmische, aber wenn meine Gattin sich Ihnen vielleicht anschließen dürfte, wo Sie doch schon mehrere sind . . .

GATTIN Was?!

GATTE Dann gehst du heute in »Siegfried« und ich Donnerstag mit Martha in »Martha« . . .

2. HERR *(sieht die Gattin prüfend an)* Bitte schön . . . *(zum Kassierer)*

|  |  |
|---|---|
|  | . . . Also dann hätte ich jetzt gern zwo Plätze erste Reihe Mitte . . . |
| GATTIN | *(zum Gatten)* Aber *du* wolltest doch den Drachen sehen . . . |
| GATTE | Nein-nein, ein Hund wäre mir sowieso lieber gewesen . . . |
| 3. HERR | Sie können sich ja gern mit Ihrer Schwägerin meinen Riesenschnauzer ansehen . . . |
| GATTE | *Das* wäre *sehr* liebenswürdig! Wenn ich Sie dafür in die Oper einladen dürfte . . . |
| 3. HERR | Ach, keine Ursache . . . |
| GATTE | Aber ich bitte Sie! |
| 3. HERR | Na, dann morgen in die »Zauberflöte«. |
| GATTE | *(zum Kassierer)* . . . Ich hätte gern für die »Zauberflöte« erste Reihe Mitte . . . vier Plätze . . . drei Erwachsene und ein Riesenschnauzer . . . |

# *Die Opernsprengung*

*Eine Diskussion auf der Bühne des Cuvilliéstheaters zu München am 18. Februar 1973*

DR. GÜNTHER RENNERT, Staatsintendant der Bayerischen Staatsoper;
KURT MEISEL, Staatsintendant des Bayerischen Staatsschauspiels;
AUGUST EVERDING, Intendant der Münchner Kammerspiele;
DR. JOACHIM KAISER, Musik-, Theater- und Literaturkritiker der Süddeutschen Zeitung;
OBERBRANDMEISTER SEDLMAYR, Branddezernat München II/Innenstadt;
VIKTOR SCHMOLLER, Diskussionsleiter.

Dr. Joachim Kaiser

Kurt Meisel

SCHMOLLER Meine Damen und Herren, zu unserem ersten Gespräch in der Reihe ›Kultur und Gesellschaft‹ begrüße ich den Staatsintendanten der Bayerischen Staatsoper, Herrn Dr. Rennert, den Staatsintendanten des Bayerischen Staatsschauspiels, Herrn Kurt Meisel, dessen Wort als neutraler Beobachter und ›Anlieger‹ der Staatsoper von Bedeutung ist, den Intendanten der Münchner Kammerspiele und künftigen Intendanten der Hamburgischen Staatsoper, Herrn August Everding, den Musik-, Theater- und Literaturkritiker der Süddeutschen Zeitung, Herrn Dr. Joachim Kaiser,und Oberbrandmeister Sedlmayr vom Branddezernat München zwo/Innenstadt.

SEDLMAYR *(springt auf)*

SCHMOLLER Vielen Dank, Herr Sedlmayr. *(Sedlmayr setzt sich)* Nun zum Thema unserer heutigen Diskussion. Der bedeutende Komponist und Dirigent Pierre Boulez antwortete vor einiger Zeit auf die Frage, wie er sich die Bewältigung der Probleme des modernen Opernschaffens vorstelle, mit den Worten: Die eleganteste Lösung wäre, alle Opernhäuser der Welt in die Luft zu sprengen. Das ist ein ungewöhnlicher Vorschlag, so meine ich, aber er verdient es, auf seine Brauchbarkeit hin

August Everding

Dr. Günther Rennert

untersucht zu werden. Herr Dr. Rennert, Sie sind der Leiter des hiesigen Opernhauses. In welcher Form haben Sie die Boulezsche Anregung aufgenommen?

DR. RENNERT Herr Schmoller, zunächst einmal möchte ich sagen, daß ich die künstlerische Potenz des Dirigenten Boulez bewundere. Aber weiß der eigentlich, wie schwer sich so was in den laufenden Spielplan einbauen läßt? Ich war in den letzten Wochen allein schon durch die Vorbereitungen für die Festspiele so in Anspruch genommen, daß mir für eine derart komplizierte Aufgabe, wie es die Sprengung eines Opernhauses ja nun einmal ist, einfach keine Zeit blieb.

SCHMOLLER Das heißt also ... *(Herr Everding hebt die Hand ...)* Ja, bitte, Herr Everding ...

HERR EVERDING Ich bin doch sehr überrascht, Herr Dr. Rennert, daß der Intendant der Bayerischen Staatsoper offensichtlich keine prinzipiellen Einwände hat gegen die Vernichtung der ihm anvertrauten Bühne!

DR. RENNERT Aber Herr Everding, wir wollen doch nicht grundsätzlich gegen progressive Ideen sein, nur weil sie nicht in unser traditionelles Denkschema passen.

HERR MEISEL *(ärgerlich)* Ich verstehe ja nichts von Musik, aber die Herren scheinen zu vergessen, daß ich im Residenztheater nur ungern inszeniere, wenn mir dabei von hinten die Oper um die Ohren fliegt!

DR. KAISER Ach was!

SCHMOLLER Meine Herren, lassen Sie uns doch weniger emotionell argumentieren und mehr die praktische Seite des Problems beleuchten. Wir haben hier im Studio eine Modellsprengung vorbereitet. Herr Sedlmayr, *(Sedlmayr springt auf)* ach bitte, behalten Sie doch Platz, vielleicht können Sie uns etwas sagen über technische Voraussetzungen und mögliche Folgen einer kulturpolitischen Operndetonation.

SEDLMAYR Wie meinen?

SCHMOLLER Wir meinen, wie wird gesprengt und was passiert?

SEDLMAYR Jawohl. Wir sprengen mit 2500 kg doppelt-kohlensaurem Trinitrotoluol in Verbindung mit 800 kg ungekämmter Kollodiumwolle ohne Zusatz von Bikarbonat. Das Bikarbonat be-inhaltet eine stärkere Granulierung, hat aber nachteilige . . .

SCHMOLLER Vielen Dank, Herr Sedlmayr, würden Sie uns nun bitte an diesem kleinen Modell der Staatsoper die Wirkungsweise der Sprengung demonstrieren.

SEDLMAYR Jawohl! Aber ich möchte gleich sagen, in echt wäre es schöner! *(sucht nach Streichhölzern. Dr. Rennert reicht ihm sein Feuerzeug. Es funktioniert nicht)* Entschuldigen Sie, aber momentan . . . ist da etwas . . .

SCHMOLLER Nun . . . dann wollen wir zunächst in der Diskussion fortfahren. Ich glaube, Herr Dr. Kaiser wollte . . .

DR. KAISER Es ist mir unbegreiflich, warum man die Opernsprengung offensichtlich nur als lästige kulturelle oder inszenatorische Pflichtaufgabe betrachtet. Im Gegenteil: Durch eine Detonation des Hauses im richtigen Moment erscheint eine schwache Inszenierung möglicherweise akzeptabel!

DR. RENNERT Also wenn bei jeder schwachen Inszenierung die Oper explodiert . . .

HERR EVERDING Na, dann brauche ich gar nicht erst nach Hamburg zu gehen . . . du lieber Gott . . .

DR. RENNERT Das ist kein religiöses Problem, Herr Everding!

HERR MEISEL Ich sehe da noch eine andere Gefahr: Angenommen, die Sprengung ist ein Erfolg, die Kritiken sind schlecht, das Publikum gewöhnt sich dran . . . und die Sänger . . .!? Ich bin *sehr* im Zweifel, ob Frau Nilsson sich für die Walküre verpflichten ließe, wenn sie damit rechnen muß, im zweiten Akt zu detonieren!

DR. KAISER Jedenfalls wäre sie im dritten dann wohl ziemlich indisponiert.

DR. RENNERT Aber wo sehen Sie denn einen dritten Akt, wenn sich das ganze Ensemble noch stundenlang in einer Detonationswolke über München befindet?

SCHMOLLER Auf das Problem der Luftverschmutzung kommen wir später zurück. Herr Sedlmayr, *(Sedlmayr springt auf)* wenn wir jetzt die Modellsprengung sehen dürften?

SEDLMAYR Jawohl! Aber ich weise noch einmal darauf hin, daß die Detonation in echt viel eindrucksvoller ist. *(Dr. Rennert reicht sein Feuerzeug. Es funktioniert nicht)*

SCHMOLLER Ja ... äh ... Wichtig erscheint mir zunächst noch die Zuschauerfrage. Gesprengt wird doch mit vollem Haus. Ist das nun eine reine Abonnementvorstellung oder freier Kartenverkauf oder eventuell nur Presse? Oder wie oder was?

DR. RENNERT Nur mit der Presse wäre es mir am liebsten, aber ich fürchte, wir kriegen das Haus nicht voll.

DR. KAISER Das hängt davon ab, was an dem Abend im Fernsehen ist.

HERR MEISEL Entschuldigen Sie ... Musik ist ja nicht mein Fach ... aber angenommen, die Publikumsfrage ist gelöst, die Premiere war ein Erfolg, die Oper ist explodiert. Wann ist die nächste Vorstellung?

HERR EVERDING Das ist eine gute Frage. Bei starkem Publikumsandrang sind eventuell zwei oder drei Sprengungen nötig. Und München hätte dank seines hervorragend ausgestatteten Opernhauses die Chance, eine Opernsprengung von wirklich hohem Niveau durchzuführen. Immerhin gilt ja die Münchner Oper als eines der schönsten Häuser der Welt.

DR. RENNERT Wenn wir voraussetzen, daß die Explosion der Staatsoper aus kulturpolitischen Gründen in *jeder* Vorstellung stattfindet, könnte – bei ständigem Wiederaufbau der Oper in Rekordzeit – bestenfalls alle drei Jahre eine Vorstellung stattfinden.

HERR MEISEL Aber dieses System würde sich ja wohl ungünstig auf die Eintrittspreise auswirken.

DR. RENNERT Gewiß, der billigste Platz würde pro Abend etwa 250 000 DM kosten. Allerdings würden die Freunde des Nationaltheaters, die ja ohnehin zu Premieren kaum Karten kriegen, nun wenigstens finanziell herangezogen werden. Eine Opernsprengung von wirklichem Niveau ist in der gegenwärtigen Theatersituation eine Sache der Privatinitiative.

HERR MEISEL Ich nehme ja auch an, daß Herr Stadtrat Baumann durch Wohltätigkeitsveranstaltungen, Tombolas undsoweiterundsoweiter immer wieder größere Beträge zur Verfügung stellen wird.

DR. RENNERT Im Zusammenhang mit der finanziellen Frage ist da noch ein anderes Problem: der neue Giebel von Professor Brenninger über dem Hauptportal. Apoll und die neun Musen in bulgarischem Muschelkalk. Es ist absolut ausgeschlossen, nach jeder Explosion ein Werk von gleicher künstlerischer Bedeutung in Auftrag zu geben.

HERR EVERDING Ich bin zwar kein Staatsintendant, aber da schlage ich doch vor, ihn jedesmal vor der Sprengung abzunehmen und irgendwo unterzustellen. Das Deutsche Museum beispielsweise ist ja immer interessiert an alten Giebeln. Aber abgesehen von dekorativen Einzelheiten ist die Oper rein architektonisch ja sowieso umstritten.

DR. RENNERT *(erregt)* Herr ... äh ...

HERR EVERDING Everding ...

DR. RENNERT Herr Everding, mir gefällt jedenfalls die explodierte Staatsoper immer noch besser als die frischgestrichenen Kammerspiele!

HERR EVERDING Aber ich bitte Sie, Herr Dr. Rennert, wie können Sie eine derartige Äußerung ... Aber auch rein privat ... also ich muß sagen ...

HERR MEISEL ... wir wollen doch nicht persönlich werden. Schließlich geht es hier um etwas ganz anderes. Die Öffentlichkeit hat ein Recht auf unpolemische Information.

DR. KAISER Ha ... ha ... ha ... ha ...

SCHMOLLER Aber meine Herren, ich bitte Sie ... Ich glaube, Herr Dr. Kaiser hat hierzu noch etwas zu sagen.

DR. KAISER Neinnein. Ich hatte da nur noch eine Frage. Wo befindet sich eigentlich nach der Detonation meine Garderobe?

SCHMOLLER Diese Frage kann uns vielleicht Herr Sedlmayr beantworten.

SEDLMAYR *(springt auf)* Für Garderobe ist das Branddezernat nicht zuständig. Es muß jedoch nach der Sprengung mit einer Garderobenstreuung für Hüte und Mäntel im Radius von 6 km gerechnet werden.

DR. KAISER Na, ich weiß nicht, wie meine Kritiken aussehen, wenn ich nach jedem Rigoletto meinen Hut in Obermenzing abholen muß!

HERR MEISEL *(in höchster Erregung)* Herr Dr. Kaiser, ich bitte Sie, Obermenzing ist doch wieder einmal völlig aus der Luft gegriffen. Aber so ist die Presse, so sind sie alle! Da gibt man sich eine blödsinnige Mühe, inszeniert eine Weltklasse-Opernexplosion, und was steht in der ›Süddeutschen‹? Herr Dr. Kaiser hat seinen Hut in Obermenzing geholt!

DR. KAISER Also gut . . . in Pullach. Aber interessieren würde mich ja nun der musikalische Aufbau der Operndetonation. Wenn Isolde in C-Dur arbeitet, kann nicht gleichzeitig in As-Dur gesprengt werden. Das klingt einfach scheußlich!

DR. RENNERT Warum muß denn in As-Dur gesprengt werden?

DR. KAISER Explosionen sind immer in As-Dur. Außer beim Bürgerbräukeller. Das war in g-Moll. Aber davon spricht ja heute auch kein Mensch mehr . . .

SCHMOLLER Ach was . . .

HERR EVERDING . . . und vom Umweltschutz spricht ja wohl auch niemand! So eine detonierte Staatsoper steht doch tagelang als Rauchpilz über München und verpestet die Innenstadt!

SCHMOLLER Um das zu überprüfen, haben wir ja eben Herrn Oberbrandmeister Sedlmayr gebeten, eine maßstabgerechte Sprengung am Modell der Oper durchzuführen. Herr Oberbrandmeister, darf ich nun bitten.

SEDLMAYR Sehr wohl . . . *(zündet, es erfolgt eine winzige Detonation des kleinen Modells der Staatsoper. Sedlmayr sieht verlegen zu Boden)*

DR. RENNERT Ist das alles?

SEDLMAYR Jawohl . . .

ALLE *(verächtlich)* Ha . . . –

*Donnerschlag und Blitz. Bei gleichzeitig einsetzendem Finale der ›Götterdämmerung‹ detoniert die Bühne samt Diskussionsrunde.*

SCHMOLLER *(im Fliegen)* Ich danke Ihnen für das Gespräch.

Viktor
moller

Walter
Sedlmayr

# *Konzertbesuch*

*Konzertsaal kurz vor Konzertbeginn. Herr I drängt sich durch eine gefüllte Reihe zu einem leeren Klappsitz in der Mitte und nimmt Platz.*

HERR I *(zu seinem rechten Nachbarn)* Ach, entschuldigen Sie, was gibt's heute hier eigentlich?

HERR II Bitte?

HERR I Ich meine ... nur Musik ... oder noch irgendwas? *(holt knisternd eine Bonbontüte aus der linken Tasche)*

HERR II Sie befinden sich in einem Konzert ...

HERR I A ... ha! *(steckt einen Bonbon in den Mund, lutscht beim Sprechen)* Wissen Sie, ich habe nämlich in einem Preisausschreiben ... *(da Herr II in seinem Programmheft liest, wendet er sich an die Dame zu seiner Linken)* ich habe in einem Preisausschreiben von der Firma Salamo ... Salamo Bratfett ... habe ich die richtige Lösung eingesandt ...

DAME I Ach ...

HERR I ... Brat fettlos mit Salamo ohne ... *(bietet ihr einen Bonbon an)* Möchten Sie einen?

DAME I Nein danke ...

HERR I ... Und die Preise Nummer 50 bis 100 waren je eine Eintrittskarte für eine kulturelle Veranstaltung ...

DAME I Aha ...

HERR I ... Man mußte die Silben in die richtige Reihenfolge bringen ... da stand nämlich ... oh mo ne la Sa mit los fett Brat ... oder so ähnlich, und das mußte dann heißen: brat fettlos mit Salamo ohne ... gar nicht einfach ... nein, warten Sie, es mußte heißen ... brat ohne Fett mit Salamo Bratfett ohne ... aber es stand da ... mo la Sa mit ohne los fett Fett brat Brat ... oder Brat brat ohne los mit mit ...

DAME I *(betrachtet ihn sprachlos)*

HERR III *(drängt sich durch die Reihe, bleibt vor Herrn I stehen)* Entschuldigen Sie, könnte es sein, daß Sie sich im Platz geirrt haben ...

HERR I Nein ... Platz Nummer 9, sehen Sie ... *(zeigt seine Karte)* Nummer 9!

HERR III Aber Reihe 14! Dies ist Reihe 15! *Das* ist Ihr Platz ... *(zeigt auf den freien Sitz in der Reihe vor ihm)*

HERR I Ach so . . . *(steht auf und sieht unschlüssig die Reihe hinunter)* Ja dann . . .
*(Die Inhaber der benachbarten Plätze machen Anstalten, sich zu erheben)*
Ach behalten Sie nur Platz, ich steige einfach so hinüber . . .
*(Herr I schwingt ein Bein über die Lehne des Platzes vor ihm und bleibt mit dem Hosenboden an etwas hängen. Er steht nun mit dem linken Bein in Reihe 14, mit dem rechten in Reihe 15)*

HERR IV *(der links neben diesem Platz sitzt)* Würden Sie wohl die Güte haben, Ihren Platz jetzt einzunehmen?

HERR I Ich hänge an etwas fest . . . *(greift sich an die Hose)*

HERR IV Wo?

HERR I Im Schritt . . .

HERR IV Na, dann machen Sie irgendwas . . .

HERR I Wie . . . machen?

HERR IV Hier . . . *(greift hin)*

HERR I Neinnein . . . nicht . . . bitte nicht . . . es ist schon etwas eingerissen . . .

*In diesem Augenblick betritt der Pianist das Podium. Applaus. Stille. Der Pianist beginnt zu spielen. Herr I verbleibt in seiner mißlichen Lage. Der folgende Dialog findet im Flüsterton statt.*

HERR IV Ja *was* denn nun?

HERR I Mo . . .ment! . . . Wenn ich ganz vorsichtig . . . *(hebt langsam sein rechtes Bein an, wobei die Hose etwas weiter einreißt)*

HERR IV Bleibt Ihr Bein jetzt so liegen?

HERR I Das hängt von meiner Hose ab . . .

HERR III Entschuldigen Sie, könnten Sie sich wohl etwas kleiner machen?

HERR I *(bückt sich, wobei er mit dem Kopf auf die Schulter der Dame zu seiner Rechten gerät)*

HERR III Jetzt ist es hinten so hoch!

DAME II *(gedämpft, ohne den Pianisten aus den Augen zu lassen)* Was *machen* Sie eigentlich hier?

HERR I Ich bin Preisträger des Salamo-Preisausschreibens . . . Salamo Bratfett . . .

DAME II Sie setzen sich jetzt so*fort* auf Ihren Platz!

HERR I Es geht nicht . . . wenn Ihre Hose irgendwo hängt, können Sie auch nicht so einfach weg!

DAME II Sie essen bei Schubert?!

HERR I Das ist ein Fruchtbonbon . . . mit Vitamin C . . .
*(Starker Akkord des Pianisten; Herr I verschluckt sich an seinem Bonbon und ringt halberstickt nach Luft)*

DAME III *(der Musik lauschend zu Herrn IV)* Ist das Schubert?

HERR IV Nein, irgend jemand von einem Bratfett-Preisausschreiben . . .

DAME III Ach . . .

HERR I *(ringt nach Luft)*

DAME II Pschscht!

HERR I *(zeigt auf seinen Kehlkopf)* Bon . . .bon . . .
*(Zweiter starker Akkord. Herr I hustet erschreckt. Der Bonbon wird frei und klebt Dame II auf der dekolletierten Schulter)*
Hoppsa!

DAME II Machen Sie das sofort weg!

HERR I *(entfernt den Bonbon und steckt ihn in den Mund)* Möchten Sie einen frischen?

DAME II Ich *bitte* Sie!

HERR I Moment!

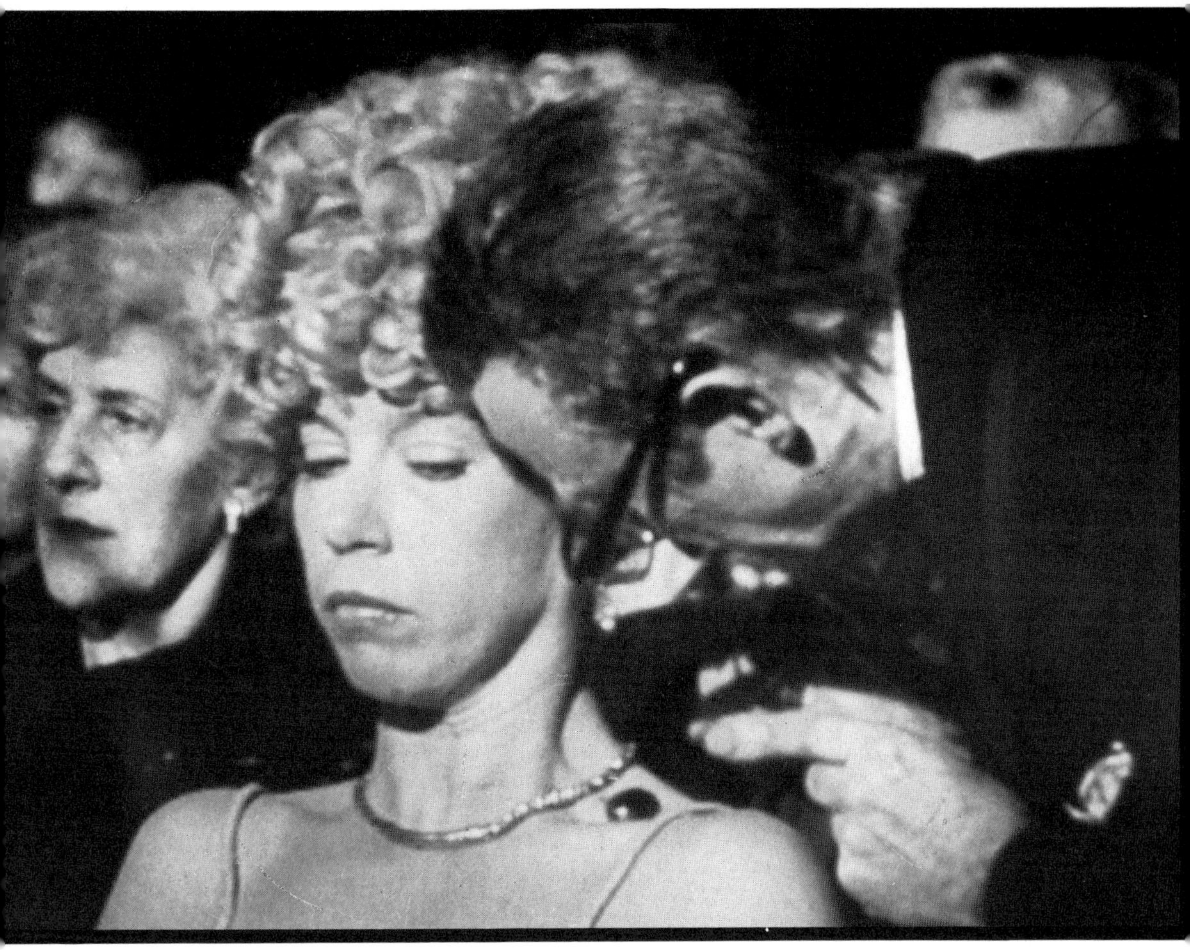

*Bei dem Versuch, die Bonbontüte aus der Jackettasche zu nesteln, prasselt ihr Inhalt zwischen die Parkettreihen. Herr I verliert im Nachgreifen mit dem Kopf nach unten das Gleichgewicht, wodurch sich seine Hose gewaltsam von der Lehne löst. Durch eine ebenso unwürdige wie zufällige Bewegung seines ganzen Körpers fällt er genau mit dem Schlußakkord des Pianisten auf seinen Sitzplatz. Im einsetzenden Applaus erhebt sich Herr I und verbeugt sich nach allen Seiten.*

# *Filmanalyse*

*Eine Fernsehdiskussion. Der Moderator sitzt in der Mitte, Herr Kriegel links, Professor Lemmer rechts.*

MODERATOR Zu unserem Filmspektrum haben wir heute zwei intime Kenner der Materie ins Studio gebeten ... Den Filmkritiker der ›Offenbacher Rundschau‹, Herrn Heiner Kriegel, und den Leiter der Hochschule für Film und Fernsehen in Bebra, Herrn Professor Wolf Lemmer. Wir wollen heute anhand eines betont heiteren Filmes auch einmal die Unterhaltung zu ihrem Recht kommen lassen, die leichte Film-Muse sozusagen ...

KRIEGEL Entschuldigen Sie, wenn ich unterbreche ...

MODERATOR Oh bitte ...

KRIEGEL Es handelt sich hier um eines der entscheidenden Werke der Filmgeschichte. Begriffe wie ›Leichte Muse‹ oder ›Unterhaltung‹ sind da völlig fehl am Platze.

MODERATOR Ja ... das habe ich grade sagen wollen ...

LEMMER Dieser Streifen ist ... im Bereich der Filmkunst ... die erste ernsthafte Auseinandersetzung mit der drohenden psychischen Isolierung des Menschen durch die Technik ... im Stil der klassischen griechischen Tragödie ...

MODERATOR Eben!

KRIEGEL Oh nein, Herr ... Lemmer, wir begegnen hier ganz zweifellos einer filmischen Symbolisierung der Ausbeutung unterprivilegierter Volksschichten durch die besitzende Klasse. Das ist doch keine Tragödie!

MODERATOR Richtig ... aber ich würde sagen, bevor wir weiterdiskutieren, sollten wir den Film erst einmal zeigen. Film ab!

*Der Film läuft: Buster Keaton erhebt sich senkrecht aus einem fahrbaren Mülleimer, dessen Deckel auf dem Kopf balancierend, verliert das Gleichgewicht und kippt in die Horizontale. Die Szene dauert etwa fünf Sekunden.*

MODERATOR Herr Lemmer, vielleicht beginnen Sie ...

LEMMER Zunächst eine sehr interessante Frage ... haben Sie bemerkt, wie kurz dieser Film ist?

KRIEGEL Nein ...

MODERATOR Nein . . .

LEMMER Sehen Sie! Der komprimierte Inhalt, die Fülle von Informationen auf engstem Raum täuschen normale Spielfilmlänge vor, die er in Wahrheit nicht hat . . .

MODERATOR Ach . . .

LEMMER . . . aber an diesem Film ist eben auch zweieinhalb Jahre gearbeitet worden . . . der ist nicht so hingeschludert, wie das heute allgemein üblich ist . . .

KRIEGEL Herr Lemmer . . .

LEMMER Diese unerwartete Drehung um neunzig Grad in die Horizontale – ohne Zwischenschnitt – das hat Filmgeschichte gemacht! Noch heute arbeiten bedeutende Regisseure nach dieser Grundidee. Denken Sie nur an Bergman, Sinkel, Fellini . . . Können wir das nochmal sehen . . .

MODERATOR Ja bitte . . . Film ab!

*Der Film wird wiederholt.*

LEMMER Das ist gran-di-os gemacht . . . Verstehen Sie, was ich meine?

KRIEGEL Nein . . .

MODERATOR Ich habe mal einen zauberhaften Film gesehen mit . . . äh . . . mit . . . äh . . .

KRIEGEL Herr Lemmer, ich muß sagen, mir ist die Mache ziemlich schnuppe . . . es geht doch um das politische Anliegen des Films . . .

MODERATOR Mickymaus . . . jetzt weiß ich's wieder, es war ein Film mit Mickymaus . . .

KRIEGEL Der Mensch im Abfallbehälter . . . das ist doch das Volk im Abfall jener Konsumgüter, deren Produktionsstätten sich im Besitz des Großkapitals befinden . . . das wird doch mehr als deutlich! Bitte Film ab!

MODERATOR Film ab!

*Der Film wird wiederholt.*

KRIEGEL Haben Sie verstanden, was ich meine?

MODERATOR Ja.

LEMMER Nein . . . Der Mensch ist eingeschlossen in den komplizier-

ten Mechanismus unserer Zivilisation, der bei der geringsten falschen Bewegung aus dem Gleichgewicht gerät ...

KRIEGEL Herr Lemmer ...

LEMMER ... und wenn der Mann den Deckel dieses Mechanismus lüftet ... sieht er sich allein gelassen ... von jeder Seite ... auch von links, Herr Kriegel ... auch von links! Bitte Film ab!

MODERATOR Film ab!

*Der Film wird wiederholt.*

LEMMER Das ist eine menschliche, völlig unpolitische Konfliktsituation ... vielleicht verstehen Sie jetzt, was ich mit ›Tragödie‹ meine ...

KRIEGEL Nein ...

MODERATOR Herr Lemmer meint das mehr irgendwie menschlich ...

KRIEGEL Herr Lemmer, der Film ist eminent politisch! Dieser Mann signalisiert Systemveränderung! Das kommt doch auch in dieser repressiven Kopfbedeckung zum Ausdruck, von der er sich – im Sturz! – befreit . . . Bitte Film ab!

MODERATOR Film ab!

*Der Film wird wiederholt.*

KRIEGEL Das ist nie ergreifender inszeniert worden! . . . Da erhebt sich das ausgebeutete Individuum aus dem Untergrund und bietet seinen Unterdrückern die Stirn!

MODERATOR In diesen Mickymaus-Filmen kam doch auch immer irgendeiner irgendwo raus . . .

LEMMER Herr Kriegel, es muß auch eins noch gesagt werden . . . neben seiner grandiosen dynamischen Präsenz hat der Sturz des Mannes – im Rahmen der Tragödie – auch so etwas wie eine . . . heitere Attitüde . . .

KRIEGEL *(fassungslos)* Heitere Attitüde? In der Tatsache, daß eine mißhandelte Kreatur um ihre Freiheit kämpft, sehen Sie eine ›heitere Attitüde‹? Ist Ihnen entgangen, daß der Mann den Verschluß seines Gefängnisses wie eine Krone trägt? Film ab!

MODERATOR Film ab!

*Der Film wird wiederholt.*

KRIEGEL . . . Sagten Sie ›heiter‹, Herr Professor?

LEMMER *(erregt)* Herr Kriegel, es kann Ihnen doch nicht entgangen sein, daß der Sturz dieses Mannes mit der Tonne in gewisser Weise das Gebiet der Komik streift, womit die Gefahr der *Unterhaltung* nicht ganz auszuschließen ist!

KRIEGEL *(erregt)* Ein Mensch, der auf der Suche nach Licht und Freiheit strauchelt, dient Ihrer Unterhaltung?!

LEMMER Das haben *Sie* gesagt!

KRIEGEL *(schlägt mit der Hand auf den Tisch)*

MODERATOR *(der etwas eingenickt war, schreckt auf)* Möchten Sie den Film nochmal sehen?

LEMMER Nein . . .

KRIEGEL Nein . . .

MODERATOR Ach . . .

# *Der Jungfilmer*

*Hartwig Hummel sprach mit dem deutschen Jungfilmer Eduard Geigendorfer über seinen Film »Ludwig II.«.*

HUMMEL Herr Geigendorfer, das tragische Leben Ludwigs II. wurde in jüngster Zeit mehrfach zum Inhalt großer Filmwerke. Was hat Sie als Jungfilmer veranlaßt, dieses Thema aufzugreifen?

GEIGENDORFER So ist es.

HUMMEL Und was ... ich meine ... wie haben Sie ...

GEIGENDORFER Die Bedeutung meines Filmes liegt zunächst in seiner dokumentarischen Aufrichtigkeit. Wir haben zwei Jahre gründlich recherchiert, bevor wir mit den Dreharbeiten begannen.

HUMMEL Hat nicht auch Visconti ...

GEIGENDORFER Visconti ist *nicht* unbegabt, aber sein Film ist, historisch gesehen, völlig bedeutungslos. Denken Sie doch nur an das Dreiecksverhältnis Ludwig, Susi und Beethoven. Das hat Visconti einfach unterschlagen.

HUMMEL Aber damals war Beethoven doch schon 50 Jahre tot!

GEIGENDORFER Sehen Sie, so geht es schon los! Neinneinnein . . . ich sehe das Leitmotiv in Ludwigs unerfüllter Liebe zu seiner Tante Susi . . . bevor sie Kaiserin von Ostpreußen wurde . . .

HUMMEL Wer?

GEIGENDORFER Susi.

HUMMEL Sissi!

GEIGENDORFER Susi oder Sissi – denken Sie doch an die Susi-Filme mit Frau Schneider . . .

HUMMEL War das nicht seine Cousine? Ich habe Romy Schneider als Kaiserin von Ostpreußen nicht mehr so deutlich in Erinnerung.

GEIGENDORFER Daran sehen Sie, wie unzureichend diese Filme historisch informieren. Tatsache ist doch, daß die Familie Schneider seit dem 16. Jahrhundert in Ostpreußen ansässig war und daher kaum noch Ansprüche auf den bayrischen Thron besaß. Daß Ludwig II. eine Verbindung der Dynastie Wittelsbach mit dem Hause Schneider im Auge hatte, kam Beethoven sehr ungelegen. Hier liegt doch die Wurzel der Tragödie. Zumal Beethoven infolge eines Ohrenleidens von Susi schon seit Jahren nichts mehr gehört hatte.

HUMMEL So!

GEIGENDORFER Und hier, Herr Hummel, setzt mein Film ein. Der Ausschnitt, den Sie sahen, stellt den Höhepunkt des Werkes dar. Die historische Szene . . . der tragische, durch äußere Umstände bewirkte Verzicht . . . Bewußtmachung, Aussage und Anliegen. Das ist es, Herr Hummel.

HUMMEL Vielen Dank, Herr Geigendorfer!

# *Das Filmmonster*

*Neureich-kultivierter Wohnraum. Eine Reporterin des Fernsehens sitzt einem Herrn gegenüber, dessen elegante Kleidung in bestürzendem Kontrast steht zu seinem grauenerregenden Gesicht.*

REPORTERIN Meine Damen und Herren, das Prominenteninterview im Rahmen unseres Magazins ›Für die Frau‹ kommt live aus dem Heim von Vic Dorn, einem der profiliertesten Darsteller des internationalen Horrorfilms ... Vic Dorn, oder Victor Dornberger, wie Sie mit bürgerlichem Namen heißen, wo stammen Sie her und wie kamen Sie zum Film?

DORNBERGER Mein Vater war Kirchendiener in Westfalen ... meine Mutter ist unbekannt ...

REPORTERIN *(lacht geziert)* Köstlich . . . und wie wurden Sie Schauspieler . . . wie kamen Sie dazu, immer das Monster zu spielen?

DORNBERGER Mein Vater hatte mich für die mittlere gehobene Beamtenlaufbahn vorgesehen . . . aber da kam ein Regisseur aus Amerika . . . der hieß . . . der hieß . . . der hat mich entdeckt . . . dann kam ich nach . . . nach Hollywood, und da habe ich immer dieselbe Rolle gespielt . . .

REPORTERIN . . . Und wir finden es besonders reizend, daß Sie heute abend für unsere Zuschauer Ihre berühmte, unverwechselbare Horrormaske angelegt haben! . . . Wer hat sie entworfen . . . oder war das Ihre eigene Idee?

DORNBERGER Wie . . . Entworfen? . . . Was für eine Maske?

REPORTERIN *(lachend)* . . . nun mal im Ernst, Victor, unsere Zuschauer möchten gern wissen, wie Sie in Wirklichkeit aussehen . . . dieses phantastische, scheußliche Gesicht ist doch . . . ist doch . . .

DORNBERGER *(lauernd)* Was?

REPORTERIN Einmal, Victor ... ein einziges Mal sollten Sie uns zeigen, wie Sie wirklich aussehen ... und wenn es nur ganz kurz ist ...

DORNBERGER *(sieht sie düster an)*

REPORTERIN *(nach starrem Zögern)* ... Oder ist es zu kompliziert, die Maske abzunehmen?

DORNBERGER Wie ... was ... abnehmen?

REPORTERIN Mein Gott ... *(versucht vergeblich, ihr Entsetzen zu verbergen)* das tut mir ... das ist mir sehr ... ich ... *(zündet sich zitternd eine Zigarette an)* ... Und nun die Fragen, die besonders uns Frauen interessieren ... haben Sie gelegentlich private Beziehungen zu Ihren Film-Partnerinnen?

DORNBERGER Nein ...

REPORTERIN Sie sind durch Ihre Filme wohlhabend und prominent geworden, warum haben Sie nie geheiratet?

DORNBERGER Ich bin vielleicht etwas wählerisch ...

REPORTERIN Ach ja ... aber ich könnte mir denken, daß es der Wunschtraum vieler Frauen ist, mit einem prominenten, internationalen Filmschauspieler zusammen ... zusammenzuleben ...

DORNBERGER Ach!

REPORTERIN ... Und Ihr Lieblingsessen ... was ist Ihr Leibgericht?

DORNBERGER *(sehr düster)* Kartoffelpuffer ...

REPORTERIN Herr Dornberger, wären Sie lieber Politiker geworden?

DORNBERGER Wenn man mir ein gutes Angebot gemacht hätte ... vielleicht ...

REPORTERIN Aber dann hätten Sie eine andere Ausbildung gebraucht ...

DORNBERGER Nein ... Schauspieler und Politiker haben vieles gemeinsam ... Wir wollen Hauptrollen spielen, wir pflegen die Kunst der Täuschung und haben eine starke menschliche Ausstrahlung ...

REPORTERIN ... und Sie haben ja auch als prominenter Schauspieler großen Einfluß auf die Wähler ... Sie brauchen nur öffentlich zu äußern, mit welcher politischen Partei Sie sympathisieren, und Millionen werden sich Ihrer Meinung anschließen, denn ein Mann wie Sie hat natürlich einen ganz anderen politischen Überblick!

DORNBERGER Jawohl!

REPORTERIN Eine letzte Frage, Herr Dornberger ... warum haben Sie in den letzten Jahren keine Angebote mehr aus Hollywood?

DORNBERGER *(sieht sich scheu um)* Ich weiß nicht ... vielleicht bin ich denen einfach zu deutsch ...

# *Der Lottogewinner*

*Der Rentner Erwin Lindemann sitzt im Lehnstuhl seines bescheidenen Wohnzimmers. Den größten Teil des Raumes nimmt ein Fernsehteam ein. Kamera, Scheinwerfer und Mikrophon sind auf Lindemann gerichtet.*

KAMERAMANN *(hält den Belichtungsmesser an das Gesicht des Rentners)* Gib noch was drauf . . . noch . . . Stop . . . *(geht zur Kamera)* . . . und mit der Kamera etwas näher ran . . .

REGISSEUR Also, Herr Lindemann, Sie wissen ja, um was es sich handelt. Ein kleiner Film für den Kulturbericht der Abendschau. Sie sagen uns kurz, wie Sie heißen . . .

LINDEMANN Lindemann . . .

REGISSEUR Richtig . . . und daß Sie 500 000 D-Mark im Lotto gewonnen haben . . . und was Sie damit machen wollen. Wir probieren es jetzt mal . . . ohne Kamera . . . bitte sehr . . .

LINDEMANN . . . Ja . . . eben . . . daß ich Erwin Lindemann heiße . . .

REGISSEUR Im ganzen Satz . . . *Ich . . . heiße . . . Erwin . . . Lindemann . . .*

LINDEMANN Ich . . . heiße . . . Erwin . . . Lindemann, bin Rentner und 66 Jahre . . . mit meinem Lottogewinn von 500 000 D-Mark mache ich erst mal eine Reise nach Island . . . dann fahre ich mit meiner Tochter nach Rom und besuche eine Papstaudienz . . . und im Herbst eröffne ich dann in Wuppertal eine Herren-Boutique.

REGISSEUR Ge . . . nau . . . so! Können wir?

KAMERAMANN Wir können . . . Ton ab!

TONMEISTER Läuft!

KAMERAMANN Klappe!

KAMERAASSISTENT Lottogewinner, die erste . . . *(schlägt Klappe)*

LINDEMANN *(erschrickt)*

REGISSEUR Bitte, Herr Lindemann . . . genau wie eben . . . und ganz entspannt . . .

LINDEMANN Ja, ich heiße Erwin Lindemann, bin Rentner, 66 Jahre, und mit meinem Lottogewinn von 500 000 D-Mark . . .

KAMERAMANN Aus ... Das geht mit dem Licht so nicht ... Geh mal mit dem Halb-K.W. noch weiter rüber ...

BELEUCHTER *(verstellt den Scheinwerfer)*

KAMERAMANN Gut! ... Wir können ... Ton ab!

TONMEISTER Läuft!

KAMERAMANN Klappe!

KAMERAASSISTENT Lottogewinner, die zweite ... *(schlägt Klappe)*

REGISSEUR Bitte!

LINDEMANN *(hat die Tätigkeit des Teams irritiert verfolgt)* Ich heiße Erwin Lindemann, ich bin 500 000 Jahre ... halt ... falsch ...

REGISSEUR Ganz ruhig ... gleich nochmal ... ohne Klappe ...

LINDEMANN Ich heiße Erwin Lindemann ... ich bin Rentner und 66 Jahre ...

*(das Licht geht aus)*

... mit meinem Lottogewinn von 500 000 D-Mark mache ich erst mal eine Reise nach Island, dann fahre ich mit meiner Tochter nach Rom und besuche eine Papstaudienz, und im Herbst eröffne ich dann in Wuppertal eine Herren-Boutique ...

REGISSEUR Aus! ... was ist denn das nun wieder?!

BELEUCHTER Guck mal nach der Sicherung ...

TONMEISTER Der Ton läuft!

KAMERAMANN Kamera auch! . . . Und die Birnen?

BELEUCHTER Weiß nicht . . . sind noch zu heiß . . . ah! . . . Der Stecker is' raus!

*(das Licht geht an)*

LINDEMANN War es so richtig?

REGISSEUR Hervorragend . . . aber wir hatten da ein Problem . . . bitte noch einmal, Herr Lindemann . . . und ganz locker . . .

TONMEISTER Ton läuft!

KAMERAMANN Klappe!

KAMERAASSISTENT Lottogewinner, die dritte . . . *(schlägt Klappe)*

REGISSEUR *(gibt Lindemann ein Zeichen)*

LINDEMANN Ich heiße Erwin Lindemann, bin Rentner, 66 Jahre und . . . und ein Lottogewinn von 500 000 D-Mark. Erst mal mache ich mit meiner Wupper . . . äh . . . mit meiner Tochter eine Reise nach Wuppertal und eröffne dann in . . . Island eine Herren-Boutique . . .

REGISSEUR Aus! . . . Entschuldigen Sie, wenn ich Sie unterbreche, aber Sie planten doch *erst* eine Reise nach Island und wollten *dann* mit Ihrem Fräulein Tochter nach Rom zur Papstaudienz, und im Herbst eröffnen Sie eine *Herren*-Boutique in *Wuppertal* . . .

LINDEMANN Jawohl . . .

REGISSEUR Na, dann erzählen Sie das doch einfach . . . Also neue Klappe . . .

TONMEISTER Ton läuft!

KAMERAMANN Klappe!

KAMERAASSISTENT Lotto, die vierte . . . *(schlägt Klappe)*

REGISSEUR Bitte!

LINDEMANN Ich heiße Erwin Lottemann . . .

REGISSEUR Aus! . . . *Wie* heißen Sie?!

LINDEMANN Lottemann . . . äh . . . Lindemann!

REGISSEUR Bitte neue Klappe . . .

KAMERAASSISTENT Lotto, die fünfte . . . *(schlägt Klappe)*

REGISSEUR Bitte!

LINDEMANN Ich heiße Lindemann, bin seit 66 Jahren Rentner . . .

REGISSEUR *(schlägt sich aufs Knie)* Aus!

LINDEMANN . . . und habe 500 000 D-Mark gemacht mit meiner Tochter in Wuppertal . . . nee!

REGISSEUR Herr Lindemann . . .

LINDEMANN Jetzt weiß ich . . .

REGISSEUR Klappe!

KAMERAASSISTENT Lotto, die sechste . . . *(schlägt Klappe)*

REGISSEUR Bitte!

LINDEMANN Ich heiße Erwin . . .

KAMERAMANN Halt . . . Mikro im Bild . . .

REGISSEUR Gleich weiter . . . ohne Klappe . . .

KAMERAASSISTENT Wir haben noch 5 Meter!

REGISSEUR Bitte!

LINDEMANN Ich heiße . . . na! . . . Erwin . . . ich heiße Erwin und bin Rentner. Und in 66 Jahren fahre ich nach Island . . . und da mache ich einen Gewinn von 500 000 D-Mark . . . und im Herbst eröffnet dann der Papst mit meiner Tochter eine Herren-Boutique in Wuppertal . . .

REGISSEUR Danke . . . das war's.

# *Studiointerview*

*Professor Häubl und ein Interviewer sitzen in einem Fernsehstudio vor den Kameras und warten auf das Zeichen zum Beginn ihres Interviews.*

INTERVIEWER *(in die Kamera)* ... Ist unser Interview jetzt dran? ... *(zu Häubl)* ... Ich weiß nicht, wann wir im Bild sind ... das Rotlicht an der Kamera funktioniert nicht ... *(zur Kamera)* ... Halloo ... hört mich jemand in der Regie? ... Halloo ... *(zu Häubl)* ... Ist da irgendwas mit der Technik?

HÄUBL *Mich* dürfen Sie da nicht fragen ...

INTERVIEWER Wie meinen Sie?

HÄUBL Das dürfen Sie *mich* nicht fragen ...

INTERVIEWER Wieso ...? Ich habe nur nicht verstanden, was Sie gesagt haben ...

HÄUBL Ich sagte, daß Sie *mich* da nicht fragen dürfen ...

INTERVIEWER Ja, *das* habe ich verstanden ... aber davor ... was Sie davor gesagt haben ...

HÄUBL Nichts ... und Sie ... was hatten Sie gesagt?

INTERVIEWER Ich habe bloß nicht verstanden, was Sie gesagt haben ...

HÄUBL Nein ... zuerst, was Sie ganz zuerst gesagt haben ...

INTERVIEWER ... ob da was mit der Technik nicht in Ordnung ist ...

HÄUBL Na, das dürfen Sie mich eben nicht fragen ...

INTERVIEWER ... Wie bitte?

HÄUBL Darf ich Sie höflich darauf aufmerksam machen, daß in einer Stunde mein Zug geht?

INTERVIEWER Sowie ich das Zeichen von der Regie ...

HÄUBL Wenn Sie also Wert darauf legen, mich zu interviewen ...

INTERVIEWER Ich warte nur auf das Rotlicht, sowie ich das Zeichen von der Regie bekomme, fangen wir an. Ich arbeite seit Jahren mit diesem Sender und habe so etwas noch nicht erlebt!

HÄUBL Jedenfalls habe ich nicht die Absicht, hier im Studio zu übernachten!

INTERVIEWER So?! ... *(lange Verlegenheitspause)* ... Meine Frau ist ein Steinbock ...

HÄUBL Ich habe einen Langhaardackel ...

INTERVIEWER Ich bin ein Fisch ... Steinbock und Fisch geht ganz gut ...

HÄUBL Früher hatte ich zwei Langhaardackel, das ging überhaupt nicht ...

INTERVIEWER Es kommt natürlich auch auf die Aszendenten an ...

HÄUBL ... die brauchen ihren Auslauf, müssen täglich gebürstet werden und haben dauernd was mit den Ohren ...

INTERVIEWER Steinböcke sind im Grunde sehr eigensinnig ... möchten Sie mal ein Foto von meiner Frau sehen?

HÄUBL Nein danke ... Sind wir jetzt dran?

INTERVIEWER *(zur Kamera)* ... Ich weiß nicht ... Halloo ... *(zu Häubl)* ... Nein, ich glaube nicht ...

HÄUBL Hm ... *(klopft mit der Hand auf seine Sessellehne. Pause)*

INTERVIEWER Kennen Sie eigentlich Bilinsky?

HÄUBL Nein ...

INTERVIEWER Günther Bilinsky?

HÄUBL Nein ...

INTERVIEWER Mit dem war ich in einer Klasse ... 1938 ... er zog dann nach Böblingen und hat da geheiratet ...

HÄUBL Ach ...

INTERVIEWER Waren Sie mal in Böblingen?

HÄUBL Nein ...

INTERVIEWER Überhaupt nicht?

HÄUBL Nein ...

INTERVIEWER Kennen Sie Hartmut Schöttel?

HÄUBL Nein . . .

INTERVIEWER Der ist jetzt auch schon Anfang Fünfzig . . .

HÄUBL Ach . . .

INTERVIEWER Aber sehr amüsant . . . ich bin ihm nur einmal begegnet . . .

HÄUBL Ach . . .

INTERVIEWER . . . in Krefeld . . . *(Pause)* . . . Kennen Sie Heinz Riedel?

HÄUBL Nein, kennen Sie Professor Duwe?

INTERVIEWER Nein . . .

HÄUBL Sehen Sie! *(Pause)* Da . . . da ist das Rotlicht . . .

INTERVIEWER Wo?

HÄUBL Da!

INTERVIEWER Wo? . . . Ah ja! . . . Herr Professor Häubl . . .

HÄUBL Jetzt habe ich keine Lust mehr . . .

INTERVIEWER Herr Professor Häubl, Sie sind Inhaber des Lehrstuhls für plasmatische Pneutologie . . .

HÄUBL Pneumatische Plastologie . . .

INTERVIEWER Was versteht man unter plasmatischer Pneutologie?

HÄUBL Die pneumatische Plastologie beruht auf neuen Erkenntnissen im psychosomatischen Bereich.

INTERVIEWER Sa–gen–haft! . . . Und was ist das? . . . so ungefähr . . .

HÄUBL Atemtechnik.

INTERVIEWER Genau! . . . und?

HÄUBL Was . . . und?

INTERVIEWER Und was? . . . Atemtechnik und was?

HÄUBL Ich habe einfach keine Lust mehr, Ihnen das zu erklären!

INTERVIEWER *(nach kurzem erschrecktem Umsehen)* Herr Professor, wir sind auf Sendung, und Sie befinden sich in einer rechtlichen öffentlichen Anstalt . . .

HÄUBL Na und?

INTERVIEWER Dies ist ein öf–fent–liches Haus!

HÄUBL Toll!

INTERVIEWER *(in die Kamera)* Abschalten!

HÄUBL Ha!

INTERVIEWER Schaltet doch eure dämliche Kamera ab!

HÄUBL Erst sagen Sie mir am Telefon, das Interview dauert nur fünf Minuten, dann sitze ich hier den ganzen Abend rum, und jetzt belästigen Sie mich mit dieser impertinenten Fragerei!

INTERVIEWER *(hysterisch)* Hahahaha . . . jeder andere wäre froh, wenn er seinen Quatsch über den Bildschirm verbreiten dürfte!

HÄUBL *(klopft nervös mit der Hand auf die Sessellehne)* Also gut . . . die pneumatische Plastologie ermöglicht durch Atemtechnik plastische Veränderungen am eigenen Körper . . . Punkt.

INTERVIEWER Ah . . . ja!

HÄUBL Unter der Voraussetzung äußerster Konzentration!

INTERVIEWER Können Sie das hier demonstrieren?

HÄUBL Selbstverständlich!

INTERVIEWER Dann seien Sie doch so freundlich!

HÄUBL Ich bitte um äußerste Ruhe . . . *(er hält den Atem an. Preßt. Sein Kopf rötet sich. Sein Zeigefinger wird etwa 30 cm lang und 8 cm dick)*

INTERVIEWER Sa–gen–haft! . . . Ist es . . . geht das . . . ich meine, können Sie das mit jedem Körperteil?

HÄUBL Natürlich . . .

INTERVIEWER Ach . . .

HÄUBL Passen Sie auf . . .

INTERVIEWER Nein-Nein *(schneller Blick zur Kamera)* . . . Vielleicht ist es besser . . .

HÄUBL *(gepreßt)* . . . Ich bitte um äußerste Ruhe . . . *(sein Kopf rötet sich und seine Ohren vergrößern sich auf das Zehnfache)*

INTERVIEWER Sa–gen–haft! . . . Aber wozu ist das nützlich?

HÄUBL Nützlich? Herr . . . äh . . .

INTERVIEWER Gilling ...

HÄUBL Herr Gilling, der Wissenschaftler arbeitet uneigennützig im Dienste der Menschheit ... Wissenschaft ist keine Frage der Nützlichkeit, sondern des Fortschritts!

INTERVIEWER Ahja ... aber es sieht so ... so unschön aus!

HÄUBL Natur ist überall schön!

INTERVIEWER Herr Professor Häubl, könnte beispielsweise auch ich persönlich mich durch konzentrierte Atemtechnik plastologisch verändern?

HÄUBL Natürlich ...

INTERVIEWER Jetzt gleich?

HÄUBL Halten Sie die Atmung an ... heben Sie das Zwerchfell ... konzentrieren Sie sich auf einen Körperteil ... Pressen Sie leicht ... jetzt stärker ...

INTERVIEWER *(preßt. Sein Kopf rötet sich und seine Nase wird etwa 20 cm lang und 15 cm dick)*

HÄUBL Na bitte!

INTERVIEWER Sa–gen–haft ... und jetzt wieder zurück!

HÄUBL Warum?

INTERVIEWER Unsere Sendezeit ist um!

HÄUBL Ach so. *(atmet kräftig aus, sein Finger wird wieder normal)*

INTERVIEWER Und ich?

HÄUBL Atmen Sie kräftig aus ... Entspannen Sie das Zwerchfell ...

INTERVIEWER Ja!

HÄUBL ... entspannen!

INTERVIEWER Ja doch!

HÄUBL Noch mehr!

INTERVIEWER Mehr kann ich nicht!

HÄUBL Nicht verkrampfen!

INTERVIEWER Neinnein ...

HÄUBL Mein Gott, tun Sie doch, was ich sage!

INTERVIEWER Tue ich ja!

HÄUBL Sie stellen sich aber sehr ungeschickt an!

INTERVIEWER Ich mache genau, was Sie sagen!

HÄUBL Aber das Ding wird nicht kleiner!

INTERVIEWER Das sehe ich auch!

HÄUBL Denken Sie an was Kaltes!

INTERVIEWER Mir fällt nichts ein!

HÄUBL Dann kommen Sie Ende August in meine Sprechstunde!

INTERVIEWER Ich danke Ihnen für dieses Gespräch!

HÄUBL Bitte ...

# *Inhaltsangabe*

ANSAGERIN *(mit gewinnendem Lächeln)* Guten Abend, meine Damen und Herren!
Heute sehen Sie die achte Folge unseres sechzehnteiligen englischen Fernsehkrimis ›Die zwei Cousinen‹. Zunächst eine kurze Übersicht über den Handlungsablauf der bisher gesendeten sieben Folgen.
Auf dem Landsitz North Cothelstone Hall von Lord und

Lady Hesketh-Fortescue befinden sich außer dem jüngsten Sohn Meredith auch die Cousinen Priscilla und Gwyneth Molesworth aus den benachbarten Ortschaften Nether Addlethorpe und Middle Fritham, ferner ein Onkel von Lady Hesketh-Fortescue, der neunundsiebzigjährige Jasper Fetherston, dessen Besitz Thrumpton Castle zur Zeit an Lord Molesworth-Houghton, einen Vetter von Priscilla und Gwyneth Molesworth, vermietet ist.
Gwyneth Molesworth hatte für Lord Hesketh-Fortescue in Nether Addlethorpe einen Schlipth . . . Verzeihung . . . einen Schlips besorgt, ihn aber bei Lord Molesworth-Houghton in

Thrumpton Castle liegenlassen. Lady Hesketh-Fortescue verdächtigt ihren Gatten, das letzte Wochenende mit Priscilla Molesworth in Middle Fritham verbracht zu haben. Gleichzeitig findet Meredith Hesketh-Fortescue auf einer Kutschfahrt mit Jasper Fetherston von Friddle ... äh ... Fiddle Mith ... Middle Fritham nach North Cothelstone Hall in Thrumpton Castle den Schlipth aus Nathel ... Naddle ... Entschuldigung ... Nether Addlethorpe ...
Nach einer dramatischen Auseinandersetzung zwischen Lady Hesketh-Fortescue und Priscilla Molesworth in North Cothelstone Hall eilt Gwyneth Molesworth nach dem zwei Meilen entfernten South Thoresby, um ihre Tanten Amelie

Hollingworth und Lucinda Satterthwaite aufthuthu . . . aufzusuchen.
Diese sind jedoch nach North Thurston zu ihrem Schwager Thomas Thatcham gefahren, der als Gärtner in Thrumpton Castle bei Lord Molesworth-Houghton arbeitet.
Gwyneth Molesworth fährt nach North Cothelstone Hall zurück, aber nicht über Maddle . . . Middle Addlethorpe, thondern über North Thurston, Thrumpton Castle, Middle Fritham und Nether Addlethorpe. Dort trifft thie Priscilla Molesworth, die mit Lord Molesworth-Houghton noch nachth von Naddle . . . Thaddle Nather . . . Thoddle Nether . . . Noddle . . . *(Verzweifelter Blick in die Kamera. Abblende)*

# *Das Medium der Verinnerlichung*

*Fernsehstudio. Hoimar von Ditfurth moderiert seine wissenschaftliche Sendereihe.*

DITFURTH Seit es uns Menschen gibt, streben wir nach wissenschaftlichen Großtaten, versuchen wir, geistig über uns hinauszuwachsen. Warum? Dazu müssen wir uns einmal unsere Situation vor Augen führen. Hier sehen Sie einen Teil des Universums, und dies ist unser Planet, die Erde ... aus der Nähe betrachtet sieht das dann so aus: (tritt an die Modelle)
Sonne, Mond und Erde. Das sind natürlich nur Modelle. Aber die ungeheure Größe der Himmelskörper wird deutlich, wenn Sie zum Vergleich einen Stecknadelkopf betrachten. *(hält eine Stecknadel neben die Modelle)* Und hier auf der

Erde leben wir Menschen. Auch wenn man mit der Kamera noch so nahe herangeht – wir sind nicht zu erkennen. Wir sind zu klein.
Aus diesem Bewußtsein entsteht immer wieder der unstillbare Wunsch, unsere körperliche Winzigkeit im All durch geistige Größe auszugleichen. Und so gelang unter anderem auch einer der bedeutendsten kulturellen Fortschritte unseres Jahrhunderts: Das Fernsehen als Medium der Verinnerlichung im Streben nach geistiger Vollkommenheit.
Wir wollen das durch ein Experiment verdeutlichen.
*(Er stellt sich hinter ein Ehepaar, das teilnahmslos nebeneinander sitzt. In Reichweite auf einem Tischchen steht ein Becher mit Salzstangen)*
Diese Ehepartner sind daran gewöhnt, sich spätestens ab 18 Uhr auf ihr Fernsehgerät zu konzentrieren. Jetzt vermissen sie ihren Bildschirm . . . sie wirken verstört . . . lassen die angebotenen Genußmittel unberührt . . . zeigen keine Reflexe *(bewegt seine Hände vor ihren Augen)* und sind nicht ansprechbar. *(Er hockt sich vor das Ehepaar)* Guten Abend . . . guten Abend, meine Damen und Herren . . . *(das Ehepaar*

*reagiert nicht)* Auch farbige optische Reize bleiben ohne Reaktion ... *(bewegt einen bunten Ball vor ihren Augen hin und her)* Das ändert sich in dem Augenblick ... *(schiebt die Attrappe eines Fernsehgerätes in ihre Blickrichtung)* ... wenn sie die Umrisse eines Fernsehgerätes wahrnehmen. Jetzt liegt in ihren Augen schon so etwas wie eine interessierte Bereitschaft ... und wenn ich den Einschaltknopf für ein simuliertes Sendegeräusch betätige ... *(drückt auf einen Knopf, es rauscht)* ... belebt sich das Mienenspiel ... die Nahrung wird angenommen ... *(Das Ehepaar greift mechanisch in die Salzstangen)* ... die Versuchspersonen wirken ansprechbar ... Und nun wiederhole ich das Experiment von vorhin.

*(Er hockt sich hinter den Bildschirm)* ... Guten Abend, meine Damen und Herren ... *(das Ehepaar stößt sich an)* ... Schon jetzt beweisen die Reflexe geistige Mitarbeit ... und die farbigen Objekte ... *(nimmt einen Ball und ein Plüschhäschen)* ... vorhin völlig wirkungslos, können nun im Rahmen des

Gerätes von der Netzhaut der Versuchspersonen optisch erfaßt und intellektuell verarbeitet werden. *(zeigt Ball)*

EHEFRAU Ball . . .

EHEMANN Ball . . .

DITFURTH *(zeigt Plüschhasen)*

EHEFRAU Häschen . . .

EHEMANN Hase . . . Hase . . .

*(Beide kichern schwachsinnig)*

DITFURTH *(steht auf)* Schon das ist ein eindrucksvolles Ergebnis . . . *(schaltet Knopf aus. Das Ehepaar versinkt in Teilnahmslosigkeit)* . . . und *noch* sind nicht *alle* Möglichkeiten des Fernsehens zur geistigen Vervollkommnung der Menschheit voll ausgeschöpft.

# *Letzte Meldung*

SPRECHER Guten Abend, meine Damen und Herren.
*Washington.* Die sensationelle Entführung des Präsidenten der Vereinigten Staaten und des sowjetischen Parteichefs, die sich beide zu einem Gedankenaustausch im Wochenendhaus des Präsidenten befanden, hat ihr Ende gefunden. Nach Zahlung des Lösegeldes wurden die beiden Spitzenpolitiker auf freien Fuß gesetzt. Die geforderte Summe betrug umgerechnet 12 Mark und 50.

# ANHANG

# *Dank*

Der sicherste Erfolg des Filmemachens besteht in körperlichem und seelischem Ruin. Es sei denn, man trifft auf glückliche Umstände, zum Beispiel auf den Südfunk Stuttgart, Radio Bremen oder den Südwestfunk Baden-Baden, ohne deren Bereitschaft und verständnisvolle Hilfe weder meine Sendungen noch das Bildmaterial für dieses Buch zustande gekommen wären. Viele der Szenenbilder mußten in mühevoller Arbeit aus den Filmen und Fernsehaufzeichnungen herausfotografiert werden. Und ich danke Dieter Ertel und Jürgen Breest, Evelyn Hamann mit allen Schauspielern und meinen engsten Mitarbeitern, Tim Moores und Stefan Lukschy, die nacheinander meine Sorgen mit mir teilten.

## *Schauspieler*

| | |
|---|---|
| KURT ACKERMANN | S. 91, 93, 226 (jeweils 2. v. r.) |
| HELMUT ALIMONTA | S. 185 (rechts) |
| INGRID ANDERSEN | S. 70 (4. v. l.), 71 (Mitte), 259, 261 |
| ULRICH VON BOCK | S. 20 (rechts) |
| KATJA BOGDANSKY | S. 90, 98, 103 |
| CLAUS D. CLAUSNITZER | S. 288 (rechts), 291 (Mitte) |
| GERDA GMELIN | S. 42, 44 (links) |
| EVELYN HAMANN | S. 10, 13, 15, 34, 37–40, 43, 44, 48, 64, 73, 83, 85, 91, 93, 94, 97, 98, 103, 106, 108, 113, 114, 140, 143, 145, 147, 148, 165, 166, 179, 181, 186, 192–195, 198–201, 213, 225–229, 271, 273, 285, 300–303 |
| INGEBORG HEYDORN | S. 64 (4. v. l.), 128, 133, 135, 140, 142, 222, 226, 305 |
| EDGAR HOPPE | S. 130, 131, 133, 135, 185 (2. v. l.), 231, 233 (jeweils links) |
| HANS KIRCHER | S. 50 (rechts), 207, 208, 231, 233 (jeweils rechts) |
| RUDOLF KOWALSKI | S. 62 (links), 65, 87, 88, 90, 91, 93, 225 |
| EDITH KRÜGER-POTT | S. 155, 157, 161 (jeweils links) |
| THOMAS KYLAU | S. 165 (rechts) |
| LORIOT | S. 10, 12–15, 17, 20–23, 25, 34, 37–40, 43, 47, 50, 53, 55, 62, 64, 68, 73–84, 91, 93, 97, 98, 101, 106, 108–110, 112, 115, 128, 130, 131, 133, 135, 137, |

139, 140, 142, 144, 147, 148, 152, 155, 157, 159, 161, 166, 170, 172, 179, 180, 183, 185, 188, 192, 194–202, 204, 207, 208, 210, 213, 215, 237, 256, 259, 261, 262, 269, 271, 272, 275, 276, 279, 281–284, 287, 304–308

HEINZ MEIER S. 17 (rechts), 23 (Mitte), 25, 42, 46, 48, 50 (links), 62 (Mitte), 64 (rechts), 68 (links), 92, 98, 103, 104, 139, 140, 185 (hinten), 204 (rechts), 217, 219–222 (jeweils rechts), 226 (2. v. l.), 227–229 (jeweils links), 231, 233 (jeweils 2. v. r.), 237, 238, 246, 247, 250 (jeweils rechts), 261 (2. v. l.), 271 (2. v. r.), 275 (rechts), 276, 288–291 (jeweils links), 292

HANNI NITSCH S. 25 (2. v. l.), 271 (3. v. r.)

BRUNO W. PANNEK S. 25 (rechts vom Koch), 70, 71 (jeweils rechts), 217 (Mitte), 261 (rechts)

ERIKA RUMSFELD S. 183, 185

GERT SCHAEFER S. 231, 233 (jeweils 2. v. l.)

URSULA SCHINDEHÜTTE S. 155, 157, 161 (jeweils rechts)

HEINER SCHMIDT S. 23 (links), 25, 70, 71 (2. v. r.), 185, 204, 217, 219, 261, 262, 275, 276 (jeweils links)

MARION SCHMIDT S. 220

WALTER SEDLMAYR S. 269

KARL-HEINZ TAUSS S. 305 (rechts)

BERND WIEGMANN S. 246, 250 (jeweils links)

ERWIN WIRSCHAZ S. 23 (2. v. l.), 25, 231, 233 (jeweils Mitte), 259 (links)

## *Bildernachweis*

| | |
|---|---|
| DÖRTE GRÖNING | S. 155, 157 |
| HUGO JEHLE (Südfunk Stuttgart) | S. 152, 159, 161, 170, 172, 177, 202, 204, 207, 208, 210, 256, 269 (links), 279, 281, 308 |
| LORIOT | S. 26, 27, 29, 31, 33, 56, 57, 119, 121–123, 125, 126, 240, 243, 245, 252, 253, 263, 295, 297, 299 |
| DO LEIBRIRRIES (Radio Bremen) | S. 10, 17, 23, 25, 34, 37, 40, 70, 71, 73, 82, 83, 90, 91, 94, 98, 101, 128, 130, 131, 133, 139, 140, 166, 183, 185, 219, 261, 275, 287, 288, 291, 304, 305 |
| ALBRECHT OHLY | S. 264 (links) |
| RADIO BREMEN | S. 12–15, 20–22, 38, 39, 42–44, 46–48, 53, 55, 62, 64, 65, 68, 74–85, 87, 88, 92, 93, 97, 103, 104, 142–145, 165, 217, 220–222, 225–229, 246, 247, 249, 250, 259, 262, 271, 273, 276, 277, 282–285, 289, 290, 292, 300–303, 306, 307 |
| GÜNTER SOMMER (Radio Bremen) | S. 50, 135, 137, 147, 148, 231, 233, 235 |
| SÜDDEUTSCHER VERLAG | S. 264 (rechts), 265 (links), 269 (rechts) |
| SÜDFUNK STUTTGART | S. 173–175, 237, 238, 251, 254 |
| SÜDWESTFUNK BADEN-BADEN | S. 106, 108–110, 112–115, 179–181, 188–190, 192–201, 213, 215 |
| SABINE TOEPFFER | S. 265 (rechts) |

# *Loriots Werke im Diogenes Verlag*

*Loriots Großer Ratgeber*
500 Abbildungen und erläuternde Texte
geben Auskunft über alle Wechselfälle des Lebens.
Ein Diogenes Sonderband

*Loriots Heile Welt*
Neue gesammelte Texte und Zeichnungen zu
brennenden Fragen der Zeit.
Ein Diogenes Sonderband

*Loriots Wum und Wendelin*
Meinungen und Taten von Deutschlands
populärstem Hund und seinem lieben Freund.
Ein Diogenes Sonderband in Farbe

*Wum und Wendelin erzählen Euch was*
Eine Auswahl für Kinder aus ›Loriots Wum und Wendelin‹.
kinder-detebe 27

*Loriots Kleine Prosa*
Mit vielen Zeichnungen des Verfassers.
detebe 13

*Loriots Tagebuch*
Zeitgeschehen von Meisterhand.
detebe 61

*Loriots Kleiner Ratgeber*
Korrektes Verhalten in allen Lebenslagen.
detebe 82

*Loriots Kommentare*
zu Politik, Wirtschaft, Kultur und Sport.
detebe 166

*Herzliche Glückwünsche*
Ein umweltfreundliches Erzeugnis

*Der gute Ton*
Das Handbuch feiner Lebensart

*Für den Fall...*
Der neuzeitliche Helfer in schwierigen Lebenslagen

*Der Weg zum Erfolg*
Ein erschöpfender Ratgeber

*Auf den Hund gekommen*
Mit einem Geleitwort von Wolfgang Hildesheimer

*Umgang mit Tieren*
Das einzige Nachschlagewerk seiner Art

*Wahre Geschichten*
erlogen vom Verfasser

*Der gute Geschmack*
Erlesene Rezepte für Küche und Karriere

*Nimm's leicht!*
Eine ebenso ernsthafte wie nützliche Betrachtung

*Neue Lebenskunst*
in Wort und Bild

*Menschen, die man nicht vergißt!*
Achtzehn beispielhafte Bildergeschichten

*Loriots mini Ratgeber*
Im mini-Format passend für jede Lebenslage und jede Tasche.
mini-detebe 12

*Loriots kleine heile Welt*
mini-detebe 13

# *Die Kunst der Karikatur Karikatur als Kunst im Diogenes Verlag*

**Bosc**
*Alles, bloß das nicht*
Ein Diogenes Sonderband

*Love and Order*
Zeichnungen über Krieg und Frieden. detebe 44

**Wilhelm Busch**
*Schöne Studienausgabe in 7 Einzelbänden: Gedichte – Max und Moritz – Die fromme Helene – Tobias Knopp – Hans Huckebein / Fipps der Affe / Plisch und Plum – Balduin Bählamm / Maler Klecksel – Prosa.*
Herausgegeben von Friedrich Bohne. detebe 60/1–7

**Chaval**
*Zum Lachen*
Gesammelte Cartoons I. detebe 80/1

*Zum Heulen*
Gesammelte Cartoons II. detebe 80/2

*Hochbegabter Mann, befähigt, durch die bloße Erdumdrehung einen Eindruck von Geschwindigkeit zu empfinden*
Gesammelte Cartoons III. detebe 80/3

**Honoré Daumier**
*Mesdames*
Ausgewählt von Anton Friedrich. kunst-detebe 15

*Messieurs*
Ausgewählt von Anton Friedrich. kunst-detebe 16

**Paul Flora**
*Der blasse Busenfreund*
82 vom Monde beschienene Szenen. Mit einem Vorwort von Arthur Schopenhauer.
Diogenes Kunstbuch

*Die verwurzelten Tiroler und ihre bösen Feinde*
Mit einer Zeittafel des Zeichners.
Diogenes Kunstbuch

*Als der Großvater auf die Großmutter schoß*
und 421 andere Zeichnungen. Mit einem Vorwort des Zeichners. Ein Diogenes Sonderband

*Trauerflora*
Idyllen. Mit einem Geleitwort von Friedrich Dürrenmatt. detebe 52/1

**Edward Gorey**
*Der zweifelhafte Gast*
Ein Diogenes Sonderband

**Francisco Goya**
*Caprichos*
Mit einem Vorwort von Urs Widmer. kunst-detebe 3

*Desastres de la Guerra*
Mit einem Vorwort von Konrad Farner. kunst-detebe 14

**Grandville**
*Eine andere Welt*
Mit dem deutschen Text von Plinius dem Jüngsten und einer Kurzbiographie von Marianne Bernhard. kunst-detebe 2

**Ronald Searle**
*Weil noch das Lämpchen glüht*
99 boshafte Zeichnungen, gerechtfertigt durch Friedrich Dürrenmatt. detebe 14

**Sempé**
*Alles wird komplizierter*
Diogenes Kunstbuch

*Carlino Caramel*
Diogenes Kunstbuch

*Kleine Abweichung*
Diogenes Kunstbuch

*Von den Höhen und Tiefen*
Diogenes Kunstbuch

*Monsieur Lambert oder Wie einem das Leben so mitspielt*
Diogenes Kunstbuch

*Der gesellschaftliche Aufstieg des Monsieur Lambert*
Der Abenteuer des Monsieur Lambert zweite Folge.
Diogenes Kunstbuch

*Musiker*
Solisten und Orchester aller Stile in allen Stilen. Die Bilanz einer lebenslangen Leidenschaft.
Diogenes Kunstbuch

*St-Tropez*
Diogenes Kunstbuch

*Unsere schöne Welt*
Ein Bilderbuch für fortschrittliche Leute. Mit einem Vorwort von François Bondy.
Ein Diogenes Sonderband

*Konsumgesellschaft*
detebe 38

*Volltreffer*
detebe 84

*Umso schlimmer*
detebe 165

## Siné

*Katzenjammer*
Katzen-Cartoons. Eingedeutscht von Hans Weigel. detebe 94

## Roland Topor

*Tragödien*
Zeichnungen 1958–1968. Mit einem Vorwort des Künstlers.
kunst-detebe 11

*Toxicologie*
Mit einem Vorwort von Arrabal und einem Nachwort von Jacques Prévert. kunst-detebe 21

## Tomi Ungerer

*Babylon*
The Book To End All Books.
Diogenes Kunstbuch

*Adam & Eva*
Ein Diogenes Sonderband

*politrics*
Die politischen Zeichnungen, Plakate und Cartoons, gesammelt von Anton Friedrich. kunst-detebe 10

*Fornicon*
Mit einem Vorwort von Walther Killy. kunst-detebe 17

*The Party*
kunst-detebe 18

## Friedrich Karl Waechter

*Wahrscheinlich guckt wieder kein Schwein*
Die besten aus den ›100 besten von Professor Göttlich‹.
Diogenes Kunstbuch

*Es lebe die Freihei*
Diogenes Kunstbuch

## Reiner Zimnik

*Das große Reiner Zimnik Geschichtenbuch*
Alle Bildergeschichten vom Anfang bis heute.
Ein Diogenes Sonderband.

*Geschichten vom Lektro*
Neu und schön gesetzt und gestaltet. In zwei Bänden. detebe 197/1–2

*Sebastian Gsangl*
detebe 197/3

# *Dramen und Drehbücher im Diogenes Verlag*

## William Shakespeare

*Dramatische Werke in 10 Bänden*
In der Übersetzung von Schlegel / Tieck. Als Vorlage diente die Edition von Hans Matter. Jeder Band mit einer editorischen Notiz des Herausgebers und Illustrationen von Heinrich Füßli aus der Ausgabe von 1805.
*Romeo und Julia / Hamlet / Othello.* detebe 200/1
*König Lear / Macbeth / Timon von Athen.* detebe 200/2
*Julius Cäsar / Antonius und Cleopatra / Coriolanus.* detebe 200/3
*Verlorne Liebesmüh / Die Komödie der Irrungen / Die beiden Veroneser / Der Widerspenstigen Zähmung.* detebe 200/4
*Ein Sommernachtstraum / Der Kaufmann von Venedig / Viel Lärm um nichts / Wie es euch gefällt / Die lustigen Weiber von Windsor.* detebe 200/5
*Ende gut, alles gut / Was ihr wollt / Troilus und Cressida / Maß für Maß.* detebe 200/6
*Cymbeline / Das Wintermärchen / Der Sturm.* detebe 200/7
*Heinrich der Sechste / Richard der Dritte.* detebe 200/8
*Richard der Zweite / König Johann / Heinrich der Vierte.* detebe 200/9
*Heinrich der Fünfte / Heinrich der Achte / Titus Andronicus.* detebe 200/10

## Molière

*Komödien in 7 Bänden*
in der Neuübersetzung von Hans Weigel.
Komödien I
*Der Wirrkopf / Die lächerlichen Schwärmerinnen / Sganarell.* detebe 95/1
Komödien II
*Die Schule der Frauen / Kritik der ›Schule der Frauen‹ / Die Schule der Ehemänner.* detebe 95/2
Komödien III
*Tartuffe oder Der Betrüger / Der Betrogene oder George Dandin / Vorspiel in Versailles.* detebe 95/3
Komödien IV
*Don Juan / Die Lästigen / Der Arzt wider Willen.* detebe 95/4
Komödien V
*Der Menschenfeind / Die erzwungene Heirat / Die gelehrten Frauen.* detebe 95/5
Komödien VI
*Der Geizige / Der Bürger als Edelmann / Der Herr aus der Provinz.* detebe 95/6
Komödien VII
*Der Hypochonder / Die Gaunereien des Scappino.* Mit einer Chronologie und einem Nachwort des Herausgebers. detebe 95/7

Als Ergänzungsband:
*Über Molière*
Zeugnisse von Voltaire bis Bert Brecht. Über Molière auf der Bühne und Molière in deutscher Übersetzung. Chronik und Bibliographie. Herausgegeben von Christian Strich, Rémy Charbon und Gerd Haffmans. detebe 37

## Anton Čechov

*Dramatische Werke in 8 Bänden*
in der Neuübersetzung und -edition von Peter Urban: jeder Band bringt den unzensurierten, integralen, neu transkribierten Text und einen Anhang mit allen Lesarten, Textvarianten, Auszügen aus Čechovs Notizbüchern, Anmerkungen und einen editorischen Bericht.
*Die Möwe.* Komödie in vier Akten. detebe 50/1
*Der Waldschrat.* Komödie in vier Akten. detebe 50/2
*Der Kirschgarten.* Komödie in vier Akten. detebe 50/3
*Onkel Vanja.* Szenen aus dem Landleben in vier Akten. detebe 50/4
*Ivanov.* Drama in vier Akten. detebe 50/5
*Drei Schwestern.* Komödie in vier Akten. detebe 50/6
*Platonov.* Das ›Stück ohne Titel‹ in vier Akten und fünf Bildern. Erstmals vollständig deutsch. detebe 50/7
*Sämtliche Einakter.* detebe 50/8
Die detebe-Nummern 50/9–10 sind den frühen *Humoresken* vorbehalten.

## Sean O'Casey

*Purpurstaub.* Eine abwegige Komödie. Aus dem Englischen von Helmut Baierl und Georg Simmgen. detebe 2/1
*Dubliner Trilogie.* Der Schatten eines Rebellen / Juno und der Pfau / Der Pflug und die Sterne. Aus dem Englischen von Maik Hamburger, Adolf Dresen, Volker Canaris und Dieter Hildebrandt. detebe 2/2

In Vorbereitung:
*Das Sean O'Casey Lesebuch*
Eine Auswahl aus den Stücken, der Autobiographie und den Essays von Sean O'Casey. Herausgegeben von Urs Widmer. Mit einem Vorwort von Heinrich Böll und einem Nachwort von Klaus Völker.

## Federico Fellini

Werkausgabe der Drehbücher und Schriften. Herausgegeben von Christian Strich. Die Drehbuchbände enthalten zusätzlich das Treatment, Äußerungen Fellinis zum Film und zahlreiche Szenenfotos.
*Roma.* Aus dem Italienischen von Toni Kienlechner. Mit 50 Fotos. detebe 55/1
*Das süße Leben.* Deutsch von Bettina und Toni Kienlechner und Eva Rechel-Mertens. Mit 57 Fotos. detebe 55/2
*8½.* Deutsch von Toni Kienlechner und Eva Rechel-Mertens. Mit 52 Fotos. detebe 55/3
*Julia und die Geister.* Deutsch von Toni und Bettina Kienlechner und Margaret Carroux. Mit 66 Fotos. detebe 55/4
*Amarcord.* Deutsch von Georg-Ferdinand von Hirschau, Eva Rechel-Mertens und Thomas Bodmer. Mit 62 Fotos. detebe 55/5
*Casanova.* Deutsch von Inez De Florio-Hansen und Dieter Schwarz. Mit 54 Fotos. detebe 55/7
*La Strada.* Mit einem eigens für diese deutsche Erstausgabe geschriebenen Vorwort von Fellini. Deutsch von Georg-Ferdinand von Hirschau, Thomas Bodmer und Dieter Schwarz. Mit 55 Fotos. detebe 55/8
*Die Nächte der Cabiria.* Mit einem eigens für diese deutsche Erstausgabe geschriebenen Vorwort von Fellini. Deutsch von Olga Gloor und Dieter Schwarz. Mit 53 Fotos. detebe 55/9
*I Vitelloni.* Deutsch von Georg-Ferdinand von Hirschau, Thomas Bodmer und Dieter Schwarz. Mit 56 Fotos. detebe 55/10
*Orchesterprobe.* Deutsch von Trude Fein. Mit 50 Fotos. detebe 55/11
*Satyricon.* Deutsch von Dieter Schwarz u.a. detebe 55/12
*Die Stadt der Frauen.* Deutsch von Beatrice Schlag. detebe 55/13
In Vorbereitung:
*Lichter des Varietés – Der Weiße Scheich – Eine Agentur für Heiratsvermittlung – Il Bidone – Die Versuchungen des Dottor Antonio – Toby Dammit – Die Clowns – Interviews*

## Friedrich Dürrenmatt

*Dramatische Werke in 17 Bänden*
*Es steht geschrieben / Der Blinde*
Frühe Stücke. detebe 250/1
*Romulus der Große.* Ungeschichtliche historische Komödie. Fassung 1980. detebe 250/2
*Die Ehe des Herrn Mississippi.* Komödie und Drehbuch. Fassung 1980. detebe 250/3
*Ein Engel kommt nach Babylon.* Fragmentarische Komödie. Fassung 1980. detebe 250/4
*Der Besuch der alten Dame.* Tragische Komödie. Fassung 1980. detebe 250/5
*Frank der Fünfte.* Komödie einer Privatbank. Fassung 1980. detebe 250/6
*Die Physiker.* Komödie. Fassung 1980. detebe 250/7
*Herkules und der Stall des Augias / Der Prozeß um des Esels Schatten.* Griechische Stücke. Fassung 1980. detebe 250/8
*Der Meteor / Dichterdämmerung.* Nobelpreisträgerstücke. Fassung 1980. detebe 250/9
*Die Wiedertäufer.* Komödie. Fassung 1980. detebe 250/10
*König Johann / Titus Andronicus.* Shakespeare-Umarbeitungen. detebe 250/11
*Play Strindberg / Porträt eines Planeten.* Übungsstücke für Schauspieler. detebe 250/12
*Urfaust / Woyzeck.* Bearbeitungen. detebe 250/13
*Der Mitmacher.* Ein Komplex. detebe 250/14
*Die Frist.* Komödie. Fassung 1980. detebe 250/15

*Die Panne.* Hörspiel und Komödie. detebe 250/16
*Nächtliches Gespräch mit einem verachteten Menschen / Stranitzky und der Nationalheld / Das Unternehmen der Wega.* Hörspiele und Kabarett. detebe 250/17

## Woody Allen

*Manhattan.* Vollständiges Drehbuch. Aus dem Amerikanischen von Armgard Seegers und Hellmuth Karasek. Mit Fotos. detebe 225/1
*Der Stadtneurotiker.* Vollständiges Drehbuch. Deutsch von Eckhard Henscheid. Mit Fotos. detebe 225/2
*Interiors.* Vollständiges Drehbuch. Deutsch von Armgard Seegers und Hellmuth Karasek. Mit Fotos. detebe 225/3
*Stardust Memories.* Vollständiges Drehbuch. Deutsch von Armgard Seegers und Hellmuth Karasek. Mit Fotos. detebe 225/4

## Urs Widmer

*Die lange Nacht der Detektive.* Kriminalstück in drei Akten. Mit einem Vorwort des Autors. detebe 39/2
*Nepal.* Stück in der Basler Umgangssprache. Mit der Frankfurter Fassung von Karlheinz Braun im Anhang. detebe 39/5
*Züst oder die Aufschneider.* Ein Traumspiel. Hochdeutsche und schweizerdeutsche Fassung. detebe 39/7

## Otto Jägersberg

*Land.* Ein Lehrstück für Bauern und Leute, die nichts über die Lage auf dem Land wissen. detebe 180/1
*Seniorenschweiz.* Reportage unserer Zukunft. detebe 180/3
*Der industrialisierte Romantiker.* Reportage einer Reportage über Planung, Bau und Einweihung eines Chemiewerks. detebe 180/4